도깨비로 보는 한국 사회문화사

한국인은 도깨비와 함께 산다

한국인은 도깨비와 함께 산다

2021년 1월 25일 초판 1쇄 인쇄
2021년 1월 30일 초판 1쇄 발행

지은이   이윤선
펴낸이   김영애
편 집   윤수미/김배경
디자인   최혜인
펴낸곳   SniFactory(에스앤아이팩토리)

등록일   2013년 6월 3일
등록   제 2013-00163호
주소   서울시 강남구 삼성로 96길 6 엘지트윈텔 1차 1402호
전화   02. 517. 9385
팩스   02. 517. 9386
이메일   dahal@dahal.co.kr
홈페이지 http://www.snifactory.com
ISBN   979-11-89706-95-1(03900)

가격 18,000원

* 이 도서는 한국출판문화산업진흥원의 '2020년 출판콘텐츠 창작 지원 사업'의 일환으로
  국민체육진흥기금을 지원받아 제작되었습니다.

도깨비로 보는 한국 사회문화사

한국인은 도깨비와 함께 산다

저자 **이윤선**

다홀미디어

한국인들은
도깨비와 함께 산다

잃어버린 도깨비, 항간에 그런 얘기들을 많이 한다. 그 많던 도깨비들은 다 어디로 가버린 것일까? 도깨비를 몰아낸 이들은 누구인가? 어두컴컴한 밤에만 출몰하던 도깨비들이 종내는 사라지고 말았다. 밤을 낮처럼 쓰는 전깃불에 밀려 산으로 바다로 도망 다니는 것일까? 어쩌면 탄소 문명이 도시 밖으로 몰아냈을지도 모르겠다. 밤이면 밤마다 마을이면 마을마다 도깨비들과 함께 살았던 우리들에게 이 상실의 무게는 얼마큼일까? 밤도 없고 낮도 없으니 만물이 소생하는 아침도 없고 만물이 죽는 저녁도 없다. 시작과 끝이라는 시간의 경계가 모호해지니 삶과 죽음의 경계까지 모호해지는 것 같다. 그래서일까. 도깨비 이야기는 삶과 죽음의 문제와도 연결되어 있다. 그 이유를 본문에서 풀어본다. OECD 여러 나라들 중 자살률 1위 한 지가 십수 년이 넘었고 고독사율마저 그 상위를 점하는 이유들이 모두 연관되어 있다.

잠들지 못하는 도시는 거대한 공룡처럼 웅크리고 앉아 도대체 도깨비들의 출몰 따위에는 관심조차 없다. 이 문명의 공룡들은 들과 늪을 메우고 야산과 숲을 깎아 빌딩을 세우고 길을 냈다. 디지털 문명을 앞세워 광선과 광음으로 시간을 단축하니 마을의 안과 밖이 또한 사라져 버렸다. 이 공룡이 야금야금 먹어치우는 끝이 어딘지 흐리멍덩한 내가 알 길이 없다. 선과 악을 명료하게 분별한다는 이들만이 도심을 배회한다. 이것도 저것도 아닌 나 같은 땔나무꾼들은 어디 낄 자리가 없다. 나는 이 문명의 끝이 두렵다. 단지 소망할 뿐이다. 그저 도깨비처럼 다소 멍청하고 혹은 익살맞고 때로는 엉뚱하게 서있고 싶은 소망, 흑도 아니고 백도 아닌 그저 마을과 숲, 이것과 저것의 경계에 서서.

문자 없던 구술 시대에는 입에서 입으로 전해지는 도깨비 이야기가 정보 전달의 전부였다. 문자 있던 시대에도 문자로부터 소외된 민중들은 입에서 입으로만 도깨비를 이야기했다. 어느 시기에는 불교를 중심으로 한 조각과 도상, 그리고 부조들의 형상이 도깨비의 일부 기능을 대신했다. 하지만 입으로 말하고 귀로 들어서 접하는 도깨비가 우리 문화사의 대부분을 차지했다는 점, 큰 이견을 내기 어렵다. 문자가 생기고 문자를 독점하는 지배세력들이 각종 도상과 문양으로 도깨비를 그려내기 시작했다. 더러는 이데올로기를 얹고 더러는 지배집단의 욕망들을 뒤집어씌워 사람살이에 대한 해석을 가하거나 올가미를 씌워 구속했다. 그럼에도 불구하고 마을 숲과 늪과 도랑과 둠벙들, 바위와 돌과 나무와 더러의 인공물들에 투사했던 도깨비에 대한 애니미즘적 관념들이 쉽게 바꾸어진 것은 아니었다.

크고 웅장하고 권위가 있는 신격들은 큰 나라에서 들어오거나 서양을 통해 들어왔다. 우여곡절 끝에 들어온 그들은 이내 이 나라의 중심에 서서 가장 핵심적인 영향력을 행사하기 시작했다. 도깨비들은 채 자라지도 못하고 뒤켠으로 밀려나버렸다. 틈새를 메우고 행간을 메우는 신격으로 혹은 하찮게 다루어도 될 만큼 가벼운 존재로 좌정하게 되었다. 이름도 빛도 없던 민중들의 존재에 비유된다고나 할까? 일부의 사람들이 무의미하고 하찮아 보이는 도깨비들을 좇아 그 의미를 부여하려고 애쓰기도 했다. 잃어버린 우리들의 신격, 이미 행간으로 숨어들고 여백에만 존재하는 무정형의 캐릭터가 되어버린 그들에게 도대체 어떤 숨어있는 의미들이라도 있는 것일까? 이 책은 그것을 추적하기 위해 썼다.

무라야마 지준村山智順이 기록한 『조선의 귀신』이나 초기 민속학자들의 연구를 보면 도깨비라는 맥락으로 모을 수 있는 이름들이 수백 개, 아니 천여 개를 웃돈다. 모두 입에서 입으로 전해지던 청각 중심의 도깨비들이었다. 상상하는 대로 꿈꾸는 대로 도깨비들이 되었거나 엉뚱한 장소에서 탄생했던 존재들이다. 일제강점기를 거치며 일본의 오니가 막중한 영향을 끼쳤다. 불교적으로 도덕적 징치나 공간 경계의 문지기를 맡았던 관념들이자 형상들이었다.

사실은 대부분 형상 없던 도깨비들이 방망이를 들고 나타나거나 도깨비감투를 쓰고 나타나기도 하고 큰 혹을 달고 나타나기도 했다. 머리에 뿔이 두 개 달렸느니 하나 달렸느니 다투기도 하고 외다리 독각귀였던 도깨비들이 멀쩡한 두 다리로 달리기를 하는 등 이미지를 강조하는 방면으로 크게 변화되기도 했다. 조자용은 귀면와에서 장승까지 유사 형상들을 모두 포섭해버렸다. 형상 없는 도깨비들의 본질을 좇아 샘플링한 셈이니, 뒤켠으로 밀려난 신격의 형상들을 모두 소환할 수밖에 없었을 것이다. 일본의 오니에 대해 한국의 이미지가 강조되고 여성적인 귀신에 대해 남성성으로서의 도깨비가 강조되며 민족이나 나라가 강조되기 시작한 이유도 여기에 있다. 그래서 붙인 이름이 '왕도깨비'다. 입에서 입으로 전해지던 청각 중심의 도깨비 이미지저리imagery가 시각 중심으로 급변하게 되는 시대를 마치 한 계절의 바람처럼 그렇게 지나왔다.

더 획기적인 변화는 새천년을 시작하던 벽두 월드컵의 붉은악마와 올림픽과 촛불집회 등을 겪으며 우후죽순 나타났던 도깨비들, 혹은 도깨비라고 호명하던 이미지들이다. 그 많던 이미지들이 치우라는 캐릭터에 집중하기 시작한 것에는 필연적인 무슨 이유가 있었던 것일까? 이를 두고 민족주의와 국수주의로 해명한다고 해서 도깨비에 대한 일반인들의 관심이 바뀌는 것은 아닌 듯하다. 학자들을 중심으로 그것은 도깨비가 아니라고 외쳤지만 민중들은 막무가내였다. 어쩌면 민중들은 변화무쌍하고 엉뚱한 도깨비의 본질, 그래서 시대마다 변하고 엉뚱한 옷을 갈아입는 도깨비의 자유분방한 흐름을 알아차렸는지도 모르겠다. 그래서다. 치우가 도깨비가 아니라고 외친들 도도한 영상시대의 이미지 중심 시선들이 변하는 것은 아니다. 본문에서 차분하게 이 문제들을 짚어내고자 한다.

스마트폰 시대 또한 앞서거니 뒤서거니 도깨비들의 지형이 변하기 시작한 기점이기도 했다. 다시 청각의 시대, 혹은 다중 시각의 시대를 맞이하게 된 것일까? 이 또한 지속적인 관찰과 분석이 필요해 보인다. 그래서 나는 스마트폰을 '폰깨비'라 부른다. 석학들이 얘기하는 일명 포노사피엔스 Phono Sapiens 즉 스마트폰을 들고 생활하는 사람들이다. 길을 걸으며 혼자 낄낄거리거나 망연히 허공을 쳐다보는 이들을 보면 보인다. 밖으로는 보이지 않는 것들을 보고 낄낄대거나 겉으로는 들리지도 않는 소리를 들으며 조잘거리는 것, 이것이 전통적인 도깨비들의 특징 말고 무엇이란 말인가. 이 도깨비들은 그동안 얼마나 옹얼거리거나 조잘거리고 싶었을까? 말하고 싶어서 몸이 달아있는, 말하지 않으면 존재의 의미가 없어지는 호모나랜스들임에 틀림없다. 몸과 분리된 혼들이 밤마다 우리를 따라다닌다는 공포를 이겨내며, 혼잣말하는 미친 사람들을 이웃으로 두고 살던 그 풍경들이 제4차 산업시대라는 세기의 벽두에 다시 소환되고 있는 셈이랄까. 폰깨비, 이 용어는 근자에 트렌드가 되고 있는 '인싸용어(줄임말)'이기도 하다. 이 용어는 어쩌면 가상세계의 캐릭터들을 호명하는 방식으로 무한한 확장성을 가지게 될지 모른다. 우리가 전깃불을 들여와 몰아냈던 도깨비들이 사뭇 다른 형국으로 소환되는, 이것은 분명히 또 하나의 도깨비 세상이다.

이제부터 도깨비라는 거대 서사의 복선伏線을 따라 역사 여행을 시작한다. 잃어버렸거나 왜곡되었거나 혹은 어떤 이유들로 숨겨두었던 도깨비들의 실체를 예컨대, 도깨비방망이나 도깨비감투 혹은 여성 전유 도깨비굿들의 실체 속에서 확인하게 될 것이다. 엉뚱하거나 우연하게 득템한 도깨비방망이를 들고 금 나와라 뚝딱할 것인지, 은 나와라 뚝딱할 것인지, 도깨비감투를 쓰고 우리의 숨겨진 욕망들을 달성할 것인지는 이 여행의 끝자락에 가서야 확인할 수 있을지 모르겠다. 아무것도 정해지지 않았고 어느 것도 규정되지 않았다. 생각이 흐르는 대로 형체 없는 이야기들을 따라가거나 두드러지는 이미지를 포착할 뿐이다. 혼란스럽기도 하고 엉뚱하기도 한 어떤 시공의 개념물, 나는 그것을 도깨비의 정체라고 생각한다.

한동안 나는 의심했다. 그 많던 도깨비들은 다 어디로 사라졌던 것일까? 이 글을 쓰면서 다시 확인했다. 청각의 시대, 시각의 시대를 거쳐 이제 스마트폰 시대로 접어들면서 지구별 너머 어딘가, 아니면 마을 숲 바위틈 어딘가, 아니면 지금은 없어져 버린 마을 둠벙과 늪과 갯벌 어딘가에서 발신해오는 도깨비들의 수런거림을.

이 책은 그 도깨비들을 위해서 쓴다. 말하고 싶어서 안달이 났을 그들에게 귀를 열어주고 입을 만들어주고자 시도한다. 거대한 산악의 신들과 장대한 바다의 신격들 틈바구니에서 이것도 저것도 아닌 전이지대에 출몰했던 마치 우리네 민중 같은 도깨비들 말이다. 거기에는 도깨비들에게 투사했던 우리들의 추억과 회상과 욕망들, 누군가에게 전가했던 책임과 의무들, 아! 무엇보다 지극하고 그윽한 사랑들이 겹겹이 포개져 있다. 누구에 대한 사랑인지는 보고 듣는 이들에 따라 다를 수 있다. 귀에 걸면 귀걸이 코에 걸면 코걸이 아니 전혀 엉뚱한 결론을 만들어내는 녀석이 도깨비이기 때문이다. 나는 그저 웅장함과 비장함에 가려 존재감을 잃어버렸던 하찮은 것들에 주목할 뿐이다. 쓰이지 않은 행간과 그려지지 않은 여백을 읽는 이유라고나 할까.

이제 보이는가. 저기 저만치 북장구 들쳐 매고 낄낄대며 걸어오고 있는 이들. 찢어진 청바지에 히피복색을 두른 저 도깨비들. 탄소문명의 세례를 듬뿍 받은 도심에서 밀려나 갯벌과 숲과 늪에서 당당하게 걸어 나오는 보무당당한 저들 말이다. 이들은 남자들이라기보다는 오히려 여자들이고, 불과 기둥이라기보다는 물과 하찮은 나뭇조각들이다. 서양이라기보다는 동양이고 중국이나 일본이라기보다는 한국이며 도심보다는 시골마을이고 가진 자들 보다는 못 가진 자들, 아, 무엇보다 이것도 저것도 아닌 흐리멍덩한 회색의 사람들이다. 이 경계에서 끊임없이 스토리텔링하는 호모나랜스들, 아니 스마트폰을 놓지 못하고 살아가는 포노사피엔스들에게 이 책을 바친다.

2021. 1.
왕산 군산봉수 아래서
이윤선 쓰다

목차

01

도깨비와 귀신은
같을까 다를까

1. 도깨비와 귀신

개보다 그리기 쉬운 도깨비

　　　　　왕의 얼굴을 한 번 보고도 초상을 그려내는 한 화공이 있었다. 왕이 물었다. 무엇이 제일 그리기 어렵냐? 개나 말 따위 같은 짐승을 그리기 어렵습니다. 그럼 제일 쉽게 그리는 것이 뭐냐? 귀신이나 도깨비입니다. 왕이 놀라서 다시 물었다. 흔하디흔한 개나 말이 그리기 쉽지 한 번도 보지 못한 귀신이나 도깨비가 쉽겠냐? 화공이 대답했다. 개나 말은 사람들이 늘 보아 잘 아는 물건이라 샅샅이 비교해볼 것이기 때문에 그리기 어렵고, 귀신이나 도깨비는 형체가 없는 물건이라 누구도 본 사람이 없기 때문에 그리기 쉽습니다. 『한비자韓非子』중 한 대목이다.

　　우리 민담의 도깨비를 매우 적절하게 표현했다고 생각된다. 저마다의 마음에 그려진 무정형의 이미지가 사실 도깨비라는 점에서 그렇다. 누구나 상상하는 대로 그릴 수 있다는 뜻 아닌가. 예로부터 민간에 전해져 내려오는 이야기, 민담만 그러하겠는가? 신화, 전설을 포함한 설화의 세계는 물론 드라마나 영화, 신화 기반의 인터넷 게임에 이르기까지 도깨비나 귀신에 대한 생각은 마찬가지일 것이다. 상상의 폭이 그만큼 넓다는 것이니 코에 걸면 코걸이 귀에 걸면 귀걸이다.

　　조각이나 그림을 포함한 도상圖像들 중 귀신이나 도깨비로 호명되는 것들이 있다. 하지만 전해오는 도깨비 이야기들은 형상이 없는 경우가 대부분이다. 쓰다가 버린 빗자루니, 오래된 나뭇조각이니, 형체를 상상할 수 없는 왼발 거인이니 하는 묘사들이 이를 말해준다. 왜 이야기로 전해오는 귀신이나 도깨비는 형상이 없다고 하는데, 고고유물부터 종교나 신화적 주제를 표현한 미술작품에서는 갖가지 도상들로 대상을 지목하는 것일까? 아주 오랜 옛날부터 도깨비들은 형상 없는 어떤 대상이었을까? 구체적인 인격체나 사물을 대상으로 여겼던 것일까?

또 이상한 점은 지금 우리가 상상하는 도깨비에는 대개 여성격은 없고 남성격의 도깨비들만 거론된다는 점이다. 본래 여성 도깨비들이 없어서 그랬던 것일까? 한편으로 여성은 여고괴담 등으로 고착된 소녀, 처녀 등 혼인하지 않은 귀신 형태로 남아있다. 대신에 도깨비들은 도깨비방망이를 통해 재화를 제공해주는 후덕한 남성의 이미지로 그려진다. 왜 그럴까? 현재 치우라는 형상으로 고착된 듯 보이는 용면와龍面瓦 혹은 귀면와鬼面瓦의 형상들은 언제부터 도깨비라는 이름을 뒤집어쓰게 되었을까? 의문이 꼬리에 꼬리를 문다. 우리의 질문은 여기서부터 시작되어야 한다. 개보다 그리기 쉽다는 도깨비가 도대체 뭐란 말인가.

옛이야기로 전해오는 도깨비들이 일정한 형상을 가지고 있지 않다는 것은 재론의 여지가 없다. 형상이 없다는 것은 그 종류를 가늠할 수 없다는 말이다. 그 숫자를 헤아리기 어렵다는 뜻이기도 하다. 각각의 페르소나를 탑재한 다종다양한 캐릭터라고 할 수 있다. 예를 들어 탈춤이나 탈극 등에 사용되는 탈바가지만 해도 캐릭터의 성격에 맞는 탈들이 따로 구성된다. 지혜와 자유의사를 갖는 독립적인 인격적 실체로서의 페르소나다. 때문에 각각의 특성들이 강조된다. 남성은 남성의 성격을 여성은 여성의 성격을 동물이나 신화적 인물은 그에 맞는 형상이 주어진다.

드라마에서는 다양한 캐릭터들에게 각각의 이면에 맞는 욕망들을 투사하고 서사를 구성해간다. 형상과 내용이 밀접한 관련 속에서 유기적으로 기능한다. 도깨비로 거론되는 각종 형상들도 그 이면에 맞는 성격들이 전제된다. 하지만 이야기로 전해지는 도깨비는 일정한 형상이 없다. 여기에 장점이 있다. 일정한 형상이 없으니 온갖 욕망들을 투사할 수 있다. 성가시거나 곤혹스러운 일들을 떠맡기기도 한다. 대개 도깨비장난이라고 핑계 대는 일들이 그러하다. 도깨비감투를 쓴 욕망이라고나 할까.

설화와 속담 등으로 표현된 욕망은 숨겨져 있기 때문에 은유의 형식으로 이야기되지만 알고 보면 보다 직접적인 경우가 많다. 이를 드러내놓는 욕망이라고 표현할 수 있겠다. 배고픈 사람에게는 음식에 대한 욕망을, 과부에게는 남편에 대한 욕망을, 어부에게는 풍어에 대한 욕망을, 병든 자에게는 치병이나 역신에 대한 기대들을 솔직하고 담백하게 드러낸다.

이것이 이야기로 전해진 도깨비들의 정체다. 또한 도깨비감투를 쓰면 마법처럼 자신을 숨길 수 있다. 전해지는 도깨비감투 얘기를 보면 다른 사람들에게 보이지 않게 된 주인공이 은밀한 성적 욕망이나 재화 획득을 꾀하다가 도깨비감투가 벗겨지거나 구멍이 뚫려 망신을 당한다는 서사로 구성되어 있다. 그래서다. 우리의 욕망을 가리고 있는 이 도깨비감투를 벗겨낸 후의 형상은 어떤 모습일까? 혹시 그것이 도깨비라고 호명하는 보다 더 확실한 실체 아닐까?

질문을 이렇게 바꾸어본다. 풍어를 가져다주는 갯벌의 생원 도깨비나 김서방 도깨비는 하위직 공무원이거나 뭇 남성의 모습을 하고 있을까? 과부를 달래준다는 엉큼한 도깨비는 이즈음의 연애 드라마 주인공처럼 잘생겼을까? 드라마 도깨비의 공유처럼 훤칠한 미남일까? 빗자루나 방망이, 날아다니는 혼불 등에 숨겨진 도깨비 형상들은 기괴한 모습이거나 처절하고 한스런 모습일까? 불가피하게 혼외 임신을 하고 도피하려는 처자를 도와 숲에서 바람처럼 왔다 갔다는 귀태鬼胎설화의 불도깨비는 어떤 모습을 하고 있을까? 우리들의 온갖 욕망을 투사했던 도깨비의 가면을 벗겨내면 어떤 형상의 도깨비가 나타나게 될까. 수백 년 혹은 수천 년 마치 우리의 분신처럼 함께 해왔던 도깨비 이야기를 해체하여 그 안에 숨겨진 속살을 들여다볼 필요가 여기에 있다. 그래서다. 그간 전해진 도깨비 이야기와 도상으로 드러난 형상의 서사를 넘어 그 행간과 여백을 돌아보고 감춰진 내면의 이야기들을 추적해나간다. 그래야만 우리가 도깨비에게 투사한 욕망이나 마음 혹은 그 어떤 핑계들의 실체를 확인할 수 있을 것이기 때문이다.

도깨비에 대한 가장 적절한 정의는 '엉뚱한 녀석, 엉뚱한 짓거리'다. 국어사전에서도 '주책 없이 망나니짓을 하는 사람을 비유적으로 이르는 말'이라고 풀이하거나, '동물이나 사람 형상을 한 잡된 귀신의 하나' 혹은 '비상한 힘과 재주를 가지고 있어 사람을 홀리기도 하고 짓궂은 장난이나 심술궂은 짓을 많이 하는' 어떤 존재로 설명하고 있다. '주책 없이 엉뚱한 짓을 하는데, 비상한 힘을 가지고 있어 사람을 홀리거나 장난치는 동물이나 사람의 형상물'이 도깨비라는 얘기다. 하지만 민담에서는 빗자루나 불의 형상 등 인공물, 자연물, 자연현상 등으로 그려내는 것이 보통이다. 많이 헷갈린다. 도깨비의 또 다른 이름이 허깨비인데, 문자 그대로 헛것이어서 그런 모양이다. 사전에서는 헛것을 '기가 허하여 착각이 일어나 없는데 있는 것처럼 또 다른 것처럼 보이는' 어떤 대상으로 풀이한다.

우리가 추적하는 행간과 여백의 결과도 그러할지 모른다. 그러면 다들 이렇게 얘기할까? 이런 엉뚱한 결말이라니. 도깨비 같은 녀석! 여기에는 숭고하고 엄격한 정격의 신들에 비교되는 하찮고 초라하고 혹은 이 핑계 저 핑계 대도 무방한, 그래서 언제고 아무 때고 그 무엇에나 투사하여 소환할 수 있는 부정격의 신성을 가진 존재라는 숨은 뜻이 들어있다.

귀신인가 도깨비인가?

　　　　　우리 욕망의 화신일 수도 있는 도깨비의 정체를 벗겨보기 위해서는 우선 남종화의 시조로 불리는 소치 허련의 불도깨비 그림으로 돌아가야만 한다. 민담의 도깨비를 그린 최초의 그림이기 때문이다. 도깨비의 눈과 코 등 이목구비가 흐릿하게 그려져 있고 왼손에는 불을 들고 있다. 소치는 어떤 생각을 가지고 이 불도깨비를 그렸을까. 이것이 우리 도깨비의 전형적인 표현방식일까? 이를 살펴보기 위해서는 도깨비를 직접 언급하거나 구술한 조선왕조실록과 민담 자료를 들춰봐야만 한다. 이 자료들을 보면 양반네들과 민간인들이 상상했던 도깨비의 결이 달랐던 것 같다. 이 시대 양반들이 상상한 도깨비들은 어떻게 생겼을까?

　　조선왕조실록의 도깨비 묘사를 참고한다.[1] "머리를 풀어헤치고는 흰 것을 이고 도깨비의 모양을 하고." 그렇다. 머리를 풀어헤치거나 어떤 흰 것을 머리에 이고 있는 형상이다. 이것이 도깨비의 모양이라는 얘기다. 의문이 든다. 머리를 풀어헤친 형상은 여고괴담에 나오듯 우리가 흔히 상상하는 처녀 귀신 아닌가? 흰 것을 이고 있는 형상은 아마도 소복이나 흰 수건일 수 있으니 말이다. 이런 형상에 대한 상상은 우리나라로만 국한되는 것은 아닌 듯하다.

　　프레이저의 역작 『황금가지』 표지에 그려진 터너Turner의 그림을 보면 도깨비 혹은 귀신을 상상하는 수준은 인류 보편적인 것이 아닌가 하는 생각이 든다. 아득한 태곳적의 이탈리아식 풍경으로, 저승 입구에 있다는 전설 속의 아베르누스 호수를 묘사한 그림이다. 중앙부에 신비한 죽음의 유령들이 마치 강강술래를 하듯 원무를 추고 있고 앞쪽에 황금가지를 들고 있는 무녀의 모습이 보인다. 소치 허련이 그린 효행도와 황금가지를 들고 있는 유럽 무녀의 형상이 흡사해 놀라울 지경이다.

조선왕조실록의 기록을 좀 더 들여다보자. "목숨이 붙어 있다고는 하나 그 모양은 도깨비 같은 형상이라", "시체가 길에 가득하고 썩은 살점이 냇물을 막고 있으며 살아남은 사람들도 모두 도깨비 몰골이 되어" 이 설명들은 좀 더 구체적이다. 살가죽과 뼈만 남은 앙상한 몰골이 연상되지 않는가? 눈이 쑥 들어갔으니 해골 같은 형상을 연상할 수 있다. 그렇다면 조선시대 양반들은 굶주림 혹은 질병으로 뼈와 살가죽만 남은 퀭하고 바짝 마른 형태의 사람 형상을 도깨비로 상상했던 것인가? 조선왕조실록의 설명은 이어진다.

"굶주림으로 파리하고 부황이 들어 마치 도깨비 같은 몰골이었으며", "사람들은 그를 혹독한 야차나 도깨비로 볼 뿐입니다" 등이다. 단서가 하나 나온다. 이런 몰골의 사람 형상을 도깨비 혹은 야차로 생각했다는 뜻이다. 여기서 말하는 야차夜叉가 무엇일까? 불교에서 말하는 팔부八部의 하나다.[2] 사람을 괴롭히거나 해치는 사나운 귀신이다. 염마청에서 염라대왕의 명을 받아 죄인을 벌하는 옥졸이기도 하다. 민속적으로는 모질고 사나운 귀신의 하나로 풀이한다. 그래서 팔부중이라고도[3] 하고 염마졸이라고도 하는데 한편으로는 '두억시니醜鬼'라고도 한다. 여러 학자들이 도깨비 이야기를 할 때 이 '두억시니'를 인용한다. '두억시니'를 한자어 계열로 '두옥신斗玉神'이라고도 하는데 고유어 계열이 널리 쓰이기 때문에 '두억시니'만 표준어로 채택되었다.

양반네들이 형상화한 도깨비는, 불교 도깨비라 할 수 있는 야차만 있는 것이 아니다. 조선왕조실록에는 야차 외에도 귀매鬼魅나 이매망량魑魅魍魎의 형상으로도 그려진다. 이매와 망량 또한 각종 도깨비를 뜻하는 말로 쓰였다. 사전에서는 이들 모두를 산천과 목석木石의 정령에서 비롯된 것이라고 풀이하고 있다. 산과 강, 나무와 바위의 정령이라니 애니미즘의 한 맥락임을 알 수 있다. 만물에 신령이 있고 그 신성한 기운이 이런저런 형태로 표상되었다는 것 아닌가. 어쨌든 한 가지는 명료해졌다. 야차가 조선왕조실록이나 불교 쪽에서 말하는 도깨비라는 사실이다. 그래도 혼란스러움이 온전히 가시는 것은 아니다.

그렇다면 도깨비가 머리를 풀어헤친 귀신이란 말인가, 방망이를 든 도깨비란 말인가? 우리가 익히 알고 있듯이, 굶주려서 살가죽만 남은 소복 차림의 형태는 처녀 귀신 아닌가 말이다. 이런 생각들을 모아보면 지금 우리가 인식하고 있는 귀신과 도깨비에 대한 시선들이 매우 혼란스럽게 섞여 있음을 알 수 있다.

왜 이런 형상들을 도깨비 혹은 귀신이라고 상상했던 것일까? 질문은 계속 이어진다. 왜 산과 강, 나무와 바위의 어떤 정령들이 머리를 풀어헤치고 비쩍 마른 사람의 형상으로 나타났으며 이를 귀신 혹은 도깨비라고 불렀을까 하는 점이다. 특히 오늘날 우리가 인식하고 있는 것처럼 원한을 품은 처녀귀신과 후덕한 남성격의 도깨비로 그려졌는가 말이다. 소설로 말하면, 만일의 경우에 대비해 남모르게 미리 꾸며 놓은 복선伏線 같은 것이다. 결국 민간에 전승되어 온 구술 형식, 즉 입에서 입으로 전해지던 도깨비와는 약간 결이 다르다는 점을 확인할 수 있다.

귀신이거나 도깨비이거나

양반네들의 도깨비에 대한 시선이 처녀귀신 등 형상을 묘사하고 있다 해서, 형상 없는 대상으로 그려내는 민담류 도깨비보다 그 이미지가 선명하게 부각되는 것은 아니다. 대체로 야차나 이매망량과 비슷하다고 묘사할 뿐이지 디테일한 형용을 묘사하는 것은 아니기 때문이다. 조선왕조실록에서 묘사하고 있는 귀매나 망량 등 양반네들이 기록한 도깨비들은 지금 우리가 인식하는 귀신과 다를 바가 없다. 그래서 의문이 든다. 지금 우리가 귀신으로 낙인찍는 형상들이 그 당시에는 도깨비로 인식되었다는 말일까? 귀신과 도깨비는 다른 것인가 같은 것인가.

사람이 죽어 귀신이 되는 경우는 해당 인물이 존재의 대상으로서 인식되는 경우가 대부분이다. 사람마다 호적이 있듯이 귀신에게도 호적이 있다. 누구네 딸, 누구네 아내 등으로 이름이 있는 존재는 주로 귀신의 이름으로 호명된다. 하지만 그 숱한 전설과 구술담 속에서 남자귀신은 흔하지 않다. 아예 없는 것은 아니지만 출현빈도가 현저하게 떨어진다. 콩쥐팥쥐 이야기든 여고괴담이든 대부분의 귀신은 여성 혹은 여성성을 가진 존재로 그려졌다. 왜 그럴까? 본래부터 그랬던 것일까 나중에 변한 것일까.

사전에서는 귀신을 '사람이 죽은 뒤에 남는 넋'으로 풀이한다. 사람에게 화와 복을 내려주는 신령이라 말하기도 하고 생김새나 몰골이 몹시 사나운 사람을 비유적으로 이르는 말이기도 하다. 이상의 내용을 통해서 보면, 여러 문헌에서 불교적 도깨비인 야차나 이매망량을 비교해왔다는 점에서 귀신과 도깨비와의 큰 간극은 없어 보인다. 넋은 혼魂과 백魄으로 나뉜다.

혼은 사람의 몸과 정신을 다스린다는 비물질적인 것이다. 백은 몸을 뜻하지만 넋이기도 하고 달빛이기도 하며 정신이나 마음을 포섭하는 개념이다. 한마디로 혼은 영혼과도 같은 것이고 백은 육신 및 마음과도 같은 것이다. 그래서일 것이다. 혼은 죽어 하늘로 오르고 백은 죽어 땅으로 가는데 귀鬼는 공중에 떠돈다고 했다. 불이 꺼지면 연기가 하늘로 올라가고 땅에 재만 남는 이치와 같다.

위로 오르는 것을 혼기魂氣라 하고 땅에 남는 것을 체백體魄이라 한다. 귀鬼는 귀신鬼神의 다른 말이다. 혼백이나 별을 나타내는 말이다. 상상의 괴물 혹은 도깨비의 한자말이기도 하다. 일본에서는 귀를 오니おに라 한다. 갓파, 나마하게 등과 더불어 우리의 도깨비와 유사한 개념이다. 도깨비와 귀신이 다른 것이긴 하되 큰 맥락에서는 구별이 쉽지 않은 캐릭터임을 알 수 있다.

2. 처녀귀신에서 '폰깨비'까지

귀신과 도깨비가 다르거나 같거나

귀신론 자체를 다루게 되면 범주가 너무 넓어진다. 음양오행에 근거한 여러 가지 학설들, 주자의 귀신론, 장횡거의 태허론까지 확장하게 되면 우리가 이야기할 도깨비의 범주를 훨씬 뛰어넘게 된다. 음양이 응집되어 만물을 낳고 만물은 다시 분해되어 음양으로 돌아가는 이치가 모든 정령들에게 적용되기 때문이다. 그럼에도 불구하고 간단하게 짚고 넘어가려 한다. 그래야 도깨비와 상관된 귀鬼의 의미를 이해할 수 있다.

사람이 죽어 귀신이 된다는 관념은 광범위하게 퍼져있었다. 박미경이 소개한 『조선동화집』(1910년)의 요괴에 대한 설명을 참고한다. 「혹부리영감」을 '요괴'로 번역하고 「도깨비방망이」를 '귀鬼'로 번역해두었다. 도깨비는 귀신이나 요괴를 모두 포함한다. 애니미즘적인 자연신으로 민간신앙의 대상이 된다고 설명하고 있다. 이 중 요괴를 번역한 부분을 옮겨둔다.

> 조선에서는 요괴를 도깨비라 부르는데 귀신이나 요마를 모두 포함한다. 도깨비는 어디에도 누구로도 나타날 수 있다. 예를 들면 오래된 나무에는 나무의 도깨비가 있고 부엌에는 부엌의 도깨비가 있다. 질병에는 질병의 도깨비가 있고 그 밖의 산과 강에도 도깨비 없는 곳이 없다. 복을 주기도 하고 벌을 주기도 한다. (어리석은) 남녀의 숭배 대상이 되기도 한다.[4]

실제의 인물을 신격화한 사례들을 통해 이 맥락을 좀 더 살펴보자. 토속신앙 속에서 신으로 관념 되는 이들 중에는 경순왕(김부대왕), 공민왕, 최영 장군, 남이장군, 김시습, 송씨 부인, 임경업 장군 등이 있다. 이규태는 이를 역사에서 민중의 동정을 받을 수 있는 극한적이고 혹심한 상황의 죽음이나 일생을 보낸 이들이 죽은 후에도 민중의 동정 속에 영생하기 때문이라고 얘기한다. 이것이 한국 토속신앙 발생의 형태이고, 한국인이 저항하는 형태라는 것이다.

예컨대 경순왕은 비운에 쓰러진 신라의 마지막 임금이고, 공민왕은 부하에게 살해당한 한 많은 임금이다. 고려 사직을 지키려던 충정 때문에 이성계에 의해 살해당한 최영 장군, 모함 때문에 약관의 나이에 형살 당한 남이 장군, 세조 쿠데타로 젊은 나이에 노비가 되었던 비운의 단종비 송씨 부인 등이다.[5] 처녀 관념을 포함해 이승에서 억울한 죽임을 당하였으므로 민중들에게 측은지심으로 남아있는 대상들이 주로 귀신의 형태로 신앙되어 왔음을 알 수 있다. 하지만 위의 예들은 신앙의 대상으로 남았기에 존숭의 캐릭터이지만 여귀는 그 반대의 대상으로 남았기에 기피의 캐릭터임을 주목해야 한다.

고대의 설화들에서 현대의 영화나 드라마까지 한결같이 여귀가 무서움이나 공포의 대상이 되었던 까닭이 여기에 있다. 비명횡사 등 정상적이지 않은 죽음을 당한 자들의 원한이 위로받지 못하면 모두 귀신이 되어 공중에 배회한다는 관념에서 비롯된 것이니 숭앙하거나 기피하거나 사실상 그 생각의 알고리즘은 같다.

무라야마 지준은 그의 책 『조선의 귀신』에서 이익, 김시습, 장계이, 정도전, 서거정, 문종 등의 귀신론을 장황하게 설명하고 있다.[6] 그것을 모두 여기에 옮길 필요는 없지만 도깨비와 상관하여 간략하게 인용해두기로 한다.

이익은 사람이 죽어 귀신이 된다 했다. 장횡거張橫渠 등의 음양설을 이어받아 귀鬼는 음陰의 영靈이고 신神은 양陽의 영이라고 했다. 또한 인간뿐만 아니라 생명이 있는 모든 것이 귀鬼가 되고 신神이 된다 했다. 살아있는 것은 반드시 죽고 죽을 때에는 그 음양의 정이 귀가 되고 신이 되기 때문이라는 것이다. 정령精靈은 백魄으로 되어 있고 신명神明은 혼魂으로 되어 있다. 하지만 귀신에도 차등이 있는데 기氣가 모여 형태를 이루고 혼이 떠돌아서 귀가 된다 했다. 민간이 두려워하고 있는 괴물인 기선箕仙 또는 독각獨脚이라는 것도 이 음양이 생성한 괴물의 일종에 지나지 않는다.

여기서 이익이 설명하는 기선이나 독각이 이른바 우리가 말하는 도깨비에 해당한다. 그렇기 때문에 빗자루 또는 절굿공이 아니면 어떤 물건이 오래되어 낡게 되면 이런 빗자루나 키(곡식을 까부는 도구)와 같은 것이 나중에 괴이한 요괴로 변한다는 것이다. 이것을 기선이라 하는데 대부분은 이런 귀신류를 독각이라 하고 성씨를 김金이라 한다. 하지만 이것은 그 풍기가 모아진 것에 불과하다고 논한다.

또한 동남쪽으로 난 나무에 근원을 두는 것은 음양오행상 목성木性이 금金을 두려워하기 때문에 귀신을 물리칠 수 있다는 관념 때문이다. 여기서의 독각獨脚이 다리가 하나뿐인 어떤 대상을 지칭하는 말이라는 점은 불문가지이며 이를 '독각이→독갑이→도깝이→도깨비'로 해석해온 이유이기도 하다. 이들 정령 도깨비를 김씨로 부르는 이유에 대해서는 뒤에서 보다 자세하게 논술하겠다.

김시습도 귀신을 논하고 있다. 산에 사는 요물은 소魑라고 하고, 물에 사는 괴물은 역魊이라고 하며 계곡에 사는 괴물은 용망상龍岡象이라 한다. '역'은 물가에 살면서 수면에 비치는 사람의 그림자에 모래를 뿌리며 질병을 일으키는 괴물이다. 나무와 돌에 사는 기물은 기망량夔魍魎이라 한다. 만물을 해치는 요물을 여厲라고 하고 만물을 괴롭히는 요물을 마魔라고 한다. 만물에 붙어사는 요물을 요妖라고 하고 만물을 유혹하는 요물을 매魅라고 한다. 이들 모두를 귀鬼라고 한다.

무라야마 지준은 김시습의 귀신관을 이렇게 정리한다. 천지우주의 삼라만상을 음양의 활동으로 보고 이를 생과 사라는 두 범주로 나누어 생의 상태에 있는 것을 사람과 물체로, 죽음의 상태에 있는 것을 귀와 신으로 본다는 것이다.

정도전도 이매설을 주장했다. 이매魑魅는 산림의 정기에서 생겨나는 도깨비로, 그 형상은 얼굴이 사람이고 몸은 동물의 모습을 하고 있으며 또 네 발을 지니고 있어 곧잘 사람을 홀린다 한다. 산이나 바다의 음울한 곳에 모여 있는 기운·풀·나무·흙·돌의 정기가 서로 붙어 융합한 것이 이매가 된다. 정도전의 이매에 대한 관점은 불과 나무에 집중된 듯하다. 연기처럼 하늘로 오르는 불이 혼이고 재처럼 땅에 남는 나무가 백이기 때문이다. 서거정이나 문종도 음양관의 맥락에서 귀신론을 설파한다.

무라야마 지준의 분석을 참고해보면 귀신이 사는 곳은 음습한 곳, 울창한 덤불, 낮이라도 어두운 동굴, 오래된 우물과 연못, 낡은 성, 황폐해진 절터, 허물어진 옛날 집, 무너진 누각, 바위틈, 계곡 등이다. 모두 음기가 왕성하고 양기가 부족한 곳들이다. 또 솥·접시·식기·절구·붓 등의 가구나 옷·빗·비녀 등 깨지고 낡고 더러운 곳에 머문다. 그 이유는 음양의 조화를 이루지 못해 음기로 가득 차 있기 때문이라는 것이다.

귀신은 왜 처녀귀신과 남성 도깨비로 분화했을까

다소 길지만 선대의 내용을 장황하게 인용하는 것은 이들 모두 도깨비와 직접 관련된 용어이거나 간접적으로 도깨비를 뜻하는 개념들이기 때문이다. 놀랍게도 위에 인용한 용어들이 모두 도깨비를 설명하거나 적어도 도깨비와 관계 있다는 점에서 그렇다. 수많은 용어와 개념들로 해석한 것들이 사실은 도깨비이거나 도깨비와 큰 차이가 없다는 의미 아닌가. 그럼에도 왜 귀신은 처녀이거나 여성으로 남고 도깨비는 남성으로 남았는가. 우리가 문제 삼아야 할 부분이 이 지점이다.

뒤에서 말하겠지만 도깨비굿의 여성반란제의를 어떤 눈으로 봐야 할 것인가에 대한 한편의 답이 여기 들어있다. 여성반란제의의 맥락은 우리가 직면했던 대기근이나 역병, 시대적 환란과도 밀접한 관련이 있다.

예컨대 조선시대 현종 때 일어난 경신 대기근을 보자. 천륜과 인륜을 저버린 대 참사로 이어진 잔혹한 기근이었다. 입에 담지 못할 참혹한 풍경은 마치 카니발리즘Cannibalism을 보는 듯한 착각에 빠질 정도였다. 인간이 인육을 상징적 식품 또는 상식常食으로 먹는 풍습을 연상하게 하는 사건들이 일어났다. 카니발은 축제를 뜻하는 말 아닌가? 맞다. 하지만 프레이저의 여러 보고들이나 바흐친이 말한 이 용어가 주는 함의를 좀 더 깊이 성찰해야 할 필요가 있다.

바흐친은 역설적으로 이 용어를 권위적이며 모순적인 기존의 질서가 폭발적으로 터지는 축제를 가리키는 말로 사용했다. 낡은 권위에 대한 비판과 해체는 결국 기존의 질서를 전복하려는 양상으로 전개되기 때문이다. 왜 그럴까? 실제 카니발리즘의 공격적인 성격이 미개인들의 식인풍습에 한정되는 개념일까를 생각해보면 떠오르는 것들이 있다. 경신대기근에 죽어나간 사람들이 어찌 여자에 국한될까만, 사회적 폭력에 대항하기 힘든 자들이 결국 식인의 표적이 되거나 대상화되었다는 점은 불문가지다. 아무리 은유나 환유를 표방하여 문학적 수사를 동원하더라도 식인의 풍경이 정당화될 수는 없는 일이다. 우리가 여기서 문제 삼아야 할 것은 식인을 하는 자와 식인을 당하는 자다. 차차 처녀풍處女風에 대한 사례를 소개하겠지만, 여성, 어린이들을 포함한 노약자들이 속했던 위치는 역사 이래 고정되어 왔다. 이것이 도깨비에 투사한 우리의 마음이지 않을까? 우리가 상상하는 귀신의 형상이 이런 관념들로부터 비롯되지 않았을까를 생각하게 해준다. 처녀귀신, 남성도깨비로 대별하는 일종의 관념에 대해, 그 마음의 지형들에 대해 문제제기를 하고 그 행간과 여백에 도사린 하지 못한 이야기들을 끌어내려는 이유가 여기에 있다.

현대의 도깨비, 폰Phone깨비

　　　　　다시 질문을 던진다. 처녀 혹은 여성은 귀신만 있는가? 여성 도깨비는 없는가? 이야기로 전해진 도깨비는 물론이고 양반네들이 기록하고 형상화한 이매와 망량조차 숲과 강과 나무와 바위의 정령으로부터 비롯되었다는 점 상기한다. 인간의 숨겨진 마음들을 투사한 각각의 캐릭터들이 어찌 남성, 여성으로만 드러났을까.

　　도깨비의 접두어를 빼면 '깨비' 혹은 '개비(가비)'만 남는다. 개비는 무슨 뜻일까? 용례들을 살펴본다. '방아개비'를 전라도에서는 '땅개비'라 한다. 산에 널브러진 마른 나뭇가지를 '새깨비' 혹은 '자장개비'라 한다. 북한 지역에서는 질그릇 깨진 것을 '동아깨비'라 한다. '허수깨비'는 허수아비의 다른 말이다. 오도깨비는 잡귀신을, 청도깨비는 낮도깨비의 북한말이다. 댓개비는 댓가비, 산가비는 산가지를 나타낸다. 여러 용례들을 살펴보면 '깨비' 혹은 '개비'는 모두 나무 조각이나 토막, 떨어져 나온 어떤 갈래를 뜻한다. 성냥개비(깨비)를 봐도 알 수 있다. 성냥의 낱개라는 말이다. 도깨비를 '돗구(절굿공이)+아비'로 해석했던 학자들의 견해도 이런 용례를 참고하였을 것이다. 가장 흔하게 구술되는 빗자루 도깨비가 결국은 가늘게 쪼갠 나무토막이나 기름한 토막의 낱개를 뜻한다는 점에서 그렇다. 도깨비의 다른 말인 헛개비는 헛가비 즉 헛것의 어떤 갈래다.

　　이런 점에 착안하면, 여깨비, 남깨비, 허깨비는 물론 독(돌)깨비, 풀깨비, 장난깨비 등의 무수한 페르소나를 가진 도깨비들의 호명이 가능하다는 점을 확인할 수 있다. 물론 전제가 있다. 도깨비의 가장 큰 특성과 기능들을 충족해야만 한다. 엉뚱함의 표상이라든지 복과 재화를 가져다주는 존재라든지, 어느 공간의 경계에 서식하며 익살스럽고 친숙한 존재로 그려지는 그 기능들 말이다. 그 중 대표적인 것이 엉뚱하거나 기발하거나 있는 것을 없도록 만들거나(도깨비감투) 없는 것을 있도록 만들어 내는(도깨비방 망이) 능력이다.

현대에 이를 가장 잘 드러내주는 것이 스마트폰이다. 이 휴대전화기를 들고 있는 이들은 누구라도 유선 없이 무선으로 혼잣말을 한다. 말을 하는 상대가 없이 하는 독백이나 독언이 아니다. 휴대폰 너머 무선의 끝에는 대화 상대가 있기 때문이다.

휴대폰이 나오기 전까지만 해도 길을 가다가 혼잣말을 하는 사람을 보면 '미쳤다'고 했다. 미친 사람은 혼잣말을 한다. 미친 사람의 대화 상대가 누구인지는 밖으로 드러나지 않는다. 마음 깊은 심연의 어떤 대상이 혼잣말을 하게 하는 것일까? 아니면 금성이나 화성의 저편에 존재할 신화의 캐릭터가 미친 사람과 대화를 하고 있는 것일까? 미친 사람들은 아마도 3차원 너머 어딘가에서 발신하는 메시지와 암호들과 교신했을 것임이 틀림없다. 메시지가 난해하면 얼굴을 찡그리고 때때로 암호를 풀면 혼자 키득거리면서 방방 뛰기도 한다. 표면적으로 보면 눈으로 포섭하는 시각 이미지, 귀로 입력되는 청각 정보들이 아무런 기능을 하지 못한 채 그저 가늠할 수 없는 내면으로만 집중한다. 우주 너머일 수도 있을 해독 불가한 전파와 메시지들에만 감각이 열려있을 뿐이다. 하지만 지금의 스마트폰은 시각적인 이미지와 청각적인 정보들까지 포섭해버린 듯하다. 혼잣말 하는 양태는 같지만 말이다. 현대인들은 이처럼 일상 중 대부분을 스마트폰을 매개삼아 혼잣말을 하며 보낸다. 모두 미친 사람들이 되어버린 것일까? 이제 이렇게 수행하는 혼잣말은 디지털시대의 상식이 되었다.

길을 가면서도 밥을 먹으면서도 일을 하면서도 노래를 들으면서도 혼자 말하고 대꾸하고 키득키득 거리고 화를 낸다. 혼자 울다가 웃다가 얼굴을 찡그렸다가 환하게 펴기를 반복한다. 자기를 바라보는 뭇 사람들의 시선은 크게 신경 쓰지 않는다. 오로지 집중하는 곳은 폰 속의 발신자 혹은 발신원이다. 무선으로 연결된 스마트폰의 저편에는 대화의 상대자 혹은 수많은 콘텐츠들의 발신자들이 있다. 디지털 게임의 세계로 들어가면 존재하지 않는 무수한 신화세계의 캐릭터들과 대화를 한다. 내 유년시절에 봤던 미친 사람들과 싱크로율 100%다. 스마트폰을 타고 들어오는 그들은 십중팔구 도깨비들임이 틀림없다. 여기서 말하는 폰깨비는 곧 포노사피엔스 종족을 말한다. 스마트폰을 들고 생활하는 사람들 말이다.

'포노'가 라틴어로 스마트폰, 폰을 의미하고요. '사피엔스'는 호모 사피엔스의 약자라고 보시면 됩니다. 그러니까 포노 사피엔스란 스마트폰을 신체 일부처럼 쓰는 새로운 인류입니다. 포노 사피엔스가 사실 전체 호모 사피엔스의 표준 인류가 되면서 급격한 변화가 이미 있었어요. 이번에 서로 만나면 감염 위험이 높으니 만나지 말고 거리를 두자고 하잖아요. 심지어는 아이들 학교 수업도 강제로 온라인, 즉 디지털 플랫폼으로 옮기지 않았습니까. 이러다 보니 코로나19 사태 이후에는 문명의 변화가 더욱 가속화돼서 디지털 문명, 포노 사피엔스 문명으로 갈 것으로 보고 있습니다.[7]

폰깨비가 있으니 여깨비라고 없겠는가. 의문이 든다. 그렇다면 처녀귀신과 여깨비는 어떻게 다를까? 삼라만상의 영성과 각양각색의 인간 욕망들이 투사된 실체가 도깨비라면 그 형상 또한 삼라만상의 형체를 받아야 하고 각양각색이어야 하지 않겠는가. 실제 조선시대의 귀신이나 도깨비관념들만 해도 음양의 부조화가 일으킨 음기의 모음으로 이해했다는 점 다시 상기해둔다. 스마트폰을 폰깨비라고 불러주는 것처럼 헛것 도깨비를 허깨비로 부를 수 있고 남자 도깨비를 남깨비, 여자 도깨비를 여깨비라고 부르지 못할 이유가 없다. 봉산탈춤의 탈바가지도 먹승이며 미얄이며 갖가지 탈마다 각각의 페르소나를 갖는데 말이다. 때문에 도깨비방망이를 들고 온갖 금은보화를 가져다주는 도깨비가 후덕한 남성의 인격성만 갖추고 있을 것이라는 관념을 의심해봐야만 한다. 그것이 여깨비의 역할일지도 모르기 때문이다.

내 폰깨비 너머 어딘가에서 이런 소리가 들리는 듯하다. "처녀귀신 싫어요. 여깨비로 불러주세요!" 이 소리는 어쩌면 이름도 빛도 없이 수탈과 수난의 당사자로 자리매김 되었던 뭇 민중들과 나무와 돌과 숲과 강변들의 허물어진 공간에서 들려오는 단말마인지도 모른다. 기후와 질병 위기 시대에 접어들어 특히 그런 생각이 깊어진다.

점이지대漸移地帶 그 경계의 시공으로 여행을 떠나려 했던 이유가 여기에 있다. 서로 다른 지리적 특성을 가진 두 지역 사이에서 중간적인 현상을 나타내는 공간, 그곳 도깨비들의 서식처로 떠나는 여행 말이다. 거기에는 일등만 기억하는 줄 세우기도 없고, 모 아니면 도를 지향하는 과감한 승부욕도 없으며 인류를 구원하거나 세상을 뒤집어엎을 만한 큰 신성도 없다. 오로지 흑도 백도 아닌 듯, 똑똑하지도 멍청하지도 않은, 이것도 아니고 저것도 아닌, 우리네 민중을 닮은 어리숭한 도깨비들만이 있다.

3. 남깨비와 여깨비, 처녀귀신의 섹슈얼리티

처녀귀신의 이미저리와 섹슈얼리티

　　　　　귀신에 비하면 이야기로 전하는 도깨비는 적시할 존재자로서의 이름이 없다. 그야말로 무명씨이다. 사람인지 짐승인지 가상물인지 어떤 존재물이 화해서 드러난 것인지 구체적이지 않다. 빗자루나 키, 부지깽이 정도가 대표적이다. 애매모호하다. 이런 상황일 때 사람들이 곧잘 도깨비 같다고 한다. 구체적이지 않다는 뜻이다. 개념 자체가 구체적이지 않으니 형상 또한 구체적일 수 없다. 머리를 풀어헤친 귀신 모양, 눈이 쑥 들어간 해골 모양 등 조선왕조실록 및 문헌자료에서 찾을 수 있는 형상들이다.

　이것이 도깨비인지 귀신인지 분간하기 어렵다는 점 앞서 확인했다. 어찌 보면 도깨비와 귀신을 크게 구분하지 않았다는 증거일지 모른다. 하지만 어느 시기부터인가 형상에 대한 생각들이 변한 것 같다.

　현대인들에게 표상된 귀신의 이미지가 어떤 것일지 추적해보면 좀 더 선명해진다. 지금으로 말하면 아마도 '여고괴담'류의 이미지가 귀신을 설명하는 가장 적절한 표현일 것이다. 머리를 풀어헤치고 입가에는 피를 흘리며 하얀 소복 혹은 교복을 입고 원귀冤鬼로 등장하는 그런 이미지 말이다. 이를 적절하게 설명하기 위해 일본의 괴담에 등장하는 여성 원귀를 살펴본다.

　　한일 괴담에서 여성 원귀를 생성하는 가장 큰 동인은 강간, 상사想思, 애정의 배신, 음행淫行의 누명 같은 섹슈얼리티와 관련되어 있다. 한국과 일본의 괴담에서 거절당한 여성의 구애는 원귀를 생성하는 강력한 동인으로 작용한다. 이런 원귀는 성적 욕망에 대한 측은지심과 함께 성적 자유를 향한 남성의 은밀한 욕망이 공존한다.

이에 비해 일본의 괴담은 여성과 뱀에 대한 근친성을 부각시키고 애욕을 악마화하는 경향이 뚜렷하다. 그만큼 여성 정욕에 대한 혐오감을 배가시킨다. 일본 근세 괴담에서 남성에게 배신당하고 질투로 원귀가 된 이야기는 여성 원귀담의 주류를 이룬다. 한국의 경우 조선시대 여성에게 강요된 정절관념과 순결에 대한 강박은 성폭행과 음행누명에 의한 원귀서사를 대량 생산해낸다.

한편 섹슈얼리티와 관련한 한국의 거의 모든 여귀가 처녀귀신인데 반해 일본은 기혼여성의 원혼이 주류를 이룬다. 한국 원귀담에서는 순결하고 착한 처녀의 몸일수록 더 강력한 위력을 지니며 해원과 진혼의 혜택을 받을 확률이 높아지는 데 비해, 일본의 경우 처녀성은 고려의 대상이 아니며 악독한 품성의 여성이 원귀로 귀환하는 경우가 많다.[8]

해원과 진혼, 불안과 공포의 괴리

여성 원귀의 생성원리를 섹슈얼리티로 풀어내고 있음을 확인할 수 있다. 일본과의 비교를 통한 귀신 분석이지만 한국은 처녀귀신이 대다수라는 점, 설화 유포의 목표가 명료하게 해원解冤과 진혼鎮魂에 있다는 점을 지적하고 있다. 하지만 주의할 것은 해원이나 진혼의 담론 지형이 성별, 연령별, 계급별 차이를 갖는다는 점을 상고해야만 한다는 것이다.

강간에 대한 음행 누명을 교묘하게 빠져나가는 조선시대 혹은 근대기 남성들의 도깨비 담론을 그 사례로 들 수 있다.

어떤 고을 여자가 강간을 당했는데 숲속의 도깨비가 저지른 일이라고 핑계 대며 마을사람들은 그런 이야기를 실재하는 무엇으로 받아들이는 식이다. 역설적으로 일본에 비해 처녀에 대한 성적 핍박이 더 컸음을 시사한다고나 할까. 사건의 발생도 문제이지만 해결의 과정도 문제투성이다. 의문이 생긴다. 이런 경우라면 어떤 방식으로 어떤 과정을 거쳐 해원解冤 즉 원통한 마음을 풀어낼 것인가, 아니면 진혼鎭魂의 방식으로 처녀의 혼령을 고이 잠들게 할 것인가. 통시적 통찰이 필요한 부분이다.

통상 진혼제로 호명되는 방식의 근간에 흐르는 진鎭의 메커니즘 곧 진압이나 누르는 방식의 함의를 곰곰이 따져볼 필요가 있다. 앞서 예로 든 마을 처녀의 사례라면 숲속의 도깨비가 저지른 일이니 사회적으로 범인과 피해자 모두 면책되는 것일까? 단순히 설화의 담론화를 한국의 전통사회가 갖고 있던 모순 해결의 방식이라는 점으로 해독하는 시각을 새삼 경계해야 할 필요가 여기에 있다.

내가 문제 삼는 것은 도깨비 담론에 그치지 않는다. 도시괴담으로 불리는 현대의 귀신이야기들이 내포하는 해원과 진혼의 방식들 또한 문제이기 때문이다. 위 인용문의 논자는 현대의 여귀女鬼가 실재적 공포를 통해 개인적이고 파편화된 현대사회의 단면을 드러내 보여줄 따름이라고[9] 주장한다. 괴담 속 여귀가 설화의 그들과는 달리, 공동체 전체의 변화를 요구하는 담론 형성의 기능보다는 현대사회의 불안과 공포만을 부각시키고 있다는 지적이다. 옳은 말이다.

여귀가 된 이유와 해원이 괴담에서는 크게 드러나지 않는 대신, 그들 형상의 강조와 출몰 장소를 구체적으로 그려내고 있다는 점이 더불어 지적된다. 무슨 말인가? 그들의 형상 즉 시각적인 부분만을 파편화시켜 기괴하게 묘사함으로써 현대인의 내재된 불안감과 공포심을 자극한다는 것이다. 다시 말하면 궁극적인 해원에 이르지 못한 채, 해체된 공동체에서 기인한 개인적이고 파편화된 현대의 특징만을 여귀를 통해 증명하고 있다는 비판이다.

만약 귀신과 도깨비에 투사한 욕망들이 이들 관념에 갇혀있다면 여귀들은 죽어서도 남성 혹은 권력의 성적 대상으로 남아있게 된다.

사회 역사적 구성물로서의 섹슈얼리티가 무엇인가. 불평등한 권력 관계의 산물인 성에 관련된 행위, 태도, 감정, 실천, 정체성 등을 포괄적으로 이르는 개념 아닌가. 이런 처녀귀신 등의 출몰 방식으로 해원에 이를 수 없다는 점을 강조하는 말이다. 불안과 공포를 앞세워 혼령을 진압할 수는 있겠지만 호혜평등한 관계로 해원하기는 어렵다. 이런 맥락을 엿볼 수 있는 곳이 한국과 일본뿐일까?

러시아의 처녀귀신 루쌀까

루쌀까의 사전적 의미는 이야기 속에 등장하는 물속에 사는 여자, 또는 물속에 살고 있으며 머리를 풀어헤치고 물고기의 꼬리를 가진 벌거벗은 여인이다. 루쌀까가 물과 관련이 있는 여자라는 것은 분명하다. 루쌀까는 익사한 처녀, 약혼만 올린 채 첫날밤도 치르지 못하고 죽은 여자, 실연의 슬픔 등으로 자살한 여자, 행방불명된 여자, 살해당한 여자, 예쁘다고 잘난 척하다가 죽은 젊은 여자 등이다. 이외 사산아나 세례 받지 않고 죽은 아이, 부모에게 저주스러운 심한 욕을 듣다가 죽은 아이, 나쁜 악령이 들어와서 죽은 아이도 루쌀까가 된다. 드물게 루쌀리아 주간에 결혼을 앞둔 총각이 죽으면 루쌀까가 된다. 즉, 루쌀까의 대상은 특히 젊은 여자이며 어린 아이다.[10]

러시아의 처녀귀신에 대한 설명이다. 얼핏 들으면 우리의 귀신을 설명하는 줄 알겠다. 긴 머리를 풀어헤치고 나체이거나 흰옷을 입은 여자, 얼굴과 손이 창백하거나 인상이 차갑다는 점 알 수 있다. 온 몸이 희고 빛나는 머리카락을 가졌다. 그런데 왜 물 속에서 사는 정령이 되었을까? 우리의 처녀 귀신들이 원한의 장소에서 출몰한다는 점과는 사뭇 다르다. 오히려 우리의 도깨비들이 주로 갯벌이나 늪의 물 아래에서 서식한다는 점과 닮았다. 하지만 전형적인 남성격으로 등장하는 도깨비의 성격과는 대조적이다. 우리의 도깨비 성격이 변한 것일까? 아니면 러시아의 루쌀까가 특별한 것일까? 처녀귀신이나 러시아의 루쌀까에 비해 우리 도깨비들의 서식처는 어떨까?

천차만별로 분화된 이야기와 혹은 일정한 형상들로 분화되어 있는 도깨비를 직접 대입하여 일목요연한 분석을 하기는 어렵지만 대체로 민담 속의 도깨비 담론과 루쌀까의 이야기는 매우 닮아있다. 생각해볼 수 있는 것은 루쌀까의 경우는 우리 도깨비와 비슷한 서식처를 가지면서도 처녀귀신 등의 사회적 맥락으로 장치된 해원과 진혼의 풀이를 채택하고 있다는 것이다. 여성뿐만 아니라 남자의 일부, 특히 어린아이가 루쌀까의 대상이라는 점 주목한다. 이들 모두 처녀라는 이름으로 호명되었을 뿐 사회적 약자라는 점에서는 동일한 대상이기 때문이다.

러시아의 사례를 들었을 뿐 우리나라를 포함해 인류가 사는 공간이라면 그 어느 곳이나 마찬가지일 것이다. 우리나라만 해도 구렁이와 처녀, 제물로 바친 처녀, 제방 축조에 바쳐진 처녀 등 처녀관념에 얘기할 수 있는 희생 사례들은 그 수를 헤아리기도 어렵다. 이규태가 보고하는 최영 사당에 관한 사례도 그 중 하나다.

경기도 개성읍으로부터 남쪽으로 조금 가면 덕적산이라는 산이 나타난다. 그 산 위에 최영을 모시는 사당이 있는데 그 이름을 최영 사당이라 했다. 이 사당은 옛날부터 영험이 있다하여 지역민들로부터 숭상되었던 유일한 기도장소였다. 이 사당의 옆에는 침실이 있다. 이는 최영의 혼백이 은밀한 정사를 즐기는 곳으로 그곳에는 언제나 지역사람들로부터 바쳐진 처녀가 거주하며 봉사하는 곳이다. 그 처녀가 늙거나 병이 들면 다시 묘령의 처녀로 바꾸는 것으로 되어 있다. 시녀가 말하는 것에 의하면 밤이 되면 언제나 최영 장군의 혼령이 내려와 그녀와 교혼을 한다는 것이다. 지역 사람들이 어떠한 사정으로 인해 처녀봉사를 하지 않았을 경우에는 신의 노여움을 사 큰 재앙을 입는다 한다. 그러므로 지역민들은 무슨 일이 있더라도 처녀 제물만은 빠뜨리지 않았다 한다.

이 같은 풍습은 조선시대 초기부터 약 300년간이나 계속되어 왔으나 그 후 점차 영험이 없어졌다고 한다. 그러면서 이중환의 『팔역지』 즉 『택리지』를 인용하고 있다.

"최영은 무모할 정도로 용맹한 남자였다. 딸을 왕비로 삼고 나라가 망하기를 꾀하여 사직을 다른 사람의 손으로 넘기고 말았다. 죽은 후에도 하늘에 올라가지 못하고 땅에도 들어가지 못하고 나라 근교 바깥에서 신이 되어 머물러 있다."

그러나 오로지 남녀의 관계는 살아있는 사람과 같이 죽어서도 잊어버리지 않고 있다 한다. 더군다나 그 음탕한 혼인은 분명하지 않다. 그런데 십여 년 전부터 그 사당이 영험도 없어 황폐해졌다 하니 이것 또한 선뜻 납득이 가지 않는 일이다.[11]

최영의 억울한 죽음을 해원하는 차원과는 결이 다른 이야기다. 지역민들이 최영의 혼령에게 처녀를 제물로 바치고 반대급부로 그들의 복리를 꾀한다는 서사이기 때문이다. 최영이 무지막지한 장군이어서 그 노여움으로부터 벗어나려고 그랬던 것일까? 사실관계를 떠나서 이 설화가 내포하고 있는 함의는 처녀로 대변되는 노약자, 어린이 등의 약자들에 대한 가진 자들의 시선이다. 최영의 혼령을 달래기 위해서 왜 다른 공물을 생각하지 않고 여성 그것도 처녀의 희생을 고안해냈던 것일까? 본질적으로는 여성의 생식과 관련된 다산과 풍요의 기원 등에 뿌리가 있긴 하지만 다시 문제 삼을 것은 섹슈얼리티의 현대적 맥락이다. 이를 어떻게 바라봐야할 것인가가 우리가 문제 삼아야 할 부분이다.

거듭하여 의문을 제기한다. 이 논의를 좀 더 생산적으로 전개시키기 위해 우리는 여깨비 곧 여자 도깨비의 사례들을 들춰보아야만 한다.

남성을 능욕한 여자도깨비

내가 말일세. 술 한 잔 걸치고 딸네 집에서 기분 좋게 돌아오는 길이었다네. '안주냐고개'를 넘어오는데 그게 비가 부슬부슬 내리는 야밤중인데 느닷없이 숲 속에 불빛이 보이더라고. 처음엔 움찔했지, 그러다가 반갑기도 하고. 그쪽으로 갔지 그러니까 "오라버니, 어서 오셔요." 불덩이가 고운 말로 부르는 거야.

'웬 떡이냐?' 했지. 나이 지긋한 나더러 젊고 앳된 색시 목소리로 "오라버니"라니.

더 가까이 다가서는데 불이 이젠 날름날름 손짓까지 하는 게 아닌가!

더, 더 깊숙이 숲으로 들어서자, 불이 뱅글뱅글 나를 껴안듯이 하고는 맴돌기 시작했어. 기분이 좋아서 나도 돌고 돌았지 뭔가. 학이 춤추듯이…

그러자 문득 흰 옷 입은 예쁜 아가씨가 나타나서는, "시장하실 텐데 이것 드셔요" 하면서 제 입에 물고 있던 구수한 수수떡을 내 입으로 옮겨 물리는 거야. 그 야들야들한 입술 맛이 얼마나 기가 막혔는지 자네들은 모를 거야. 떡을 물고 씹고 하면서 여전히 아가씨를 안다시피 하고는 맴돌았지. 내 손을 잡은 그 아가씨 손이 그저 비단이야. 비단! 하늘을 나는 기분이 그런 걸 거라고. 그러다가 그만 정신이 아뜩해졌지 뭐야.

한참을 비실대다가 퍽 쓰러졌어!

그렇게 밤을 샌 모양이야. 아침에 아들놈이 흔들어 깨우기에 일어났지 뭔가. 온 집안 식구가 밤새 기다리다가 나를 찾아 나섰던 게지. 녀석들이 나를 일으켜 세우는데, 아니 이게 뭔가? 내 입에서 개똥을 한 덩이 빼내더니 내팽개쳤어. 입에선 구린내가 진동을 하고, 나 참 기가 막혀서, 숨도 제대로 못 쉬겠더라고.

그뿐이 아니야. 진흙투성이 옷은 여기저기 찢겨져 있는데다 그나마 온 옷이 가시투성이야. 그 여자가 잡았던 내 손도 할퀴고 찢기고 해서 피투성이였어. 아들이 여간 놀란 게 아니야.

"아버지, 간밤에 무슨 일을 겪었습니까?"

그러니, 내가 목숨 부지한 것만 해도 천행이지, 그게 도깨비짓이야![12]

도깨비는 남성적인 성격만 있는 줄 알았는데, 이 이야기는 좀 다르다. 숲속에서 여깨비에게 홀려 황홀한 성적 쾌락을 맛보았는데 아침에 깨고 보니 만신창이가 되어있더라는 이야기다. 야들야들한 아가씨의 손은 가시덩굴이었고 그토록 맛있던 수수떡은 개똥이었으며 늙은 남성을 오라버니라고 부르던 아가씨는 여자도깨비였던 것이다. 통쾌하지 않은가? 도깨비와 씨름을 해서 간신히 나무에 묶어두고 왔다가 이튿날 아침 가보니 몽당빗자루가 묶여 있더라는 등 일반적인 도깨비 서사와는 결이 많이 다른 이야기다. 도깨비는 남성이고 귀신은 여성이라는 속설을 대번에 무너뜨린다.

이 이야기에서 무엇을 주목해야 할까? 여성도깨비 자체 보다는 여성이 남성에 대한 전복 기능이지 않을까? 차차 귀태 도깨비 얘기를 소개하겠지만, 이런 유형의 이야기들은 성적으로 피해를 당한 여성들이 그 사건을 감싸고 있는 화재와 직접적인 관련이 있다는 서사를 가지고 진행된다. 또한 숲속에서 나온 도깨비 곧 남성격의 도깨비 때문이라는 장치들을 보기 좋게 뒤집어엎는 설화 중 하나라는 점 주목한다.

1900년대 초의 다양한 신문기사를 통해 실제로 일부 여성들이 도깨비불을 놓으며 주도면밀하게 귀태의 정황을 만들었다는 점을 일단 환기해둔다. 후술하는 내용을 통해 더 세부적인 면모를 짐작할 수 있게 될 것이다. 사람들은 이 여자도깨비 이야기를 통해 무엇을 말하고자 했을까? 아니, 그에 앞서 여자도깨비의 존재가 여자귀신에 비해 어떤 위치를 갖고 있었을까? 20세기 초중기 민속 현상을 보고하고 연구했던 학자들의 자료에 여자도깨비가 생각보다 많았음을 확인하는 것이 그 답 중 하나다.

남성격으로 축소되어버린 도깨비들

도깨비의 종류는 수로 표현할 수 없고 활동시간에 관하여는 밤에 나타나 닭이 울면 사라진다. 도깨비의 종류로는 등불도깨비, 홀이불도깨비, 달걀 도깨비, 갓쓴도깨비, 더벅머리도깨비, 삼태기도깨비, 멍석도깨비, 강아지 도깨비, 장사도깨비 등 각양각색으로 소개하며 형체, 기능, 용모, 소재 등에 따라 명칭이 다른 여러 도깨비가 있으며 특수한 명칭이 없이 막연히 도깨비로 불리는 것도 있다. 장거이의 『해동잡록』을 예로 들면서 사람이 죽은 후에 도깨비가 되는 경우도 있고 산해의 음기가 변하여 되었다고도 볼 수 있으나 민간에서는 헌 빗자루, 짚신, 체, 절굿공이, 부지깽이, 토우 등 사람이 손때 묻혀 사용하다가 버린 물건 혹은 여인의 혈액이 묻은 헌 물건이 도깨비로 변하는 것으로 본다.

『용재총화』의 예를 들면서 도깨비를 허주나 독각귀라고 하니, 허주란 허체요, 독각귀란 다리가 하나밖에 없다는 것으로 도깨비는 다리가 하나라는 설이 우세하나 모든 도깨비가 그런 것은 아니라고 한다. 도깨비는 형용할 수 없을 만큼 큰 거인으로 나타나기도 하고 여인이나 행인으로 나타나기도 하며 신장 축소가 자유자재인 변화무쌍한 존재라고 이야기한다.[13]

도깨비의 종류에 대한 임동권의 얘기다. 얼마나 그 종류가 많은지 수로 표현할 수 없다고 한다. 귀신의 출몰시간은 자시子時 즉 자정 즈음 나타났다가 아침닭이 울면 사라진다. 도깨비는 자정되기 전에도 밤이 오면 나타나고 아침 닭이 울면 사라진다. 사람의 혼령에서부터 물질에 이르기까지 그 범위가 무한하다. 가장 보편적으로 이야기되는 왼발 혹은 외발을 가진 씨름도깨비가 이에 해당한다. 도깨비를 독갑이라고 불렀던 것은 즉 다리가 하나인 귀신이라는 뜻에서 확산된 개념이다. 거인이나 여인, 행인 등으로 나타나는 것을 보면, 도깨비에 남성성만 있는 것이 아님을 알 수 있다. 근대기 한국의 도깨비 형상이 일본 오니의 영향을 받은 것이 사실이지만 거꾸로 일본의 오니도 한국의 다양한 도깨비 관념을 받아들여 영향 받았음을 주목해야 한다.

그렇다면 임동권이 이를 작성했던 1960년대까지 여자를 포함하던 다종다양하던 도깨비에 대한 관념들이 왜 남성격으로만 제한되거나 축소되어버렸을까? 이것은 아마도 방망이를 소재 삼은 남근의 은유를 강조하는 심리 때문 아닐까 생각된다. 도깨비의 형상을 치우로 읽어내려는 이른바 민족주의적 심리도 크게 다르지 않다. 이 같은 일련의 시도들은 일본의 오니와 서로 영향을 주고받으면서 강화되었을 것이며 조자용의 왕도깨비에 대한 추적도 한몫 했을 것으로 보인다.

뒤집어 말하면 도깨비가 남성성으로만 부각된 것은 어쩌면 근대기, 아무리 올려 잡아도 조선시대 후기의 일이었는지도 모른다. 강하고 표독스런 도깨비들만이 살아남았다고나 할까. 내가 재삼 문제 삼는 것은 러시아의 루쌀까 같은 혹은 남성을 능욕하기도 했던 여자 도깨비들이 어디로 다 사라져버렸는가 하는 점이다. 영국령 컬럼비아의 콰키우틀 인디언의 이야기를 경청함으로 이들 이야기의 보다 원형질적인 측면을 이해할 수 있다.

여자도깨비는 독당근 줄기에 목숨이 들어 있기 때문에 죽일 수가 없었다. 한 용감한 소년이 숲에서 그 여자 도깨비를 만나 돌로 머리를 박살내어 뇌수를 사방에 흩어놓고 뼈를 분질러 물속에 버렸다. 그러고 나서 도깨비를 처치했다고 생각하며 도깨비의 집으로 갔다. 거기서 소년은 마루 바닥에 꼼짝 못하게 뿌리가 박혀있는 한 여자를 발견했다. 그 여자는 소년에게 경고하며 이렇게 말했다.

"오래 머물러 있지 말아라. 나는 네가 그 여자 도깨비를 죽이려고 한 것을 안단다. 누군가 그 여자 도깨비를 죽이려고 시도한 것이 벌써 네 번째지. 도깨비는 결코 죽지 않아. 지금쯤 거의 되살아났을 거야. 저기 감추어놓은 독당근 줄기에 도깨비 목숨이 붙어 있단다. 저기 가 있다가 도깨비가 들어 오면 곧장 도깨비의 목숨을 쏘거라. 그러면 도깨비는 죽을 것이다."

그 여자가 말을 마치기도 전에 아니나 다를까 여자 도깨비가 노래를 부르 며 들어왔다.

"나에겐 마법의 보물이 있다네/ 나에겐 초자연의 능력이 있다네/ 나는 목 숨을 되찾을 수 있다네"

그러나 소년이 목숨을 쏘자 도깨비는 마루에 쓰러져 죽었다.[14]

이 이야기는 영혼을 몸 밖의 안전한 장소에 보관해두던 종족들에 대한 이야기다. 우리가 어렸을 때도 혼령이 몸과 분리된다는 관념들 때문에 밤 길을 제대로 나서지 못하곤 했던 기억이 있다. 혼이 몸을 따라다니니 함부 로 밖에 나가지 말라는 부모님들의 주문도 있던 터였으니 깜깜한 밖에 나 가는 것은 대단한 도전이었다. 이 이야기는 도깨비불이라는 혼불이 몸에 서 분리되어 날아다니다 자칫 잘못하면 자기 몸을 찾을 수 없다는 얘기로 이어진다.

혼과 몸이 분리된다는 생각, 프레이저의 보고로 다시 돌아와 본다. 사 람들이 현실적이거나 가공적인 재앙이 닥칠 때 자기 영혼을 몸에서 분리 하는 사례들이 장황하게 소개된다. 예컨대 셀레베스의 미나하사 부족은 가족이 새 집으로 이사할 때 한 사제가 온 가족의 영혼을 자루에 모아놓았 다가 나중에 돌려주기도 한다. 위 사례를 인용한 것은 몸과 영혼이 분리된 다는 관념이 흥미로워서가 아니라 사실은 여자도깨비의 죽음을 주목하기 때문이다. 여자 도깨비는 여간하여 죽지 않는다. 여러 시도들을 거쳐 소년은 노래를 부르며 들어온 여자도깨비의 목숨을 쏘아 죽이게 된다. 생산성 혹은 재생성을 담보하는 여성의 특성을 도깨비 이야기로 우려낸 설화 한 토막이라고 나는 생각하고 있다.

우리의 여자도깨비는 어떤가? 남성을 능욕한 우리의 여깨비는 남성의 몸을 가시덩굴로 긁고 개똥을 먹여 보기 좋게 남성 전유의 섹슈얼리티를 전복시켜버린다. 하지만 현재 전승되고 있는 도깨비 이야기들은 재화와 복락 등 순기능이 모두 방망이라는 남성성으로 흡수 혹은 포섭되고 말았다. 여기서 또 하나의 질문이 생긴다. 그렇다면 여성 전유라는 도깨비굿이나 남근을 강조하는 허수아비 혹은 대신맥이는 어떻게 해석할 수 있을 것인가? 이 이야기를 통해 우리는 비로소 도깨비의 본질을 이해할 수 있는 첫 단계에 진입할 수 있게 되었다.

시대에 따라 변하는 특정하지 않은 무형의 존재

"도깨비는 방망이로 떼고 귀신은 경經으로 뗀다"는 속담이 있다. 귀신은 격식을 갖추어 대하고 도깨비는 아무렇게나 대한다는 의미다. 그래서인지 "도깨비는 몽둥이로 조져야한다"는 말까지 있다. 부정적인 맥락이라기보다는 그만큼 격이 낮아 다루기 쉽다는 뜻이라고 봐야 한다. 신도 아닌 것이 그렇다고 사람도 아닌 것이 중간지대에 머물러 있으면서 신격으로 모셔지기도 하고, 사람보다 천한 우스꽝스런 존재로 비하되기도 한다.

한편으로는 "비상한 힘과 재주를 가지고 있어 사람을 홀리기도 하고 짓궂은 장난이나 심술궂은 짓을 많이 하는 존재"로도 기능한다. 그래서일 것이다. 관용구 중 "도깨비 같은 소리"라고 하면 "전혀 이치에 닿지 않는 허황된 소리"를 이르는 말로 통용된다. "도깨비 살림"이라고 하면 "있다가도 별안간 없어지는 불안정한 살림살이"를 말한다. "도깨비에 홀린 것 같다"라고 하면 "일의 내막을 알 수 없어 무슨 영문인지 정신을 차리지 못한다"는 뜻이다. 일일이 거론할 수 없을 만큼 용례가 많다. 모두 엉뚱하거나 좀 모자라거나 그러면서도 소소한 욕망들을 채워주는 친구 같은 신성으로 그려진다. 어처구니없는 상황에 직면하면 도깨비 같다는 탄식이 먼저 튀어 나온다. 그것이 언제부터인지는 모르겠지만 아주 오랫동안 우리 영육 속에 도깨비라는 존재가 자리매김하고 있다는 반증이다.

입에서 입으로 전해져 내려온 쓰여지지 않은 역사 곧 설화로 풀어 말하자면, 전설은 귀신과 상응하고 민담은 도깨비와 상응한다. 귀신이 구체적인 주소나 장소와 오브제들을 요구하는 데 비해, 도깨비는 지명도 호적도 구체성도 요구하지 않기 때문이다. 언설 정도가 아니라 진짜로 엉뚱하고 애매모호한 존재다. 욕망이 지시하는 바에 따라 천차만별의 이미지를 내면화할 수 있다. 이 내면의 모습들이 시대에 따라 조건에 따라 바라보는 위치에 따라 달리 표상되어 왔다. 도깨비를 이것이다 저것이다 얘기하는 것보다 시대나 성별, 장소, 지역 등의 상대적 투사물로 변화되어 온 존재로 봐야 할 이유가 여기에 있다. 그런 점에서 현재 도깨비의 대명사처럼 인식되고 있는 귀면와 형식의 문양이나 조각들의 이미저리는 일정한 기능을 부각시켜 상상하게 된 어느 특정 시대의 산물로 이해하는 것이 필요하다.

어떤 이유에서인지 귀신으로만 남아버린 여깨비들은 디지털 게임이나 드라마, 영화, 출판 콘텐츠들 속에서 살아 돌아온다. 오히려 새로운 창조를 거듭해가고 있는 중이다. 일본에서 개발되기는 했지만 포켓몬스터 게임은 온라인과 오프라인을 병용하고 병행한다는 점에서 매우 의미 있는 캐릭터다. 도깨비들이 전통적인 마을과 숲과 갯벌 등지에서 디지털화면 속으로 서식처를 바꾸어버리기라도 한 것일까.

특히 화제가 되었던 드라마 〈도깨비〉에서는 도깨비라는 용어 혹은 개념이 귀신의 이미지와 혼재되었다. 귀신과 도깨비가 섞여버린 새로운 형태일까? 아니다. 오히려 보다 오래된 형태라는 점 앞서 확인한 바 있다. 그렇다면 입에서 입으로 전해진 도깨비 이야기들 외에 두상이나 조각 등의 형상으로 남아 도깨비라고 불리는 것들은 무엇이란 말인가? 고고유적까지 방대한 물증들이 있지만 그 중심에는 역시 치우가 있다.

도깨비 민담의 구술 세례를 직접 받지 않은 현대인들일수록 치우의 형상이 도깨비라고 생각하는 경향이 짙다. 귀신과 도깨비의 역사를 돌아봤으니 이제는 도깨비(이를 남깨비라고 표현해도 무방하다)만 남고 여깨비가 처녀귀신으로 존속하게 된 과정들을 추적해볼 필요가 생겼다. 먼저는 치우에 관한 이야기를 검토해봐야 한다.

02

치우가
도깨비일까?

1. 도깨비 형상, 치우와 뿔

황제와 치우의 탁록대전, 어떤 욕망을 투영한 것일까

치우蚩尤는 중국에 전하는 전설상의 인물이다. 어느 시기부터인가 우리나라에도 급속하게 관련 담론들이 유행하기 시작했다. 사전상의 설명은 이렇다. 신농씨 때에 난리를 일으켜 황제와 탁록의 들에서 싸우면서 짙은 안개를 일으켜 괴롭혔는데 지남차를 만들어 방위를 알게 된 황제에게 패하여 잡혀 죽었다. 후세에는 제나라의 군신으로 숭배되었다. 하지만 우리나라의 재야 사학계에서는 치우가 탁록대전에서 황제에게 이겼다고 주장한다. 심지어는 한민족의 조상으로 추켜세우는 이들도 있다. 다양한 관점들을 세세히 다룰 수는 없겠지만 도깨비와 관련하여 몇 가지 쟁점 되는 부분들만 짚고 넘어가기로 한다.

헌원 시대에 신농이 쇠퇴하고 제후 간에 서로 침략과 정벌로 백성을 해치는 일이 일어났으나 신농씨는 이를 정벌하지 못하였다. 이때에 헌원은 곧 군대를 훈련시켜 정벌하고 받들지 않으니 제후들이 모두 와서 따랐다. 치우가 가장 포악하여 정벌할 수 없었다. 염제가 제후들을 공격하려하자 제후들이 모두 헌원에게 복속하였다. 이에 헌원이 덕으로써 병력을 일으키고 오기를 다스리며 오곡을 심어 백성을 어루만지며 사방을 다스렸다. 웅비·비휴·추호 등을 시켜 염제와 판천의 들에서 싸우게 했는데, 세 차례 전투 후에 비로소 그 뜻을 이룰 수 있었다. 치우가 이에 불복하여 난을 일으켜 황제의 명을 따르지 않았다. 이에 황제가 군대와 제후들을 불러 탁록의 들판에 치우와 싸우게 하였다. 마침내 치우를 사로잡아 죽이자 모든 제

후들이 헌원을 천자로 받들었다.[15]

판천씨 치우는 강성으로 염제의 후손이다. 전쟁을 좋아하여 난을 일으켰다. 마침내 제가 탁록에 거하여 봉선의 예를 번성시키고 염제라 칭했다.[16] 치우와 황제의 싸움을 설명하는 내용이다. 그 중 탁록이라는 곳의 싸움이 중심이다. 탁록은 어디인가? 지금 중국의 하남성 일대가 탁록이었을 것으로 얘기한다.

치우는 뿔이 두 개 나 있어 상대가 대적하기 어려웠다. 항간에 나도는 다양하고도 변화무쌍한 치우의 형상들이 이를 보여준다. 구릿빛 얼굴에 청동철갑을 쓰고 강한 뿔을 두 개나 단 용맹의 화신으로 그려진다. 한국의 도깨비와 일본의 오니를 구분할 때 뿔이 두 개 인가 하나인가를 가지고 따지는 이유도 여기서 나왔다. 치우의 시대를 청동기시대에서 철기시대로 변화해가는 시기로 해석한다.

'탁록전쟁'의 이야기는 『산해경』, 『술이기』, 『태평어람』 등에 기록되었다. 황제는 현녀의 힘을 빌려 치우와의 전투에서 승리한다.[17] 현녀는 『산해경』·「대황북경」에 나오는 천녀天女다. 천녀는 발魃(가뭄을 맡고 있다는 귀신)이다. 한해륙(한반도)이나 동이족과의 관계뿐만이 아니라 고대 중국신화의 대표적인 전쟁신화 중 하나가 황제와 치우의 '탁록전투'다. 중국의 묘족은 치우를 그들의 시조라 하고, 한국의 어떤 이들은 치우가 한국인의 조상이라 한다. 2002년 월드컵 엠블럼에 치우를 그려 넣었던 이들 중 일부도 아마 이런 생각을 가지고 있었을 것이다.

치우에 대한 시각을 네 가지로 분석한 정보를 우선 인용해둔다.[18]

첫째 치우는 중국의 황제에 대항하다 죽임을 당한 악인이다. 중국에서는 현저하게 악인으로 취급되다가 근세기에 들어 황제의 서브 캐릭터로 재구성되고 있는 중이다. 중국인들이 황제를 그들의 뿌리로 생각을 하니, 우리로 바꾸어 말하면 치우가 단군에 해당된다.

둘째 요성妖星(재해의 징조로 나타난다는 혜성이나 유성)의 하나로 재앙의 예조라는 관점이다. 눈을 부라리고 부릅뜬 형상, 괴이하고도 무섭게 상상된 이미지들이 이 생각을 일으켰을 것이다.

셋째 군사 관련 국가 제사의 하나인 마제禡祭(군대가 출정할 때 군대의 신에게 드리는 제사)의 제사 대상이다. 관련한 여러 민속 의례들도 있고 연결 짓는 서사들이 있으니 우리와는 전혀 상관없다고 하기에는 그 족적이 너무 깊다.

넷째 단오부端午符(단오에 문기둥에 붙이는 부적)에 등장하는 치우다. 단오부채는 민화의 발생이나 세화歲畵의 기원과도 밀접한 관련을 갖고 있다. 단옷날에 선물로 주고받는 풍속으로 자리 잡았다. 절기 풍속의 하나로 절선節扇이라고도 한다. 여기에 치우를 그렸으니 벽사辟邪(악한 기운을 물리치는 일)의 성격이 틀림없다.

앞의 네 가지 생각은 『규원사화』나 『환단고기』 등 재야 사서를 전거 삼기 때문에 전적으로 수용하거나 대폭 신뢰하기는 어렵다. 그럼에도 불구하고 치우에 대한 개괄적인 인식이라는 점에서 주목할 만하다. 치우가 한국인들에게 어떻게 수용되고 있는지, 나아가 재앙의 신, 보호의 신, 벽사의 신 등 멀티플레이어로서의 기능을 해왔음을 알 수 있다.

▲ 용수판, 서울역사박물관 소장

용수판과 도철문

　　　　벽사辟邪는 본래 사슴과 비슷하게 생긴 상상의 동물로 중국에서는 사악을 물리친다고 하여 인장印章이나 깃발旗에 장식으로 많이 그려 넣었던 캐릭터다. 유네스코에 등재된 처용의 춤이나 여타 민속춤들도 대체적으로 이런 기능을 한다. 악한 것을 물리치는 일은 또 다른 생명의 탄생이라는 생각으로 확장되기도 한다. 상여에 장식된 용수판龍首板이 한 사례다. 문자 그대로 용의 머리인데 상여의 앞, 뒷머리를 장식한다. 용龍은 서수瑞獸, 즉 상서로운 상상의 동물이다. 죽은 이가 좋은 곳에 갈 수 있도록 인도하고 보호하는 안내자 역할을 한다. 이를 치우 형상에 견주어 해석한 시각인데, 다양한 범주에서 '생명을 지키는 표식'인 벽사와 수호의 상징이라는 점에서 참고할 만하다.[19]

　　치우와 연결시키는 전형성을 보이는 이미지가 세 가지가 있다. 첫째 부릅뜬 눈과 돌출된 큰 코, 날카로운 이빨을 드러내는 입 등 공격적인 표정이나 배경색은 사찰 장식에서 직접적인 영향을 받은 것으로 보고 있다. 둘째, 금산사 미륵전 대문의 귀면처럼 청룡, 황룡을 음양오행의 관계로 읽기도 한다. 용수판은 유소流蘇(깃발이나 가마 따위에 달던 술)를 정丁자 모양의 용, 마주 보는 청룡, 황룡 등 다양한 형태로 꾸민 것을 말한다. 음양 교합을 통해 생명이 탄생한다는 고대적인 발상을 치우와 연결하는 셈이다. 셋째 상주 시대의 도철문饕餮文을 받들던 방식에서 이어졌다고 본다. 도철은 중국 은나라, 주나라 때 생성된 캐릭터로 탐욕이 많고 사람을 잡아먹는다는 상상 속의 흉악한 짐승이다. 이 동물 모양을 본떠 종이나 솥 따위의 동기銅器에 새겼다. 흔히 재물과 음식을 몹시 탐내는 사람을 이를 때 비유하곤 하는데, 도깨비의 기능 중 응징자적 이미지를 이 도철문으로부터 찾기도 한다.

이상의 전거들을 들어 상여에 나타나는 치우 형식의 도철문이 재생의 염원을 담은 기호라는 주장을 한다. 새로운 콘텐츠를 창조해내는 기호이자 상징물이라는 점에서 도깨비와의 기능적 관련을 주장할 수도 있다.

오월오일 천중절 치우지신 동두철액 적구적설 사백병일시소멸
五月五日 天中節 蚩尤之神 銅頭鐵額 赤口赤舌 四百病一時消滅

『동국세시기』의 단오풍속에 대한 기록을 보자. 위의 벽사문을 주사朱砂로[20] 밀어서 문짝에 붙인 것이 단오의 치우 기능이다. 조자용이 예시한 단오의 치우장수 부적그림과, 중국 일본 등지에서 상식화된 단오 때의 종규도鐘馗圖를 통해 치우에 대한 시선을 짐작해볼 수 있다.[21] 오월오일 천중절 곧 단오에 치우의 신을 걸어두는데 머리는 동으로 되어 있고 이마는 철로 되어있으며 입은 붉고 혀도 붉은데 사백 가지의 병을 일시에 소멸해버린다고 한다.

종규도는 당나라 현종과 종규의 꿈 이야기에서 비롯된다. 현종의 꿈에 귀신이 들어와 괴롭혀서 고함을 질렀다. 한 대귀大鬼가 나타나서 귀신을 붙잡고 눈알을 파먹어버렸다. 누구냐고 물었더니 종남의 진사 종규鐘馗라고 대답하였다. 꿈에서 깨어난 현종이 화가 오도현을 불러 그 꿈 그림을 그리게 하였다. 오도현이 그린 그림은 현종을 놀라게 할 만큼 무서운 형상이었다. 이때부터 민간에서 종규 그림을 그려 붙여 어린이들의 눈병을 막는 사화로 삼는 풍습이 생겼다.[22] 현종의 꿈에 이 귀신이 눈알을 파먹어 버렸다는 데서 비롯된 관념이다. 불교의 야차나 나찰은 물론 사찰 입구에 조형되거나 그려진 사천왕의 발아래 깔린 사귀邪鬼의 모습을 닮아 있음을 알 수 있다.

뿔 달린 진묘수와 해치

치우의 형상이 집이나 사찰의 문이나 입구에 장식되는 것은 문지기 역할을 강조하는 것이다. 월드컵에서 치우 형상을 포섭했던 이유가 아마도 여기 있지 않을까 싶다. 이 기능은 고분이나 묘의 문지기 역할로 거슬러 오른다.

진묘수鎭墓獸가 전쟁의 신 치우의 영향을 받아 유사한 이미지로 구성되었다는 주장이 그래서 나왔다.[23] 진묘수는 묘지를 지키는 상상 속의 동물이다. 전국시대의 초묘楚墓에서 많이 출토되었고 백제의 〈무령왕릉〉에서도 출토되었다. 한대에는 묘실 입구의 조각상 외에도 화상석과 벽화까

▶ 무령왕릉 진묘수

▲ 경복궁 해치상

지 이런 이미지들이 나타난다. 진묘수는 한대에 들어와 날개와 뿔이란 외형적 특징을 부여받는다. 뿔은 당시에 유행했던 일각수에 대한 관념이 들어있다. 화상석에서는 주로 서왕모 세계의 입구를 지키는 일각수가 해치獬豸의 모습으로 나타난다. 해치는 시비와 선악을 판단하여 안다고 하는 머리에 뿔 달린 상상의 동물을 말한다. 또는 해태의 원말이라고 풀이한다. 국어사전에서는 해태의 한자말을 해치로 쓴다고 풀이하고 있다. 경복궁 입구에도 조성되어 있는데, 경복궁 뒤 북악산이 관악산보다 낮아서 그 기운을 막기 어려워 이 조형물을 세웠다는 설이 있다. 특히 화재나 재앙을 물리치는 신수神獸 즉 신령스런 동물이기 때문에 불의 기운이 강한 관악산 아래 경복궁 앞에 세워 화재나 재난을 미연에 방지했다는 것이다. 2008년 5월 13일 서울시에 의해 서울을 대표하는 상징으로 선정되었다. 관련 정보를 종합해보면 해치와 해태는 동형이어同形異語로 보이는데, 『탯줄코드』(민속원, 2008)를 펴낸 의사 김영균에 의하면 이 조형물은 사자로부터 비롯되었다, 사자의 갈기와 털의 무늬와 꼬리 등이 사자와의 연관성을 따질 수 있는 증거들이다. 수문장 역할을 사자에 비견하는 것은 동서양을 막론하고 유사하다. 일종의 게이트라이언Gate Lion 혹은 가이드라이언Guide Lion이다.

김영균은 이렇게 주장한다. 사자가 실제 서식했던 서양문화권에서는 자연스럽게 사자의 형상을 디자인에 적용하였다. 이것이 간다라미술에 전해지면서 일종의 변형을 이루게 되었고 불교를 통해 동아시아로 넘어오면서 창의적인 형상을 갖게 된다. 상상의 동물인 용을 비롯해 각종 고대의 조형이나 디자인에 나타나는 형상들 특히 도깨비로 샘플링되는 이미지들도 이런 맥락 속에서 읽을 수 있어야 한다.

고분벽화에서는 날개가 달린 일각수의 모습으로 등장하기도 한다. 해치는 일의 옳고 그름을 가려 형벌을 내린다. 신성한 동물이고 고대의 중요한 법수호자다. 진묘수에 영향을 준 치우신의 역할은 하늘나라 사자使者의 기능이 있으며 묘실 입구에 배치되는 진묘수에는 이러한 벽사의 역할이 주어졌다. 해치를 또 다른 사자로 읽는 이유가 여기 있을 것이다. 자연의 동물 사자가 고대 중국인들의 상상 속에서 신수 해치로 태어났다는 것이다. 즉 해치는 머리에 뿔이 하나 달린 신성한 양羊으로, 정직하지 못하거나 죄가 있는 자를 판별하여 뿔을 세워 처단하는 동물이다. 중대한 범죄를 다스리거나 그런 사건을 담당하는 법관은 이 동물을 이용해서 죄를 판결한다. 날카로운 외뿔을 가진 짐승은 하나의 수단이고 실제적으로 법을 집행하는 법관이 맡았을 것이니 해치는 법法의 의인화이고 뿔은 즉결심판의 도구인 셈이다.[24] 이런 관념은 일본의 개 즉 고마이누こま犬로도 연결된다. 대개 사찰 등의 문지기 기능을 한다는 점이 공통적이다.

뿔 달린 진묘수와 해치를 도깨비에 비유해보면 어떤 결과들이 나올까? 민담에 나타나는 도깨비가 주로 재화와 초복의 기능을 갖고 있다면 불교 등의 도상에 나타나는 도깨비들은 응징자로 나타난다. 이 성격과 비교하면 외뿔을 가진 도깨비에 해당된다고 하겠다. 만약 도깨비를 뿔 달린 어떤 존재로 상상한다면, 도깨비가 왜 뿔을 가지게 되었는지, 뿔 둘 달린 치우와 뿔 하나 달린 진묘수 혹은 해치와 어떻게 다른지 흥미로운 접근들을 할 수 있을 것이다. 조자용은 이들을 모두 도깨비로 연결하여 해석한다.

고대의 벽사신 청룡 · 백호 · 주작 · 현무의 사신四神, 그리고 각단角端[25] · 백택白澤[26] · 맥貘[27] · 해태 · 용 · 사자 등의 물신들이 인면맹수신人面猛獸神으로 이어지고 그 다음에는 맹수면인신상猛獸人面神像으로 바뀌고 또 그 다음에는 역사적 인물신으로 바뀌어왔다고 주장한다. 이 역사적 벽사신의 흐름 속에서 도깨비(조자용은 도깨비 장수라고 표현하며 이들 모두를 합해 왕도깨비라고 부른다)의 모습을 찾고 있는 것이다.[28] 그런데 일반적으로는 진묘수나 해치를 도깨비라고 하지 않는다. 그들만의 고유한 이름을 가지고 있고 기능을 가지고 있으며 역사적 궤적 또한 다르다. 따라서 치우형상을 도깨비라고 주장하기 위해서는 이 형상과 변천, 흐름이 갖는 총체적인 맥락을 들어 도깨비의 특성이라고 주장할 수 있어야만 한다.

진묘수와 귀면

진묘수의 형상을 좀 더 추적해본다. 동물이나 사람의 형상을 한 잡귀의 형상으로 진묘수鎭墓獸와 치우의 형상이 흥미롭다. 진묘는 무덤을 누른다는 뜻으로 무덤을 지키는 문지기라고 볼 수 있다. 도깨

비와 성격은 다르지만
문지기 역할이나 전래
된 도깨비 형상 설명에
부합한다는 점에서 검
토 가능하다. 진묘수는
원래 지상계의 전쟁주
술에 사용된 신상이었
다. 하지만 벽사주술의
동일관념구조에 의해

▲ 토제진묘수, 국립중앙박물관 소장

지하 묘장으로 내려가 마귀를 퇴치하게 되었다. 이 풍경들이 전쟁의 신격
으로 바뀐다. 그래서 벽사계통의 신들이 전쟁의 신과 밀접한 관련이 있다
는 주장이 나왔다.[29]

초국에서 발견된 진묘수의 전형적인 모습은 흉측한 얼굴, 크고 돌출한
두 눈, 쫙 벌린 입, 길게 내민 혀, 몸을 감싼 비늘무늬, 머리의 뿔, 뱀을 두
손으로 움켜준 모습이다. 도깨비의 중요한 기능 중의 하나가 일종의 문지
기라는 점에서 닮아있다고 볼 수 있다. 더군다나 전국시대 초국 진묘수의
속성이 치우와 연관된다.

후한 말 산동 기남 화상석에서 치우신의 전형적인 사례가 보인다. 부릅뜬
눈과 쫙 벌린 입, 날카로운 이빨로 구성된 흉악한 동물의 얼굴에다가 머리
위에는 쇠뇌(弩, 쇠로 된 발사장치가 달린 큰활)를 얹고 왼손에는 수극(手
戟, 끝이 세 갈래로 갈라진 창), 오른손과 양발 맹금의 발톱으로는 상이한
형식의 검을 잡고 다리 사이에 방패가 놓여 있어 병주兵主로서 완벽한 면

모와 아울러 그 흉맹성을 드러내고 있다.

치우는 진한 이래 승리와 복을 구하는 대표적인 군신으로 추앙되었으며 화상석에서는 온갖 나쁜 기운을 퇴치하는 벽사신의 대표적인 존재로 나타난다. 짐승의 몸으로 깃털이 휘날리고 동물의 얼굴이나 귀신(도깨비)의 얼굴에 맹금의 손톱과 발톱으로 오병五兵을 지니고 직립한 모습의 치우상은 한나라 이후 치우신蚩尤神 신앙의 대두로 일정 형태로 정착하면서 보편화되었다. 진묘수가 치우와 무관하지 않다는 것은 전국시대에 유행한 치우 숭배에서 엿볼 수 있다.[30]

진묘수가 무덤의 문지기가 된 것은 치우가 문지기신의 성격을 가지고 있었다는 뜻이 되기도 한다. 전국시대 치우나 황제가 숭상된 것은 기존의 씨족제 질서의 해체와 그에 수반되는 조상신 숭배의 퇴조 때문이었다. 전국시대에 대규모 전투에 내몰리게 된 고립 개체적 백성들은 더 이상 수호할 종묘사직도 조상신도 없어졌다. 이에 조상신을 대체할 무엇인가가 필요했고 그것이 전국시대에 들어 잡다한 전쟁주술의 성행과 치우 및 황제가 국가적 차원의 제의 대상이 된 배경이다.[31] 여기에 포인트가 있다. 한족 중심주의의 부활의 징표가 황제릉에 대한 대대적인 보수와 국가단위의 제사의식에서 나타났기 때문이다.

1935년 민국 24년부터 매년 청명절에 거행된 황제릉 제사는 1949년 중화인민공화국 성립 이후 1963년까지 지속되었고, 문화대혁명 시기에 일시 중지되었다가 개혁개방과 더불어 1980년 이후로는 대대적으로 황제릉을 보수하고 매년 청명절에 대규모 제사를 지내는 것으로 집계되었다.[32] 이 와중에 황제에 대한 반역자 혹은 희생양 아니면 충직한 부하 등으로 자리매김 되는 치우가 있다.

우리는 어떠한가? 한국인의 시조로 치부하거나 적극적으로 인용해왔던 의도들도 이와 크게 다르지 않다. 도깨비의 이미지를 치우의 형상으로 급속하게 수용했던 욕망들을 좀 더 집중적으로 헤아려봐야 할 이유가 여기에 있다. 이를 좀 더 확인하기 위해서 우리는 기와의 문양 즉 용면龍面이라고도 하는 귀면鬼面의 세계를 추적해 봐야만 한다.

2. 귀면과 용면, 오니 논쟁

귀면이라 불리는 것들

앞서 살펴본 이미지들을 종합하는 형상은 무엇일까? 이를 위해서 귀면鬼面을 살펴야 한다. 귀면을 치우로 해석하고 나아가 도깨비로 인식하는 일반적인 경향을 검토하기 위해서다. 치우의 형상을 도깨비와 연결해 해석하려는 시도는 대장장이나 불과 관련되어 있는 것으로 보인다. 심지어 치우나 불 관련 이미저리를 단군신화까지 연결하여 해석하는 연구자들도 있다. 그렇다면 치우는 중국과 한국 혹은 일본만의 캐릭터일까? 물론 아니다. 힌두교의 키르티무카를 중심으로 이 형상들

▲ 토제진묘수, 국립중앙박물관 소장

은 세계적으로 분포해있다. 예를 들어보자.

14세기 중엽 중앙아시아를 비롯해 유럽 전역에 흑사병이 돌았다. 유럽인들은 페스트를 죽음을 몰고 오는 악령으로 생각했다. 이를 막기 위해 그들은 대문 앞에 부적을 내걸었다. 놀랍게도 그것이 치우의 형상이었다. 무슨 뜻일까? 그만큼 치우가 동양 삼국뿐 아니라 세계적으로 알려져 있다는 뜻 아니겠는가. 이뿐만이 아니다. 괴수, 귀면의 형상은 장례문화에서 빈번하게 관찰된다. 베트남의 참파 힌두 유적이나 인도를 비롯한 동남아의 힌두교 사원들에서 가장 보편적으로 가장 빈번하게 관찰되는 형상이기도 하다. 그 중심에 키르티무카상이 있다. 우리의 귀면과 용면을 포섭한 이미지라고나 할까. 불교에서도 매우 광범위하게 이 도상을 채택해왔다.

귀면은 무엇인가? 기본적으로는 귀신의 얼굴이라는 뜻이다. 귀신의 얼굴을 상상하여 만든 탈을 의미하기도 한다. 주로 대문간이나 기와에 그리거나 조각, 부조한 형상들이 있다. 귀신의 얼굴을 그린 장식 기와가 귀면와鬼面瓦다. 잡귀나 재앙을 막기 위해 사래 끝에 붙이기도 하고 대문 벽에 붙이기도 한다. 이 오래된 기와들에는 귀면뿐만 아니라 당초문唐草紋, 연화蓮花, 비천飛天, 금수禽獸, 문자 등의 여러 가지 무늬들을 새긴다. 문양에 따라 제작 시기를 가늠하기도 한다. 중국의 귀면도 본래는 도철문양에서 수면문양을 거쳐 변화한 문양 중 하나다. 한국에서는 부여박물관의 '산경치 도깨비무늬전돌'이 대표적으로 거론된다. 대장식구에서도 귀면이 많이 나타나는데 거의 사자 모양을 하고 있는 것을 볼 수 있다.[33] 앞서 살펴봤던 것처럼 사자와 도깨비가 어떤 연관이 있는 것처럼 느껴진다.

혹자는 치우의 형상을 용면龍面이라 호명해야 한다고 주장한다. 치우를 한국인의 조상 혹은 한반도의 기원으로 삼고 싶은 의도가 깔린 주장이다. 하지만 디테일한 관찰이 아니면 치우의 형상인지 용의 형상인지 아니면 비슷한 문지기 역할을 했던 사자 모티브의 형상인지 구분하기가 어렵다. 형상이 일정하게 유지된 것이 아니라 시대마다 지속적으로 변해왔기 때문이기도 하다. 어느 한 시대를 들어 고정된 이미지나 형상을 주장하기가 곤란한 이유가 여기 있다.

귀면인가 용면인가

그렇다면 용의 얼굴 즉 용면龍面은 무엇인가? 한중일 모두 용은 아홉 가지 동물을 조합해 만든 창작물이라는 점에서 다르지 않다. 머리는 낙타, 뿔은 사슴, 눈은 토끼, 귀는 소, 목덜미는 뱀, 배는 큰 조개, 비늘은 잉어, 발톱은 매, 주먹은 호랑이에서 가져왔다. 비늘은 양수의 최고수로 여겨지는 81개(9×9)이고 소리는 구리로 만든 쟁반을 울리는 것과 같다하며 입 주위에는 긴 수염이 있고 턱 밑에는 명주明珠가 있다. 목 아래로는 거꾸로 박힌 비늘 즉 역

▲ 백제금동대향로

린逆鱗이 있으며 머리 위에는 박산博山이 있다. 용에 대한 용례가 너무 많아 일일이 거론할 수도 없다. 부여 능산리에서 출토된 백제금동대향로에 보면 신선들이 모여 있는 곤륜산을 용이 떠받들고 있는 모습을 볼 수 있다. 용을 타야만 도달할 수 있는 서왕모의 공간은 불사약을 내리는 재생과 부활의 세계로 그려진다.

▲ 복희와 여와(두 마리의 용이 비비
꼬아 만든 세계관)

한나라 시대 화상석에서 서왕모는 해를 상징하는 삼족오와 구미호, 달을 상징하는 두꺼비와 토끼를 거느리고 있다. 서왕모는 동방의 청룡과 서방의 백호로 표현되는 용호좌에 앉아 있다. 여기서 서왕모는 일월과 동서로 대표되는 음양의 요소를 휘하에 통합한 양성구유兩性具有의 창조신으로 그려진다.

『춘추좌전』에 의하면 용은 물에서 났다. 잘 알려진 복희와 여와의 도상에서 두 마리의 용이 비비꼬아 만든 세계는 재생과 창조를 나타낸다. 죽은 사람을 운구하는 상여에 장식하는 용수판도 귀면이나 용면으로 되어 있다. 물고기를 문 귀면과 쌍용이 청룡, 황룡 등으로 장식된다. 이 같은 용면은 분명 귀면과는 차이가 있다. 하지만 도깨비의 도상으로 소환하는 형상들은 귀면과 용면이 섞여 있다. 굳이 구분하지 않아도 되어서일까? 아니면 어느 일정한 시대에 변화된 것일까? 아니면 귀면이든 용면이든 도깨비와는 상관없는 것일까? 주목해야 할 점은 귀면과 용면을 도깨비로 주장하기 위해서는 서왕모로 소급되어 관념 되는 수많은 신화적 캐릭터들과 다른 점이나 혹은 같은 점들을 해명할 수 있어야 한다는 것이다. 대체 언제부터 귀면이나 용면을 도깨비로 인식해왔던 것일까? 노승대는 이렇게 주장한다

귀면와 중에는 사슴뿔 같은 모습의 용뿔을 새긴 것도 있어 용의 얼굴이라

고도 할 수 있지만 소뿔 모양도 있고 외뿔도 있어 한 가지로 단정할 수는 없다. 귀면와라는 말은 일본인 학자들이 우리의 기와를 보고 자신들의 건축물에 있는 오니가와라(귀와鬼瓦)에서 이름을 따 부른데서 유래한 것이지만 원래 이 기와는 우리말로 '바래기기와' 한문으로는 '망와望瓦'라고 부른다. 망보는 기와, 잡귀와 액운이 들어오지 못하게 지붕 위에서 망보며 지키는 기와라는 뜻이다. 그러나 중국에서는 이 기와가 후대에 내려오면서 점차 사라지지만 한반도에서는 고구려, 백제, 신라 삼국에 다 나타난다. 통일신라 때 가장 우수한 도깨비기와가 나타나 꽃을 피웠고, 이 전통은 고려, 조선 시대에도 계속 이어졌다. 고찰에는 반드시 도깨비기와가 올려졌다.[34]

용수판, 귀면 문지기 신들

귀면이나 도깨비 등으로 불리는 용수판龍首板의 얼굴은 청동기 도철문饕餮文에서 시작한다.[35] 도철의 전형적인 특징은 툭 튀어나온 커다란 눈과 눈썹, 뿔, 콧등, 귀 등이고 아래턱이 없다. 이 얼굴을 반으로 나누면 용, 새, 코끼리 등 2쌍의 외다리 짐승의 옆모습이 합해진 것임을 알 수 있다. 고즈기 가즈오小杉一雄는 두 마리 용의 옆모습이 도철의 얼굴이기 때문에 도철이 곧 용이라고 주장한다. 도철의 바탕과 몸체를 이루는 기하학 무늬는 모두 뇌문雷文인데 이는 비를 불러오는 번개모양이 용으로 변한 것이다.

도철문은 종이나 솥 따위의 동기銅器에 새겼다. 도철의 문양은 새 토템의 최종적 종합인 봉鳳과 관련이 있다. 위 논자는 얼굴 전체의 인상이 용에서 유래했다고 주장한다. 본래 봉鳳은 바람 풍風과 같은 글자였다. 역사적으로 도철문은 전국시대 연燕나라의 와당 문양으로 유행하였다. 이후 귀면

▲ 출토 금동 문고리, 국립경주박물관 소장

으로 변모되어 동아시아 전반에 걸쳐 응용되었다. 이 도철의 모습이 포수함환鋪首銜環 즉 머리털을 풀어헤치고 문고리를 물고 있는 귀면 형상으로 화상석묘의 문짝 부분에서 가장 빈번하게 등장한다. 이 포수함환이 죽은 자를 기리거나 제사 지내고 그 시신과 백魄을 보호하기 위해 만들어진 건축물의 문에 새겨진다. 문 안의 세계를 보호하기 위해 문밖을 검열하는 문지기 신이다. 이후 보편적인 문지기 신 곧 문신門神 도상의 원천이 되었다. 고구려의 집안 통구사신총 널방 남측벽화의 귀면이나 섬서성 수덕현 사십포진한화상석묘의 수문귀면도 등이 모두 귀면 문지기 신들이다. 국립경주박물관의 안압지 출토 금동 문고리를 포함해 통일신라의 유물은 물론 근대기의 건축물에도 광범위하게 응용되었다.

이 문신들은 도깨비라고 주장하는 치우와는 어떤 관련이 있을까? 황제와의 싸움에서 패한 치우 형상으로 그려진 근거를 『태평어람』의 기사를 인용해 이렇게 말한다. 치우가 죽은 뒤 천하가 다시 평안하지 않자 황제가 마침내 치우의 형상을 그려 시멸示滅하니 천하 모두가 치우가 죽지 않았다고 말하여 팔방만방이 모두 복종했다. 치우의 가장 오래된 모습으로는 대부분 산동성 기남묘 전실 북벽의 후한대 화상석을 거론한다.

도철과 치우에서 비롯된 괴수상은 중국의 권력유지를 위해 인용되다가 불교적 의미로 전이된다. 우리나라에서는 통일신라 이후 불교적 성격과 융합되면서 용이나 귀면 등으로 나타난다. 하지만 그 기원에는 힌두교의 키르티무카가 있다. 인도를 비롯해 인도네시아, 동남아시아 전역 참파 힌두의 참탑 등에서 무수하게 확인할 수 있는 형상들이다. 이것이 불교에 수용되면서 단청에도 활용되었다. 산스크리티어(범어)로 키르티무카가 도 철饕餮인데 탐할 도饕, 탐할 철餮이라는 글자에서도 알 수 있듯이 먹어도 먹어도 배가 고픈 형상, 자기 몸을 끊임없이 먹고 있는 형상이다.

보다 직접적으로 용수판에 영향을 주었을 것으로 추정되는 도상은 바로 힌두신화의 키르티무카를 기원으로 하는 단청 귀면이다. 이 귀면문은 주로 사찰 법당의 정면 창호 하부 궁창부에 많이 장식된다. 처마 밑 보뺄목, 화반, 평방부리, 추녀부리, 수미단(불단)에 단청으로 장식되는 문양이다. 범어로 키르티무카Kitthimukha는 '영광의 얼굴'이라는 뜻이다.

▲ 키르티무카, 베트남 참파탑 문설기

본래 힌두교의 최고신 시바 자신이 귀면 형상의 괴물로 화현된 악의 상징이었으나 벽사의 상징으로 시바 사원의 문에 조형되기 시작했다. 악마로 변한 시바가 잡아먹을 대상 대신 자신의 몸을 먹어버렸기 때문에 키르티무카는 얼굴만 남게 되었다. 후에 불교에 수용되어 불교 사원의 수호신 역할을 하게 되었다. 현대의 사찰에도 흔하게 볼 수 있는 이 귀면문은 용 도상의 정면상을 공통으로 하고 있다.[36]

위 논자의 주장을 좀 더 따라가 본다. 사찰 장식에서 철원 도피안사 일주문 도리에 그려진 황룡처럼 용도상이라는 용 전체를 표현하는 방식과, 일주문 도리 끝의 귀면처럼 키르티무카를 기원으로 하는 귀면 즉 용 얼굴만 따로 떼어 문양화하는 방식이 동시에 활용되었다. 기와, 문고리, 민화의 문신門神 도상, 장승과 같은 영역에서 잔존했기 때문에 용수판에도 그 전형적인 형상에 대한 동시대적인 교류가 있었다. 또한 불교가 민속화되면서 부부금실이나 다산多産등의 기복적 표현으로 오행의 편성에 의한 도상들이 채택되기도 한다. 특히 고대의 도철문을 만들던 방식이 시공간을 뛰어넘어 새로운 형식을 도출해내는 상상의 방식을 계승하게 되었다.

용면의 변화는 현대에 이르러 엄숙함을 깨는 다양한 이미지로 창작 연출된다. 상여의 용수판에서 보여주는 재생의 관념뿐만 아니라 규범에 얽매이지 않는 민중적인 미의식이 바탕이 되었기에 가능한 일이었다고 해석된다. 박미경은 형상적인 측면에서 도깨비 도상에 대한 최초의 연구를 조자용의 「귀면미술의 역사성」(1973)에서 찾고 있다.[37]

조자용의 주장은 도깨비의 형상이 동국신화에 있다는 것, 그 기원이 단군신화에서 도깨비들을 시켜 우주를 창조했다는 설(삼국유사의 비형랑조를 억지로 대입한 듯한 느낌이다)과 관련 있다는 등이다. 귀면와, 놋그릇이나 대문의 손잡이, 무기 장식, 장승의 형상까지 모두 포섭해버린다.

이런 견해는 여러 연구자들에 의해 각종 귀면와의 형상들이나 탈춤이나 가면극에서의 가면으로 확장되어 한국 도깨비의 형상으로 주장되기에 이른다. 이는 또한 자연스럽게 일본의 오니와 연결하는 주장으로 이어진다. 최경국의 「일본 오니의 도상학 – 귀면와에서 에마키까지」 등이 그것인데, 백제, 신라의 영향을 받은 일본의 뿔 달린 귀면와가 오늘에 이르고 있다는 것이다.[38]

조자용의 마지막 제자였던 김영균에 의하면 조자용이 주장한 도깨비는 몇 가지의 특징을 포섭한다. 첫째 인간의 얼굴을 가지고 있으면서도 수두獸頭나 수면獸面 형상이기도 하다. 눈은 왕방울 눈이다. 이빨은 거치鋸齒(톱니)가 상하로 나와 있다. 몸에는 무시무시한 털이 나있다. 어깨 위로는 새 날개 같은 큰 갈기가 나와 있다. 손가락 발가락은 세 개씩이다. 이마에 뿔이 있을 수도 있고 없을 수도 있는데, 소뿔이나 용뿔의 모양을 하고 있다. 대개 이런 내용을 충족하면 도깨비라고 규정한다. 앞서도 밝혔듯이 조자용은 우리의 수많은 이미지와 디자인들 예컨대 귀면와에서 석장승, 상여의 용수판 등을 망라하여 전형성 곧 샘플링을 했던 것이라고 할 수 있다. 때문에 빗자루나 키, 부지깽이류의 민담 도깨비들과 반드시 상충되는 견해라고 하기는 어렵다. 이론을 세우기 위해서는 일정한 합의와 규정이 필요하다는 점에서 그렇고 향후 도깨비론을 도깨비학 등으로 정립해나가는 과정이라는 점에서 그렇다.

도깨비와 오니의 이미지 논쟁을 벗어나

형상화된 도깨비 이야기 중 가장 논란이 되었던 부분이 뿔 관련 담론이다. 주지하는 바와 같이 도깨비 박사로 불리는 김종대는 구술 전승을 기반으로 해석하기 때문에 뿔이 없다고 주장했다. 심지어는 도깨비 방망이의 존재도 부정했다. 뿔이 있는 것은 우리 도깨비 모습이 아니라 일본 오니를 모방하거나 수용했다는 뜻이다.[39] 김용의도 도깨비의 이미지리가 일본 오니의 영향을 받은 것으로 정리하고 있다. 주강현은 도깨비 뿔이 하나인가 둘인가로 우리의 도깨비와 일본의 오니를 비교하기도 했다. 박미경이 여러 연구들을 집적하여 이를 설명해주고 있다.

도깨비의 시각 이미지 기원에 관한 논쟁은 일본의 오니와 도깨비의 시각 이미지의 유사성에 관한 논쟁이다. 그렇다면 오니는 어떤 존재인가. 한자 '귀鬼'를 일본어로 오니라고 읽는데, '오니'는 한국의 도깨비와 마찬가지로 일본의 고유어라고 볼 수 있다. 오니는 '隱(온-오누-오니)'에서 온 것으로 이와나미출판사의 『고지엔広辞苑』에 가장 먼저 나오는 설명은 '그 모습이 보이지 않는다는 의미'이다. 또 소학관의『국어대사전』에는 '숨어 있어서 눈에는 보이지 않는 것, 죽은 자의 영혼, 정령'이라고 되어 있다. (중략) 오니 형상에 관해서도 구체적인 코드를 가지고 있는데, 바바 아키코의 『오니연구』를 보면 음양도에서는 동북방향을 마신이 드나드는 방향이라고 하고 이는 소와 호랑이의 방향이며 오니는 이러한 호랑이와 소의 조형적 요소를 조합하여 호랑이 가죽과 소의 뿔을 가진 모습을 그리게 된 것이라고 한다.[40]

일본의 오니를 귀면와의 한 형태로 해석하는 것에 비하면 이상의 설명

▲ 교토 유량천 오니교류 박물관

은 우리 민담의 도깨비에 대한 설명처럼 느껴진다. 물론 이후 지속적인 변화가 있었지만 말이다. 박미경에 의하면 근자의 도깨비와 오니에 대한 인식도 많이 바뀌게 된다. 1980년대에는 뿔이 하나이고 털가죽을 걸치며 붉은색 바탕에 철퇴를 든 오니와 다를 바 없는 도깨비들이 대다수를 차지했다. 1990년대가 되자 여러 논란들을 반영한 탓인지 뿔이 두 개로 늘어난다. 하지만 2010년이 되면 뿔이 아예 사라지고 보통 사람과 같은 모습으로 나타난다. 도깨비의 뿔이나 복장, 소품들이 점점 다양해졌음을 알 수 있다. 이는 한국에서 출판한 100여 점의 도깨비 관련 책들을 분석한 결과이기도 한데 대중들이 선택할 수 있는 도깨비 이미지의 폭이 그만큼 넓어졌다는 것을 말해준다. 물론 지금까지 변해왔듯이 앞으로도 다양한 변화를 거듭할 것이다.

도깨비의 뿔에 대한 관심은 도깨비의 어원과도 밀접한 관련을 맺고 있다. 뿔과 방망이 혹은 감투 등이 도깨비의 정체성과 관련된 핵심 키워드들이기 때문이다. 실제로 민담 중심의 도깨비를 주장하는 측에서는 귀면을 중국 혹은 일본의 문화로 보기도 한다. 임석재가 그 대표적인 학자고 김종대 등 후학이 이 설을 따르고 있다. 박미경이 정리한 자료를 다시 인용해둔다.

1981년『한국의 도깨비』에는 임동권, 진흥섭, 임석재, 이부영이 참여하여 각각 민속학, 미술사학, 국문학, 심리학의 분야에서 도깨비에 대하여 비교적 폭넓게 기술하고 있다. 이 책 중 '설화 속의 도깨비'에서 임석재는 도깨비상을 살펴보기 위해 예화로 아홉 가지 이야기를 소개하고 있는데 그중에서 혹부리영감, 개암과 도깨비(도깨비방망이), 과부와 도깨비, 도깨비가 가장 무서워하는 것, 게와 도깨비, 과부와 그것, 돈이 변하여 된 도깨비, 개장국에 데어 죽은 도깨비, 도깨비와 보 등이 있다.
이들은 임동권이 1971년에 발표한 「도깨비고」에 소개된 설화들과 마찬가지로 어리숙하면서도 장난을 좋아하는 친근함이 강조된 도깨비 이야기다. 이 책에서 임석재는 도깨비의 시각 이미지에 관하여 적극적인 발언을 하고 있다. 도깨비는 중국의 이매망량 혹은 '귀'와 다른 것이며 일본의 오니와도 다른 존재로 훨씬 더 인간미가 있고 친근하다고 얘기한다. 그는 "귀면이나 가면 등을 도깨비가 형상화된 것으로 보는 사람들이 많은데 이것은 중국인의 귀면을 그릇 보고 차용하고 있는 것에 불과하다"고 말하면서 동시에 "소위 귀면의 형상은 일본의 오니와 같다"라고 귀면을 중국 혹은 일본의 문화로 보고 있다.[41]

박은용이 주장한 '돗구+아비'설은 지금까지 가장 보편적으로 인용되거나 수용된 학설이다. 돗구가 절구공이(전라도 지역에서는 도굿대)고 아비는 남성을 나타낸다는 점에서 이는 자연스럽게 도깨비의 남성성을 강조하는 주장으로 수렴된다. 또한 '돗가비'의 '돗'이 불을 다루는 대장장이와 관련된다고도 하여 불의 신, 풍요의 신으로 확장 해석한다. 민간신앙으로서의 도깨비를 조사하고 연구했던 김종대 등의 주장이다. 이외에도 다양한 어원 관련 분석들이 뒤따르긴 했지만 발음이나 기능적인 맥락에 앞서 무리한 한자조어 분해방식을 취했다는 점에서 재고의 여지가 있다.

박미경이 실시했던 오니의 시각 이미지 인식조사를 좀 더 둘러본다. 내가 여기 인용하고 있는 책의 일본어판 원본 집필 때 시도했던 것이다. 이 조사에 의하면 일본 어린이들의 오니 그림이 대부분 전형적인 뿔과 호랑이 가죽 옷을 입고 철퇴를 들고 있는 시각 이미지인데 반하여 한국의 도깨비는 요괴, 요정, 유령, 그리고 오니와 유사한 모습 등으로 다양하게 나타난다.

이 조사에서는 많은 여자 어린이들이 도깨비를 여자로 그리는 등 이전의 세대에서는 좀처럼 볼 수 없는 특징을 보여주었다. 또 이 도깨비를 어디서 보았는지 시각 이미지를 접한 미디어를 묻는 인터뷰에서 한국의 콘텐츠만이 아니라 다양한 나라의 콘텐츠에서 도깨비를 보았다고 이야기하였다. 예를 들면 미국의 애니메이션인 「토이 스토리」, 일본의 애니메이션인 「요괴 워치」, 한국의 애니메이션인 「신비아파트 444호」, 「터닝메카드」, 「뽀롱뽀롱 뽀로로」 등 다양한 대답이 나왔다. 이 조사에서 수집한 한일 어린이들의 작품은 2016년 1월 26일~30일 일본 교토의 국제교류관에 전시되었다. 이 전시에 관하여 일본의 신문에는 "일한 '오니' 이미지의 차이"라는 타이틀로 한국과 일본의 차이점에 주목하는 기사가 게재되었다. 이 기사는 한국의 도깨비가 여자아이로 그려지거나 다양한 색깔로 그려진 것에 반하여 일본의 오니는 90%가 남자이며 몸 색깔도 대부분 붉거나 푸른 색이라고 소개하고 있다.[42]

이상의 내용을 통해 박미경은 천둥신 오가케 등을 일본에서 오니라고 불렀다는 점 상기시켜준다. 예컨대 우리 도깨비가 형상이 없다고 얘기하는 것처럼 일본도 마찬가지로 형상이 없거나 혹은 형상을 원치 않는 시기가 있었다는 것이다. 사실은 지금도 일본의 민간전승이나 설화를 계승하고 있는 마을에서는 오니의 형상이 없다고 말하거나 형상을 이야기하는 것을 원치 않는다. 굳이 한국 도깨비와 일본의 오니를 비교하자면 한국은 유사한 모티프나 이미지를 가진 것들을 도깨비라는 호명 안에 포용해왔고 일본은 오니를 좀 더 개별적인 단위들로 구분하고 세분해 호명해왔다는 점이다. 나도 시골 어느 교육청에서 주관한 학생 대상 강의에서 아이들에게 도깨비 그림을 그리게 하고 그 의미를 공유했던 적이 있다. 박미경의 조사에서처럼 모두 다 스스로의 바램이나 욕망들, 혹은 트라우마와 공포들을 도깨비라는 캐릭터에 투사하여 그림들을 그려내는 것을 확인하였다.

내가 내리는 소결은 이렇다. 남자도깨비 여자도깨비를 굳이 나눌 필요도 없다. 조자용이 왕도깨비라는 이름으로 포착하고자 했던 기와와 장승과 미륵들 마저도 사실은 양의 성질을 가진 것이 절반이요 나머지 절반은 음의 성질을 가진 것들이기 때문이다. 천하대장군이 있으면 지하여장군이 있고 남미륵이 있으면 여미륵이 있기 마련이다. 도깨비는 사실 음양의 교섭과 운행의 행간과 여백을 메우는, 마치 큰 목재를 잇는 데 박는 나무못 같은 것이다. 큰 목재들을 정격의 신성이라고 한다면 도깨비는 그 틈을 메꾸는 하찮은 신성이라고 할 수 있다. 하지만 주목할 것은 이 나무못이 없으면 아무리 크고 웅장한 목재들이라도 서로 교섭하거나 잇지 못한다. 이것과 저것의 경계에 있다는 것은 회색분자처럼 모호한 성격으로 비칠 수도 있지만 사실은 이것과 저것을 연결하는 다리 같은 것이다. 다만 조자용은 이 형상 없던 것들의 전형을 구축하기 위해 온갖 이미지들을 한 그물 안에 포섭해냈던 것이다. 여기서 문제 삼아야 할 것은 이런 균형자로서의 도깨비가 혹은 여성이 강조되던 도깨비가 왜 남성성으로 고착화되어버렸는가 하는 점에 있다고 하겠다.

3. 치우에서 다시 도깨비로

치우 형상에서 도깨비까지

치우를 동이족의 시조로 간주하여 한국의 시조와 동일시하는 시선이 부각된 것은 그리 오래된 일이 아니다. 금속무기를 제작, 사용했던 치우천왕의 존재를 중국 신화에서 한국의 역사로 소환시켰다고나 할까. 청동기 시대에 한민족 고대국가가 형성되었다고 보고 금속병기를 제작하였던 서기전 28~26세기 경을 치우천왕 전쟁기와 연결시키거나 단군신화와 연결시키는 태도다. 청동기에서 철기로 이행하는 시기가 한민족 형성기이니 이때 뿔 두 개 달린 철갑투구를 쓰고 철갑옷을 입는 등 청동을 다루었던 치우와 밀접한 관련이 있다는 주장이다.

중국 산동성에 있는 무량사 화상석을 비교해보면 매우 흥미로운 정보들이 나온다.[43] 단군신화의 웅녀 대신 호녀虎女가 등장한다. 호랑이 아가씨라니, 금시초문이다. 이를 치우와 황제의 탁록전쟁으로 보고, 치우가 승리하는 장면이라고 해석한다. 화상석에 등장하는 곰의 형상이 치우이며 그 옆의 호녀가 아기 단군을 안고 있고 그 앞의 꿩雉이 환웅을 상징한다고 봤다. 전통적으로 내려오는 호랑이 종족의 배제와 곰 종족의 승리가 아닌, 웅족(곰), 범족, 환(새)족의 3부족 연합설을 제기한 셈이다. 단군이 웅족인 치우의 후손이라는 관점이다. 단군신화와 치우를 연결하여 치우가 한국인의 조상임을 주장한 것인데, 과연 그럴까? 이를 보편적인 생각으로 받아들일 수 있는 것일까? 이들 형상들이 어떤 친연성을 가지는 것일까?

1933년 『조선어독본』을 분석한 박미경에 의하면 방상탈, 말뚝이, 취발이 등의 탈이 도깨비 이미지를 정형화하는데 일정한 기여를 했다고 주장한다. 탈이나 장승이나 벅수가 조선시대의 시각문화를 드러내는 구체적인 민속이었다는 것, 일제 강점기에도 주목받는 조선의 전통문화였다는 것이다. 우리 도깨비의 구체적인 이미지화에 영향을 준 『조선어독본』의 그림들이 중요한 이유는 이때로부터 형상 없던 도깨비들에 대한 이미지를 비로소 구체화했기 때문이라고 주장한다. 따라서 1931년 『조선어독본』의 「혹뗀 이야기」의 삽화는 이제까지 그려본 적이 없는 도깨비를 그리고자 하는 가운데 그 이미지를 한국의 민예로부터 찾고자 했던 시도라고 생각할 수 있다.[44] 다시 말하면 치우에 투사한 한국인들의 욕망은 민족, 나라라는 전통적인 이미지 찾기로부터 그 의미를 추적할 수 있다.

훗날 조자용은 이 이미지들을 모두 포섭하여 왕도깨비로 이름하고 이른바 한민족의 이미지로 호명하기에 이른다. 각양의 형상들을 갈무리하여 총괄한 것이 도깨비라는 뜻이니, 이 욕망 저 욕망, 이 요구 저 요구를 다 수용하고 포섭하는 도깨비는 참 편리한 도구라고나 할까.

치우가 한국인의 조상이라는 설

　　　　　이제 우리는 치우와 도깨비와의 관련성을 구체적으로 말할 수 있을 만큼 논의를 진행하였다. 다시 이런 질문부터 해본다. 치우가 지금의 중국(현재의 국경 단위를 전제할 필요는 없다) 어느 지역 캐릭터라는 점은 앞서 밝혀두었다. 여러 가지 설화와 문양들을 종합해보면 지금의 중국 땅 어딘가라는 점 정도는 합의할 수 있을 듯하다. 그런데 한국인의 조상이라고 주장하는 사람들의 근거는 어디 있는 것일까? 귀한 연구들을 폄하할 생각은 없지만 이 또한 이현령비현령이다. 주장들이 부딪치고 충돌하니 일각수 해치를 동원하여 판결을 받아야 할 모양이다.

　　치우와 관련된 녹유 귀면와를 보면, 그 도상의 출처가 청동기 도철문과 연계되어 있다는 점을 확인하였다. 녹유귀면와綠油鬼面瓦가 중국 당나라의 수면척두와獸面脊頭瓦의 영향을 받아 제작되었고 이것이 상주시기 청동기의 도철문에서 기원했다는 것이다.[45] 녹유綠油는 토기의

▲ 녹유 기면와, 국립경주박물관 소장

표면에 연유鉛釉를 시유施釉하여 청색, 녹색, 황갈색을 내기 위해 사용하였다. 우리의 경우 통일신라시대에서 고려시대까지만 사용되었고 고화도를 사용하는 청자유靑瓷釉가 발명되면서 자취를 감추게 되었다.

녹유 귀면와 중 대표적인 것이 통일신라의 기와다. 흔히 이를 도깨비 기와라고 한다. 아래는 넓고 위는 약간 좁으며 둥근 방패 모양의 넓적한 기와 표면에는 눈, 고, 입을 중점적으로 강조해서 무서운 표정을 나타냈다. 눈썹 사이에 구멍을 뚫어서 사래 끝에 못을 박게 만들었다. 입에는 날카로운 어금니가 양쪽에 돋아있고 머리에는 뿔이 두 개 있다. 벽사의 상징이다. 귀신이나 도깨비의 힘을 빌려 마귀와 악귀를 쫓아냈다는 궁중의 나례의식, 거기에 동원되었던 처용의 형상도 사실은 이런 문양과 도상에 기대어 있다.

보통 이들 도상의 기원을 청동기의 도철문으로 삼고 있고 다시 이것을 치우의 형상과 관련짓는다. 이를 도깨비기와로 부른다는 점이 치우와 도깨비의 관련성을 말해주는 대표적인 사례라고 할 수 있다. 하지만 도깨비 전승의 골격이랄 수 있는 설화의 세계에서 기와를 도깨비로 인식하거나 호명하거나 인용한 사례들은 거의 없다. 마치 조선왕조실록의 도깨비 기록들이 식자층의 인식이었고 민간의 도깨비 설화들과는 괴리를 보이는 격이라고나 할까. 치우 얘기를 좀 더 풀어가 보면서 관련 사항을 검토해 본다.

여러 가지 연구들 중, 치우가 중국의 남쪽 창강 일대의 민족들과 관련 있다는 주장이 흥미롭다.[46] 금문상의 치蚩라는 글자가 발로 뱀을 밟고 있는 모습이라는 것으로부터 근거를 찾아낼 수 있다. 동주시기 이후 창강 중류에서 새의 모습을 한 '신인이 뱀을 제어하는 문양'이 다량 출토되었다. 이들 뱀을 제어하는 신인을 치우로 읽어내고 있는 것이다. 치우가 새의 신鳥神에

빙의되어 뱀을 제어하는 답사무를 추는 무당이라고 주장하기도 한다. 치우가 무당이었다면 그 무당은 우리의 누구에게 상속되었다고 볼 수 있을까?

청동기의 도철문은 장강 하류의 신석기 문화인 양저문화良渚文化에서 기원한 것이니 귀면문의 기원은 산동성이 아니라 장강 하류 일대다. 중국 북위에서 가장 먼저 제작되었고, 신라는 당나라 시기 영향을 받았으나 중국과 일본에서 더 활발한 전승을 보이고 있다. 이 견해에 따르면 녹유귀면와로 대표되는 치우를 한국인의 조상이라고 말하는 것은 무리가 있다. 신라의 귀면와를 일본 오니의 시조로 삼고 있는 일본인들의 주장도 재검점이 필요하다고나 할까. 사실은 우리의 도깨비에 가까운 일본의 요괴는 오니보다는 갓파나 나마하게다. 오니가 치우계열의 도상에 기반하고 갓파나 나마하게가 우리 설화 속의 도깨비와 더 닮아있다는 점에서 그렇다.

붉은 악마가 다시 소환한 치우와 도깨비

붉은악마라는 별명은 벨기에 축구 국가대표팀이 먼저 사용하고 있던 호명이다. 문자 그대로 직역해보니 붉은 세 자매 복수의 여신이다. 머리카락은 뱀이고 날개를 달았다. 그리스와 로마신화를 통해 알려진 이 신화는 호머의 일리아드 등에 나타난다. 죽은 자의 분노에 대한 초자연적인 의인화다. 그런데 이 분노의 세 여신을 왜 붉은악마로 번역했을까? 성격을 같이 하는 우리의 여신, 특히 분노하는 여신이 없기 때문이었을까? PC통신을 통해 제안되었다던 명칭들에서 대강의 고충이 보인다. '레드월리어', '버닝파이터즈', '레드헌터', '레드맥스', '레드컨쿼리', '쿨리건', '레드타이거', '레드에코', '레드유니온', '레드일레븐' 외에 '꽹과리부대', '도깨비' 등 주르르 쏟아진다. 이들이 어떤 이미지들을 연상했는지 대강의 윤

▲ 치우천왕기

곽이 보인다. 태극기를 앞세운 에너지라든가 기운생동을 포괄하는 이미지가 대표적으로 채택되었다. 그 핵심으로 채택한 것이 치우천왕 깃발이다. 일종의 내셔널리즘, 그들이 제안했던 꽹과리부대나 도깨비의 이미지에 가장 어울리는 캐릭터였을 것이다. 붓글씨 도안이나 숫자 12, 국악장단 등의 기획이 모두 이 아이디어와 연결되어 있다.

    이들이 상징으로 내세운 '치우천왕기'는 2002년 월드컵을 정점으로 전국화 되기에 이른다. 국가에서 채택하지 않았을 뿐, 일반인들에게는 한국을 나타내는 엠블럼emblem으로 인식되었기 때문이다. 뉴밀레니엄을 기점으로 급변한 관광 문화 측면의 국가적 이미지를 생각해보면 붉은악마 치우천왕의 이미지가 얼마나 현격하게 부상하였는가를 알 수 있다. 고요한 아침의 나라라는 언설은 어떤 풍경들을 재구성한 것들이었나. 일제강점기로, 한국동란으로, 그리고 근자의 기억들까지 그 변화상은 놀라운 것들이었다. 예컨대 1970년에서 1980년대 산업부흥기에는 아리랑, 고궁, 전통춤 등의 이미지들이 한국을 상징했다. 1990년에서 2000년에 이르는 밀레니엄 말기에는 레저, 스포츠, 쇼핑 등 체험과 관광형태의 이미지로 변화된다. 이것이 2002년 월드컵을 계기로 붉은악마, 축구, 정보기술, 태극기나 '대~한민국'이라는 구호 등으로 재구성되기에 이른다. 붉은악마가 한국의 대표 이미지라니! 민화民畵의 중시조 조자용이 그렇게 찾아 헤매던 왕도깨비의 도상들이었는지 모른다.

레드콤플렉스를 벗어던진 붉은악마, 기획된 치우도깨비

국가 이미지로 등극한 여러 가지 오브제들 중에서 현저하게 밀레니엄을 가르는 이미지는 무엇이었을까? 명징한 장면 전환으로 떠올릴 수 있는 것들을 손꼽아보면 '다시 천년'을 충족할 그 무엇이 부상할 수 있을까? 한 편의 드라마 서사라도 어떤 분기점을 지날 때는 스펙터클한 장면을 구성하지 않는가. 일 년의 한 기점 설날을 보내기 위해서도 설빔을 입고 조상에게 제례하며 묵은 한 해를 씻어 보낸다. 하물며 일백년도 아니고 천년이 가고 다시 새로운 천년이 오는 기점이지 않았던가. 자연발생적이었는지는 모르겠지만, 어떤 알지 못할 기운들의 추동이었던 것만은 분명해 보인다. 바로 이때 '치우천왕기'가 나타나고 '붉은악마'를 외쳤다는 점을 주목한다. '도깨비'들을 능가하는 명실상부한 도깨비 같은 획기적인 장면 전환, 이보다 더한 풍경이 있을까 싶을 만큼 스펙터클한 장면들이었다. 하지만 더욱 주목해야 할 것은 다시 천년을 가르는 이 장면 전환에서 그 어떤 미장센들보다 강했던 붉은색의 함의들이다. 그 의미들이 융숭 깊다. 붉은색, 붉은 불, 붉은 깃발만으로는 이를 읽어낼 수 없다.

한반도라는 공간을 도깨비들의 난장에 비유한다면 도대체 이 난장 도깨비들의 물결 혹은 도깨비불들의 정체를 어떻게 읽어내야 한단 말인가. 오히려 파도 같고 물결 같은 물의 이지미들을 읽어내는 것이 온전한 행간의 독해일지도 모른다. 뿔 달린 도깨비들이 살고 있다는 이른바 붉은 색 북한에 대한 인식을 아마도 일시에 뛰어 넘었다는 점에서도 그렇다. 한국전쟁기의 삐라에 나타나는 뿔 달린 도깨비, 학교마다 다투어 그리던 붉은 악마 포스터는 적국 북한을 표방하는 프로파간다의 일환이었다. 도깨비 이전의 레드콤플렉스를 순식간에 벗어 제치며 새로운 시대 패러다임으로 부상하였던 맥락을 재삼 주목했던 이유다.

조상 보다는 둔갑쟁이가 더 어울리는 도깨비

앞서 살펴보았듯이 치우에 대한 시각은 고대 중국의 도철문에서부터 다양한 문지기신격들의 이미지와 오버랩되며 창조적으로 발전해왔다. 한국인의 조상으로 주장하고 싶어도 그렇게 소환하기에는 넘어야 할 산이 너무 많다. 만약 2002년 붉은악마의 엠블럼이 치우라고 한다면 왜 그를 '다시천년'의 벽두에 우리에게 소환하였는지 다시 해명해야만 한다. 만약 치우가 아닌 신라의 녹유귀면와라면 또 그것을 왜 소환하게 되었는지도 설명이 필요하다.

월드컵의 문지기로 소환되었던 치우 형상은 나라와 민족을 강조하는 측면에서 포섭된 존재다. 자발적으로 나선 현대의 '개인'들이 '민족'과 '국가'의 의도치 않은 동원에 동조했던 것일까? 파편화되고 이기적이라던 개인들이 만들어낸 국가라는 공동체는 어떤 의미들을 가지고 있는 것일까? 아마도 도깨비보다는 조상으로서의 치우를 소환하고 싶었을 텐데, 검토하면 할수록 조상의 의미보다는 도깨비의 이미지가 강조되고 도깨비를 강조하면 할수록 각종 고고학적 유물들을 소환하게 되어 불교사찰의 단청에서 힌두의 키르티무카까지 소급하게 된다.

우리가 치우라고 말하든 도깨비라고 말하든 상상하고 창조해온 이 형상들은 시대에 따라 지역에 따라 천차만별로 분화되고 재구성되어 오늘에 이른다. 그래서다. 형상만으로 치우와의 관련성을 해명하거나 국수주의적 맥락의 역사를 강조하기보다는 도깨비가 가지는 여러 가지 기능들을 중심으로 관념을 살피는 것이 도깨비의 시대적 의미를 더 객관적으로 톺아내는 일이 아닐까. 치우 형상의 등장은 일제강점기 일본 오니의 등장과도 일정한 관련이 있다는 주장들도 기억해두어야 한다. 물론 그 이전에는 불교를 중심으로 한반도로부터 건너간 도상들이다. 그럼에도 불구하고 월드컵 붉은악마와 치우형상을 도깨비로 소환했던 맥락을 수용하는 이유는 어쩌면 보이지 않는 도깨비들을 끊임없이 상상하고 재구성한 끝에 다다른 캐릭터일 수도 있기 때문이다. 조자용이 사실 의도했던 바이기도 하다. 셀수 없는 도상들과 문양들, 캐릭터들의 샘플링을 하고 싶었던 게다. 문제는 지금부터다. 한없는 우리의 욕망, 자잘하고 소소한 욕망들을 담아내던 캐릭터 도깨비를 또 어떤 맥락으로, 이미지로, 구성체로, 재소환하는가에 있지 않을까?

도깨비의 고향이 어디일까

그래서다. 도깨비의 문양을 생각하고 도상을 생각하면 도깨비들은 주로 사찰에 서식해 온 듯하다. 하지만 그것이 아니다. 우리에게 전해진 도깨비 이야기들은 사찰에 근거를 두고 있지 않다. 궁중에 두고 있지도 않고 높고 깊은 산이나 넓고 깊은 바다에 두고 있지도 않다. 단적으로 말하면 도깨비의 고향은 마을이다. 마을과 숲과 늪, 그리고 강과 바다의 갯벌 지역을 제외하면 도깨비의 서식처를 찾기 어렵다. 허물어진 집과 쓰다 버린 빗자루와 외진 골목길 따위의 콘셉트가 모두 마을에서 비롯되었다. 탄소 문명의 세례를 듬뿍 받은 도심에는 귀신은 출몰할지언정 도깨비는 거론되지 않는다. 귀신은 도시에서도 살지만 도깨비는 살지 못하는 이유가 무엇일까? 이것은 도깨비의 수목신격적 성격과 관련된다.

누차 인용하는 박은용의 「목랑고-도깨비의 어원고」(1986)[47]에서 주장하는 '돗구'는 나무방망이다. 나무로 된 것이기 때문에 수목신격이라 할 수 있다. 강은해의 「한국 도깨비담의 형성변화와 구조에 관한 연구」(1985)[48]에서 주장하는 두두리 또한 나무이니 수목신격에서 벗어나지 않는다. 물론 소치 허련이 그렸던 효행도의 불도깨비나 무수한 민담의 불도깨비 혹은 혼불들이 있긴 하지만 수목신앙 혹은 신격이라는 점을 상쇄할 만큼의 것은 아니다. 결국은 광의의 마을숲이라는 개념이야말로 도깨비의 정체를 온전하게 포섭해내는 공간이라고 할 수 있다. 이른바 마을의 전이지대 이것이 도깨비의 서식처다.

전이지대轉移地帶 곧 에코톤ecotone은 서로 다른 지역이 접하는 중간지대다. 중의적이고 양가적이다. 도깨비의 성격을 영락없이 닮았다. 서로 다른 생태계가 바탕이 되어 만나 다양한 생물군을 이루거나 특이종이 출현하는 것처럼 특별하지만 모호한 존재들이 창조되는 공간이다. 생물권 보존 구역에서도 이 용어를 사용한다. 자연자원의 추출과 실험 연구 따위가 이루어지는 핵심 지역 및 완충 지역을 보호해 주는 기능을 한다. 마을숲이 그렇고 마을의 둠벙이나 호수와 늪이 그러하며 마을 연안의 갯벌이 그러하다. 대척적이거나 대칭적인 양면을 왔다 갔다 할 수 있는 공간이며 그곳에 서식하는 캐릭터들 또한 양가적이며 중의적인 존재다. 내가 항상 도깨비를 교직공간의 존재물이라고 말하는 이유가 여기에 있다. 도깨비와 한국의 정체성에 대해 주목했던 김열규도 이것과 저것, 여기와 저기의 중간적 존재가 도깨비라고 주장했다. 있음과 없음의 교직, 그 교집합을 이르는 또 다른 언설들이다. 이런 변이 공간이자 전이지대인 중간지대에서 생성된 캐릭터이기 때문에 보다 쉽게 핑계 댈 수 있고 보다 수월하게 의지할 수 있었던 것이다.

근대기에 채록된 도깨비담을 보면 이 성격들이 보다 명료해진다. 장난 많은 심술쟁이로 그려진 것들은 그만큼 소박한 일상과 소소한 욕망들을 투영해냈다는 뜻이기도 하다. 온순하고 유머 많은 캐릭터이기도 하다. 때때로 난폭하거나 무서운 존재로 등장하기도 하지만 전반적인 이미지는 후덕하거나 부자, 해학적인 능청꾼이거나 조금 멍청한 중간자 등이다. 상과 벌을 내리는 심판자의 역할도 빼놓을 수 없는 특징이다. 악한 사람은 징벌을 하고 착한 사람에게는 상을 준다. 뒤에서 자세하게 다루겠지만 섬진강 마천목 장군 이야기에서는, 도깨비들이 떼로 몰려나와 노래를 부르기도 하고 효자 마천목을 도와 하룻밤 만에 돌그물을 쌓기도 한다.

지나가는 사람에게 씨름하자고 시비를 거는 도깨비들은 어떤 한 지방에 국한된 이야기가 아니다. 전국적으로 채록되는 도깨비 이야기 중 가장 보편적인 것이기도 하다. 똑똑하지만 스스로 꾀에 넘어가기도 한다. 비상한 힘과 재주를 지니고 있어서 자기와 친한 사람은 부자로 만들어주기도 한다. 도깨비가 자염煮鹽 (바닷물을 끓여 만드는 소금)소금장수 집에 한 보따리의 엽전을 지고 와서 소금을 주문해놓고 깜박 잊고 오지 않아 소금장수가 부자가 되었다는 등의 이야기도 매우 보편적인 버전이다. 도깨비방망이와 혹부리영감 버전도 부자 만들어주는 도깨비라는 점에서 상통한다. 음식 대접이 소홀하거나 마음에 들지 않는 사람이 있으면 기묘한 방식으로 사람을 홀리거나 짓궂은 장난을 치기도 한다. 메밀묵이나 떡을 좋아한다. 도깨비고사에 메밀묵을 놓는 이유가 여기 있다.

사람에게 화와 복을 동시에 줄 수 있는 신기한 존재다. 한마디로 도깨비는 둔갑쟁이다.

03

문지기가 된
목랑

1. 강진 사문안마을 도깨비 바위

상상 속의 도깨비 형상들

민담 속의 도깨비를 최초로 그린 것은 소치의 〈채씨 효행도〉 중 불도깨비 그림이다. 이는 오로지 우리나라에만 그려진 감로탱 작법 중 혼령을 그리는 방식을 인용한 것이다. 실제 소치가 운림산방을 짓고 생애의 마지막을 장식했던 공간이 고향 진도 첨찰산 쌍계사와 한 마당이라는 점에서 그 의미가 높다. 감로탱 작법 즉 불교 탱화 기법을 통해 도깨비를 그린 것이 불교의 혼령 그리기 작업과 모종의 관련이 있음은 누구라도 추정해볼 만하다. 나아가 불교에서 혼령을 그리는 방식이나 혼령을 조각이나 부조로 형상화하는 방식들과도 관련성을 생각해 볼 수 있다. 이 맥락을 중심으로 불교적 측면에서 말하는 도깨비와 그 형상의 확장 혹은 수렴을 추적할 수 있기 때문이다.

도깨비는 앞서 언급하였듯이, "동물이나 사람의 형상을 한 잡된 귀신의 하나"다. 동물을 형상하기도 하고 사람을 형상하기도 하니 그 형태가 매우 다양하리란 점 짚어봤다. 조선왕조실록에서 거론하던 도깨비는 이매와 망량 등 주로 귀신처럼 몰골이 해괴망측한 이미지였지만 민담류의 도깨비들은 훨씬 친근한 이미지라는 점도 다시 강조해둔다. 하지만 도깨비는 호락호락하지 않다. 상대적인 상상만을 요구할 뿐 형상을 이렇다 저렇다 주장하며 내놓으려 하지 않는다. 이것이 도깨비의 서식처인 전이공간과 중간자적 위상에 상응하는 해석 아닐까 싶다. 이미지가 명료할수록, 기능이 선명할수록 정격의 신에 가깝다고 보기 때문이다. 산신이나 조상신, 혹은 종교적 신격들의 이미지가 비교적 선명하다는 점에서 이런 추측은

유효하다. 이제 우리는 오랫동안 도깨비의 형상이라고 알려져 온 강진 사문안 마을로 들어가 그 구체적인 면모를 살펴봐야 한다.

전남 강진 사문안 퇴동 마을의 도깨비 바위

전남 강진군 작천면 퇴동마을에 도깨비바위로 불리는 석탑이 있다. 부조 석상이다. 하지만 이 부조들이 도깨비인지 아닌지 명료하게 설명해 주는 사람은 없다. 사문안이 사문寺門의 안쪽이라는 뜻이니 사찰 입구의 사천왕을 포함한 신장神將(화엄신장의 준말)들의 문지기신으로 추측할 수 있을 뿐이다. 더 직접적으로는 불교에서 도깨비라고 호명하는 나찰과 야차가 그 대상이지 않을까 생각된다. 주목할 점은 마을 사람들이 이 석상을 도깨비 바위라 한다는 점이다. 언제부터 도깨비라 호명했는지 알 수 없다. 불교의 신장이나 나찰, 야차 등이 가지는 기능을 도깨비가 일정한 형태로 담당한다는 점과 연결해보면 일단의 해답을 찾을 수 있겠다.

본래 이 바위는 월남사지로 들어가는 입구에 있던 것이다. 언제 이곳으로 옮겨졌는지는 알 수 없다. 장소 불문하고 모두 악귀를 물리치고 사찰을 보호하는 호법선신의 역할을 했다고 생각된다. 절의 문 안쪽 즉, 필경 월남사가 아니더라도 어떤 사찰과 관련 있을 것이고 입구에 세웠으니 응당 호법신장의 역할을 했을 것으로 추정하는 것이 순리다.

이런 형식의 돌비석은 희소하다. 모두 13상인데 전면 상단에 새의 모습도 보인다. 오른

▲ 강진 사문안 석조상

쪽으로는 방형의 돌기된 띠도 보인다. 가운데는 알 수 없는 음각이 있다. 모두 귀면상을 하고 있다. 손에는 방망이를 들고 있다. 다리의 모습이 정상인과는 다르다. 마을사람들이 도깨비 바위라고 부르는 것 외에도 이것을 도깨비 석상이라고 해석하는 이유가 여기에 있다. 의심의 여지없이 방망이는 도깨비방망이다. 석상의 수많은 귀면은 액을 막아주고 벽사 기능을 했을 것으로 추정한다. 얼굴의 모양이 우리가 흔히 말하는 치우 형상이나 귀면의 형상을 하고 있다는 점도 주목을 요한다. 만약 이 석상의 조성연대가 삼국시기 이전으로 거슬러 올라가면 기왕의 도깨비에 대한 해석들은 재검토할 수밖에 없다.

씨름하기 위해 왼쪽다리를 구부렸을까?

전면의 입상은 상체가 나상裸像이다. 전면의 나상, 전면의 상하 3구상, 왼쪽의 면상, 오른쪽의 면상 등 13개의 상이 있다. 주목할 것은 전면의 도깨비 상이다. 높이가 64cm 안 폭이 10cm, 견 폭이 13cm다. 머리 위에 두 개의 뿔이 달리고, 얼굴을 자세히 보면, 치우나 사천왕으로 보이는 입상이다. 앞이마와 양쪽 볼이 툭 튀어나왔다. 눈이 사나우면서도 희화적으로 그려져 있다. 이빨은 날카로운 송곳니가 부각되었다. 상의는 입지 않았다. 앞가슴 뼈가 U자 형으로 불거져 나왔다. 오른손에는 방망이를 들고 있다. 이름하여 도깨비방망이다. 왼손을 길게 내려 손바닥을 벌리고 있다. 손가락이 4개다. 하체는 바지를 걸쳤다. 전면의 나상에는 대님이 있는데 이외의 것은 대님이 보이지 않는다. 버선형의 신발이 연결된다. 왼쪽 다리는 구부리고, 몸의 중심은 오른쪽 다리에 두고 있다. 가운데 왼쪽 다리가 약하게 표현되고 이를 구부려 오른쪽 다리에 붙였다. 도깨비 왼쪽 다리가 약하다는 통념으로 연결해 해석하는 이유가 여기 있다. 도깨비와 씨름을 할 때 왼발을 걸어 넘어뜨려야 이길 수 있다는 흔하디흔한 그 얘기 말이다. 민담 도깨비의 관념을 반영한 조형물이라는 해석이 가능하다는 뜻이다.

그로테스크한 얼굴과 방망이의 정체

한편으로는 조선왕조실록에 묘사된 도깨비들과도 크게 어울리지 않는 형상들이다. 『삼국유사』의 두두리 형상이나 조선왕조실록에서 상상한 이매망량 등의 형상을 연상하기는 어렵지만 신장 형태의 형상인 나찰이나 야차를 도깨비의 이미지로 인식해왔다는 점을 확인할 수 있는 물증이다. 도깨비의 문지기 기능과 유사한 기능이라는 맥락에서 마을 사람들이 도깨비 바위로 호명하지는 않았을까? 석상의 주요 기능이 이전 시대에 존재했을 마을 안의 사찰(사문안 마을이라는 어의를 주목)을 경계하는 문지기 신격이었던 것만큼은 분명해 보인다.

또 하나 주목할 것이 오른 손에 들고 있는 방망이다. 이것이 도깨비로 해석하는 중요한 단서가 될 수 있을까? 이 방망이가 어디서 온 것일까? 두 가지 설이 가능하다. 먼저는 사천왕상을 포함한 불교의 신장에서 보이는 방망이나 창이요 다른 하나는 민담류의 도깨비 이야기에서 보이는 후덕한 방망이다. 전자는 사찰을 중심으로 하는 어떤 영역의 경계를 지키는 수문장과 관련되어 있고, 후자는 부귀와 영광을 일시에 가져다주는 즉 금 나와라 뚝딱, 은 나와라 뚝딱 등의 민담을 포함하는 도깨비방망이와 관련되어 있다. 전자는 문지기 기능이고 후자는 초복招福 기능이다.

초복 기능을 다변화하여 문지기 기능으로 포함하는 사례가 많다. 바닷

▲ 남원 실창사 백장암 삼층석탑 사천왕상과 동자상

가 갯벌에서 지내는 도깨비 어장고사 같은 경우가 이에 해당한다. 강진 사문안 도깨비 석상에서 주목할 중요한 키워드는 방망이를 든 형상과 뿔 두 개 달린 귀면 형상의 두상이라고 할 수 있다. 강진 사문안 마을에 비견되는 사찰의 도깨비 형상은 또 무엇이 있을까? 노승대가 예시한 몇 가지를 더 인용해 둔다.

지리산 실상사 백장암의 삼층석탑은 국보 제10호로 지정되어 있는 9세기경의 신라 석탑이다. 이중기단이 생략된 이형 석탑이지만 섬세하고 다양한 조각이 베풀어진 귀중한 문화재이다. 초층 몸돌 네 면에는 사천왕이 각각 조각되어 있는데 세 면에는 사천왕의 시동이라 생각되는 동자상도 조각되어 있어 아주 희귀하다. 특히 동쪽 면에 새겨진 동자는 머리에 두 개의 뿔이 솟고 한 손에는 도끼를, 한 손에는 불자拂子를 들고 있어 동자 도깨비라는 별명을 얻었다. 오른쪽 발을 왼쪽 발 뒤로 돌린 채 발의 앞부리로만 땅을 가볍게 딛고 서 있어 그 장난스러움에 더욱 친근감을 느끼게 된다.

청도 운문사 작압전 안에는 보물 제318호로 지정되어 있는 신라 시대의 석조 사천왕상 네 개가 보관되어 있다. 탑의 기단부를 장식하기 위해 조성되었겠지만 탑은 없어지고 사천왕만 남아 있는데 모두 나쁜 생령을 두 발로 딛고 서 있는 생령좌生靈座를 하고 있다. 그 중에서 불탑을 들고 있는 북방다문천왕의 발 아래 있는 생령의 모습이 마치 도깨비와 닮았다고 하여 많이 알려져 있다. 머리에 두 뿔이 난 도깨비는 털썩 주저앉은 채 무릎을 세우고 두 어깨에 다문천왕을 받들고 있는데 오른쪽 어깨가 아픈지 오른손으로 천왕의 발을 받쳐 들었다. 윗몸은 벌거벗은 채 목도리만 둘렀고 허리 아래로는 백제의 도깨비문양 벽돌처럼 간단한 가래개만 걸쳤다.[49]

불교설화에 나타나는 도깨비, 쿠베라와 야차 및 나찰

앞장에서 살펴본 것처럼 불교의 도깨비라고 부를 수 있는 도깨비들은 쿠베라와 야차 및 나찰이다. 조선왕조실록의 인용문들이 이구동성 보고하고 있는 마치 귀신과도 같은 형용을 자세하게 살펴본 이유가 여기에 있다. 뒤에서 더 자세하게 설명하겠다. 불교설화에서 도깨비에 해당하는 쿠베라 및, 야차와 나찰의 캐릭터는 인도 고유의 정령 사상과 자연현상을 의인화하면서 생겨났다.[50]

야차와 나찰은 쿠베라kubera와 함께 B.C 15~B.C 5세기에 걸쳐 베다경전과 서사시 마하바르다, 라마야나 등에 수용되어 베다 시대, 브라흐만 시대, 힌두 시대를 거쳐 불교시대의 신격으로 수용되었다. 쿠베라, 야차, 나찰의 캐릭터 중 사람을 부자가 되게 하는 능력, 자유자재로 이동하고 변신하며, 선신과 악신의 기능을 가진 남성으로서 방망이를 가졌다는 점이 불교에서 그대로 승계되었다. 설화의 풍토화 법칙에 따라 부의 수호신이 불법 수호의 신으로 바뀌고 복식과 형상이 불교화되었으며 거처가 숲, 궁궐에서 사천왕천으로 변했다. 불교설화 도깨비의 기원이 인도 경전에 나타나는 쿠베라, 야차, 나찰이라고 주장하는 개괄적인 내용들이다. 형상면에서는 야차, 도깨비불, 소머리 나찰, 사람 형상 등으로 나타난다. 인도 불교설화에서는 주로 야차와 나찰 모습으로, 중국 불교설화에서는 주로 변신한 사람의 모습, 괴물의 모습으로 나타난다.[51] 간단히 말하면 불교 이전의 여러 시대 퇴동 마을 도깨비상의 기원을 추적해볼 수 있다. 퇴동마을의 도깨비 바위는 자연스럽게 불교 속의 도깨비 이야기로 이어진다.

2. 불교의 도깨비와 마을 문지기

『고려대장경』의 도깨비와 귀鬼의 뜻

『고려대장경』 국역 중 도깨비 관련 설화가 195화에 이른다. 중국의 도깨비 관념은 인도의 도깨비 관념에 영향을 받았고, 이들은 다시 고려의 도깨비 관념에 영향을 주었다. 나는 불교 도깨비 관련 부분을 기술하며 박기용의 견해를 많이 참고하였다.

우리가 전래적으로 도깨비로 치부해온 이매魑魅와 망량魍魎은 폐나, 선풍귀와 같은 귀신이다. 인도에서 죄를 짓고 죽은 자를 범어로 프레타preta라고 하는데 이를 한역한 것이 아귀餓鬼, 귀鬼, 귀도鬼道, 귀취鬼趣, 아귀도餓鬼道 등이다. 이매는 무엇인가? 얼굴은 사람 모양이고 몸은 짐승 모양인 네발 가진 도깨비다. 사람을 잘 홀리며 산이나 내(강)에서 산다. 우리의 도깨비가 주로 숲이나 늪, 강가에서 사는 것과 유사하다.

망량은 무엇인가? 동물이나 사람의 형상을 한 잡된 귀신의 하나라고 풀이한다. 도깨비와 거의 유사하다. 이 둘을 합하여 이매망량이라고 한다.

귀鬼는 일본에서 오니鬼라고 부르는 캐릭터다. 곧잘 우리의 도깨비에 비유하지만 정확하게 일치하는 것은 아니다. 우리의 귀신과 도깨비를 중첩하는 개념 정도로 이해할 수 있다. 사전에서는 귀신, 혼백魂魄 즉 죽은 사람의 넋, 도깨비, 상상의 괴물, 별의 이름, 먼 곳, 지혜롭거나 교활하다는 뜻 등으로 활용된 글자다.

아귀는 불교에서 팔부의 하나다. 계율을 어기거나 탐욕을 부려 아귀도에 떨어진 귀신을 말한다. 몸이 앙상하게 마르고 배가 엄청나게 큰데 목구멍이 바늘구멍 같아서 음식을 먹을 수 없어 늘 굶주림으로 괴로워하는 캐릭터다. 조선왕조실록에서 양반네들이 묘사했던 도깨비와 유사하다. 도깨비감투 이야기 중 먹거리를 탐하는 캐릭터가 아귀와 관련이 있다. 염치없이 먹을 것을 탐하는 사람을 비유하다가 성질이 사납고 지독히 탐욕스러운 사람을 비유하는 용어로 사용된다. 때때로 한번 걸려들면 빠져나올 수 없는 매우 고통스러운 환경이나 그런 환경에 처한 사람을 지칭하기도 한다. 모두 게걸스러운 아귀 도깨비와 관련되는 말이다.

귀도는 기괴한 술법이나 귀신이 다니는 길을 말한다. 아귀, 야차夜叉, 나찰羅刹이 사는 세계를 이른다. 아귀도는 불교 삼악도의 하나다. 아귀들이 모여 사는 세계를 말한다. 아귀가 굶주림에 지친 캐릭터이고 서로 음식을 먹으려니 얼마나 다툼이 심할 것인가? 더구나 아귀들이 먹으려는 음식은 항상 불로 변한다고 한다. 늘 굶주리고 항상 매를 맞는 공간이다. 아귀 지옥이 여기서 나온 말이다. 헤어 나올 수 없이 매우 참담하고 고통스러운 환경이나 형편을 비유적으로 이르는 말이다.

야차는 우리말로 '두억시니'다. 모질고 사나운 귀신의 하나로 사람을 괴롭히거나 해친다는 불교 팔부의 하나다. 염마졸 염마청에서 염라대왕의 명을 받아 죄인을 벌하는 옥졸이다. 두억시니를 한자로 표기한 말들이 야차, 두옥신斗玉神, 귀매鬼魅, 망매魍魅, 추귀醜鬼 등이다. 귀매는 도깨비와 두억시니 따위를 이르는 말이라 하고, 망매는 산도깨비와 두억시니를 이르는 말이라 한다. 모두 도깨비를 직접 지칭하거나 도깨비 사촌 혹은 육촌쯤 되는 캐릭터들이다.

불교의 도깨비는 어디서 왔을까

불교의 도깨비는 밀교에서 왔다. 밀교에서 군다리명왕을 본존으로 하여 온갖 마구니와 원적 및 재난을 소멸시키기 위하여 행하는 수법을 군다리명왕법이라 한다. 주로 여러 개의 손을 가진 모습으로 나타난다. 『다라니집경』에 의하면 온몸이 청색으로 흑적색의 털이 거꾸로 서있고 윗송곳니가 삐죽이 나와 아랫입술 밖으로 나와 있다. 색깔이 청색인 것은 도깨비불인 혼불을 닮았고 송곳니는 치우의 형상을 닮았다. 여러 문헌에서 묘사한 도깨비의 형상이다. 이뿐만이 아니다. 『가정비구설당래변경』에 의하면, 부처님을 믿는 야차가 다시 철방망이로 상두비구를 쳐서 죽인다고 했다. 야차가 쇠로 만든 방망이를 들고 있는 모습, 몸과 털의 색깔이며 윗송곳니가 아랫입술 밖으로 삐죽이 나와 있는 형상들을 보고 연상되는 것은 일본의 오니 혹은 더욱 기괴하게 표현된 치우 형상들이다. 이를 보면 사문안마을 도깨비 바위의 방망이는 필시 야차의 방망이일 수 있다. 나아가 방망이를 든 캐릭터는 일본의 뇌신에 해당하는 까미나리雷, 중국 돈황 벽화에 나오는 뇌신 등 인왕문仁王門의 금강역사로 이어진다.

『대불정여래밀인수중요의제보살만행수능엄경』에 의하면, 벌레 머리에 사람의 몸뚱이인 도깨비는 무시무시하다. 산을 메고 돌을 걸머졌으며 입과 눈으로 불을 토하면서 보살을 싸고 일제히 소리 지르며 땅을 밟고 소

울음으로 부르짖는데, 팔방이 진동하여 산은 무너지고 땅이 갈라졌으며 나무는 꺾이고 바닷물은 질펀하여 6원源에 넘치고 넘친 물은 출렁이며 하늘에 닿았다고 했다.[52]

중국 불교설화의 도깨비 형상은 어떠할까? 괴물, 야차, 소머리 사람, 도깨비불 형상 등으로 나타난다. 박기용이 계속하여 『법원주림』을 인용한 바에 의하면, 산도깨비 이야기가 나온다. 큰 소리로 외칠 때 사람들은 항상 대나무를 불에 넣어 터뜨려 소리를 내면 놀라 달아나곤 한다. 섬진강을 중심으로 대보름 달집태우기가 성행하였던 것도 필경 이 대나무 태우기와 관련되어 있을 것이다. 형상은 사람이지만 역시 도깨비일 뿐이며 산중에는 어디나 다 있는 것이라 했다. 대개 불교의 팔부중의 하나로 치부되는 캐릭터들이 많은데 사천왕에 딸린 여덟 귀신 팔부는 건달바乾闥婆, 비사사, 구단바鳩槃茶, 아귀, 제용중, 부단나富單那, 야차, 나찰이다. 이들은 악을 징치하거나 지옥문을 지키는 즉 어떤 공간의 안과 밖을 지키는 수문장의 기능을 내재하고 있다.

불교의 악귀 도깨비들과 나무 정령

이 악귀들은 어떻게 태어난 것일까? 인도불교설화에서는 이매망량 같은 도깨비들, 폐다나吠多拏(사람을 해치는 악귀), 선풍귀旋風鬼(바람을 일으키는 신)로 나타난다. 『불설미증유인연경』에 의하면, 지옥의 죄를 마치고 아귀로 태어나 이매망량 따위의 도깨비로 돌아다니기 전 8천겁을 지나서 아귀의 죄를 마치고 6축畜의 몸을 받아 태어난다. 『대불정여래밀인수증요의제보살만행수능엄경』에 의하면, 천지간에 무척 힘이 센 산 정령, 바다 정령, 바람 정령, 강 정령, 땅 정령과 오래된 일체의 풀과 나무의 정매精

魅와 용매龍魅 혹은 수명이 다하여 죽은 신선이 다시 살아나서 도깨비魅가 되었다고 한다.

그뿐인가? 야차, 나찰, 보다步多, 필리다, 비사차畢舍遮, 나간귀癩癎鬼, 니기니, 도깨비, 비나야가 등이 등장한다. 모두 악행을 할 수 있는 캐릭터다. 왜 이 나무와 풀의 정매와 용매가 악귀로 나타나는 것일까? 인간의 악행이 없었을 때는 본래 포지티브적 기능으로 묘사되기도 한다. 프레이저가 보고한 마오리족의 나무 정령을 참고한다.

나무 정령은 가축 떼를 번식시키고 여자들한테 아이를 데려다준다. 마오리족 중 토호에 부족은 "나무가 여자에게 아이를 낳을 수 있는 능력을 준다고 생각한다. 그런 나무는 신화적인 특정 조상의 탯줄과 연관된다. 그래서 아주 최근까지도 모든 아이의 탯줄을 거기다 걸어놓는 것이 관례였다. 아이를 못 낳는 여자는 두 팔로 그 나무를 껴안아야 한다." 유럽에서 흔히 5월 절에 사랑하는 처녀의 집 앞이나 지붕 위에 싱싱한 초록색 나무떨기를 놓아두는 풍습은 아마도 나무 정령의 생식력에 대한 믿음에서 유래했을 것이다. 바이에른 일부 지방에서는 신혼부부의 집에도 그런 나무떨기를 놓아둔다.[53]

저자도 중국의 여러 곳을 답사하며 푸른색의 나뭇가지를 대문밖에 걸어놓는 풍경들을 목격하곤 했다. 이들 모두 애니미즘에 의거한 생식능력과 관련되어 있다는 것이 프레이저의 생각이다. 우리 도깨비의 혼불이 인에 의한 색깔이긴 하지만 푸른색을 띠는 것도 이와 모종의 관련이 있다. 나무든 풀이든 설사 그것이 인간이든 오래된 것들이 정령이 된다는 생각들을 추적할 수 있다.

『신집장경음의수함록』에 의하면, 중국의 귀치鬼魅가 도깨비魑魅다. 오래된 사물이 정령이 되는 것을 매魅라 한다. 목석木石의 괴변은 기夔와 망량인데, 목석은 산을 뜻하고 기는 외발만 가진 짐승이니 월나라 사람들이 이를 산도깨비라 한다 하였다. 우리의 도깨비도 주로 인근 낮은 산에서 출몰하니 산도깨비라 할 수 있는데 깊은 산 깊은 계곡이 아니라 마을숲이라는 점에서 중국의 매魅들과 다르지 않다.

망량은 산의 요정으로서 사람 소리 배우기를 좋아해 사람을 미혹시킨다고 한다. 주목할 것은 기夔를 산도깨비라 하는데 한쪽 발만 가지고 있다고 한 점이다. 한국에서 전래적으로 도깨비를 독각귀獨脚鬼라 호명했던 점과 일치한다. 이 설화 자료는 중국『국어國語』라는 사서 내용을 불경에서 차용한 것이다. 인도불교설화든 중국불교설화든 소머리에 사람의 몸을 한 지옥 나찰羅刹의 모습을 도깨비로 형상화했다. 팔부의 하나로, 푸른 눈과 검은 몸, 붉은 머리털을 하고서 사람을 잡아먹으며, 지옥에서 죄인을 못살게 구는 캐릭터로, 나중에 불교의 수호신으로 등극한다. 숲과 나무와 풀의 정령들이 왜 사람을 못살게 구는 캐릭터로 정형화되었는지, 그것이 특히 불교에서 정착되었는지 헤아려볼 일이다.

나쁜 사람을 벌하고 죄를 응징하는 도깨비

불교의 도깨비처럼 도깨비가 사람을 해치거나 못살게 구는 것만은 아니다. 주지하듯이 민담 전승의 도깨비일수록 후덕한 방망이, 부자 되게 해주는 캐릭터로 그려졌기 때문이다. 이러한 도깨비의 양가성 혹은 이중성은 어디서 온 것일까? 한국의 민담이 전하고 있는 도깨비들은 위에 살펴본 이매와 망량 등 불교적 악귀 도깨비들과는 형상과 기능에서 거의 다른 태도를 취한다. 나쁜 도깨비와 좋은 도깨비라고나 할까. 악귀적 맥락으로 풀이되는 도깨비들은 형상도 험상궂을 뿐만 아니라 사람들에게 해를 끼친다. 물론 나쁜 짓을 하는 사람들을 골라서 혼을 내주는 판결자의 역할도 하지만 도깨비방망이를 통해 복을 주고 풍어를 기원해주는 도깨비와는 큰 차이가 있다. 이 같은 불교 도깨비들은 사실 인도에서 전해졌는데, 불교 도깨비의 수입은 인도 불경- 중국 역경 및 『대장경』-『고려 대장경』-조선의 불경언해 경로와 중국 불경인『태평광기』와 같은 문헌에 의해 전파되었다가 고려로 수입되는 두 가지 경로로 전해졌다.[54] 그 결과 불교의 도깨비는 도깨비를 지칭하는 용어, 형상, 성격, 존재하는 곳 등의 요소를 수용하게 되어 보다 복잡해졌다. 이매魑魅, 망량魍魎, 야차夜叉 등의 불교 용어, 도깨비의 사납고 무서운 성격, 여러 모습으로 변신하며 어디든지 갈 수 있는 모티프를 여러 문헌에 반영했다는 데서 이를 알 수 있다. 논자는 이런 도깨비를 수용한 것이 주로 지식층이었다가 후대에 생산자 계층에도 확산되었다고 보고 있다.

이상 박기용의 연구를 길게 인용해 불교의 도깨비 맥락을 살펴봤다. 불교설화에서 야차로 대표되는 도깨비가 도끼를 지니고 등장하는 특징도 있다. 이런 특징적 형상을 고려하여 도깨비의 어원을 '도끼'로 해석한 박기용의 주장은 설득력이 있지만 온전히 받아들이기엔 무리가 있다. 이 주장을 전제하면 쿠베라, 야차, 나찰 등이 우리의 도깨비와 유사한 성격을 가지고 있고 불교문화 융성에 따라 민간신앙의 대상이 되었다는 주장에 공감할 수 있지만 민간신앙으로서의 도깨비들과는 사뭇 다른 점이 있기 때문에 주로 불교적 도깨비를 설명할 때 유용한 정보라고 하겠다.

다시 사문안마을 도깨비바위로 돌아가 이 단락을 맺는다. 그렇다면 도깨비바위의 도깨비들은 박기용이 '도끼'를 내세워 도깨비의 기원이라고 주장했듯, 인도경전에 나타나는 쿠베라인가, 야차인가, 나찰인가? 혹은 민담류의 도깨비를 형상화한 것인가? 한 가지 분명한 것은 사문안 마을 도깨비바위의 도깨비들이 전통적인 관념으로서의 이매망량이든 불교의 나찰이든, 방망이를 들고 무엇인가를 수호하는 지킴이 혹은 문지기의 역할을 수행했다는 점에서는 크게 다르지 않다는 점이다. 차후 후학들이 집중적으로 연구하게 되면 그 실체를 알 수 있게 되겠지만 지금 내가 생각하는 이들의 정체는 마을의 안과 밖을 지키는 지킴이라는 것, 그를 위해 방망이를 들고 한 발을 걸어 부치고 눈을 부릅뜬 형용으로 서 있는 불교의 캐릭터라는 점 정도다. 이렇게 무서운 도깨비들이 지키고 있는 마을을 어떤 나쁜 악령이 침범할 것이며 어떤 권세 있는 자들이 능욕할 수 있을 것인가?

또 하나의 의문, 그렇다면 도끼나 방망이로 상징되는 도깨비방망이의 정체는 무엇일까? 그 일차적인 기능은 문자 그대로 "금 나와라 뚝딱! 은 나와라 뚝딱!"에 있지 않을까? 재화와 안녕, 복락과 희망을 선물하는 방망이 말이다. 일부 연구자들은 도깨비방망이가 일본 오니의 영향을 받았다고 주장하지만 앞서 예로 든 광범위한 불교의 도깨비들 혹은 도깨비로 해석하는 신장神將류, 나찰羅刹류의 문지기들을 참고하면 방망이의 출처를 일면적으로 해석하기는 어렵다.

예를 들어 마을숲과 계곡의 늪에서 살던 도깨비들의 방망이가 갯벌로 나아가게 되면 어장을 보호하고 항해의 안전을 지켜주는 보호신이 된다.

제주도의 영감 도깨비는 퇴치의 측면이 강조되기에 약간 다르기는 하지만 전국의 참봉, 생원, 서방 등의 도깨비들이 그렇다. 이들 도깨비들은 잘났다고 나서지도 않으며 힘이 좋다고 뻐기지도 않는다. 막걸리 한 잔 나눌 벗의 위치, 그런 친구들의 위상을 지녔을 뿐이다. 그래서 아무 제약 없이, 거리낌 없이 접근할 수 있다. 부담 없이 만날 수 있는 사이다. 높은 산에 오르지 않아도 먼 바다에 나가지 않아도 일상적으로 만날 수 있는 마을숲과 동구 밖 갯벌에서 사는 이유가 여기에 있지 않을까? 그럼에도 불구하고 이 도깨비들은 일상적이지 않다. 돌발적이고 돌출적이다. 기발한 아이디어로 사람들을 도와준다. 금방 들킬 것 같은 거짓말을 천연스럽게 한다. 불교의 나찰이나 이매망량처럼 무섭고 해괴한 모습보다는 흐리멍덩하고 애매모호한 모습으로 우리 곁에 서 있다. 문제는 이들 도깨비들을 사람들이 선택해 왔다는 것이다. 불교의 야차와 나찰, 그리고 복과 재화를 주는 방망이도깨비들의 양가성 혹은 양의성을 어떻게 온전하게 독해해낼 것인가가 연이어 과제로 떠오른다.

도깨비는 시대마다 다른 이름과 다른 모습으로 전승된 변화무쌍한 존재임을 불교적인 도깨비들을 통해서 다시 확인하게 된다. 지금까지 도깨비방망이 아니 도깨비 자체가 숲과 나무에서 비롯되었음을 확인하였다. 이제는 그 나무와 숲으로 들어가 왜 이곳에서 도깨비가 출몰하거나 혹은 생성되었는지를 살펴 보려 한다.

3. 목랑, 오래된 나무숲의 정령

『삼국유사』의 도화녀와 비형랑

도깨비 관련 연구자들은 도깨비의 어원 및 최초의 기록을 『삼국유사』, 『동국여지승람』 등에 나오는 '비형랑 설화'로부터 시작한다. 왜 이 설화를 도깨비의 시원으로 삼았던 것일까? 누군가에 의해 시작된 이 해석은 큰 비판 없이 수용되어왔던 것 같다. 아직까지는 큰 이견이 없다고나 할까. 여기서 도깨비의 역할에 대해 다시 질문할 수 있어야 한다. 대체로 비형랑 설화를 시원 삼는 논의들은 도깨비의 기능을 중시하거나 모티프 삼은 해석들이기 때문이다. 비형랑 설화의 표면적 기능은 귀신들을 쫓아내는 것이다.

『고려사』에서는 목매木郎, 豆豆乙가 집안을 편하게 하고 외적까지 물리친다고 했다. 『삼국유사』에 전하는 영묘사 3층 불전은 비형랑이 그 무리들과 하룻밤 만에 호수에 다리를 놓아 만든 사찰이다. 지금까지의 논의대로 비형랑의 설화를 도깨비의 기원이라고 인정한다면 도깨비의 기능은 명확해진다. 모두 귀신을 쫓아내거나 하룻 저녁만에 다리를 놓거나 외적을 물리치고 가정에 화평을 주는 신격들이기 때문이다. 이런 인식의 배경에는 두 가지가 있는 듯하다. 비형랑이 그 무리를 시켜 하룻밤 만에 다리를 놓았다는 이적을 전거 삼는 것이 하나요, 이적을 일으키는 도깨비가 어떻게 생겼을까 하는 것이 다른 하나다. 논자들이 주목하고 확대 재생산한 목랑木郎(두두리)이 그 중심에 있다.

부府의 남쪽 10리에 있다. 주의 사람들이 목랑을 제사 드리던 땅이다. 목

랑은 속俗에서 '두두리'라고 부른다. '비형' 이후 속俗에서 '두두리' 섬기기를 심히 성히 했다.[55]

위 『동국여지승람』의 기사뿐만 아니라 1808년(순조 8) 이학규가 지은 『영남악부』에서도 비형랑을 두두리라 했다. 여기서의 두두리는 귀신인가 도깨비인가? 사실 어떻게 보면 비형랑 설화는 도깨비보다 귀신과 밀접한 관련이 있어 보인다. 귀신 무리라고 했기 때문이다. 앞서 설명하였듯이 귀신과 도깨비를 같은 것으로 보았던 것일까? 아니면 귀신과 도깨비는 같은 것이었다가 어느 후대에 이르러 분화한 것일까. 도깨비가 끊임없이 변화해 온 캐릭터라는 점에서 이런 상상은 여전히 유효하다.

그렇다면 말끝마다 거론하고 인용하는 비형랑은 누구인가? 『삼국유사』 기이편 「도화녀·비형랑」조에 의하면, 진지왕이 재위4년(579)에 폐위되어 승하하였는데 2년 후에 영혼으로 나타나 사량부의 도화녀와 관계하여 낳은 아들이 비형랑이다. 여러 연구자들은 「도화녀·비형랑」조가 신라 왕권을 둘러싸고 벌어진 정치사적 갈등과 투쟁의 기록이라고 한다. 불교 세력의 토착종교에 대한 포섭과 배척의 갈등 혹은 투쟁이라고도 한다. 왕권을 잃었던 진지왕계의 복권으로 읽어내기도 한다. 이 두두리에서 '두드리는' 기능을 포착한 방망이 혹은 대장장이로 해석해온 것이 기존 연구자들의 통설이었다.

비형으로 내세워져 있는 두두리신은 도깨비 신이다. 지금까지 연구에서 명칭이나 신의 성격 등 그 신비함에 대해서 많은 의문들이 밝혀졌다. 요약하면 두두리신은 절구공이 신, 대장장이 신으로 그가 간직한 방망이나 찰나적 두드림을 통해 창조를 가능하게 하는 존재이다. 이때 창조는 정신과 물질 양면성을 구유한다. 두두리가 구현하는 물질적 창조의 내면에는 항상 소리로 드러나는 음악적 초월이 동반되어 있다. 진지왕과 도화녀 비형랑에 얽힌 이야기는 이러한 두두리 도깨비 신앙의 토속적 배경을 바탕삼아 폐위된 왕이 성제聖帝로 복권하는 일련의 시퀀스를 구축한다.[56]

비형랑이 전거가 되는 도깨비가 목랑 곧 두두리신이라는 주장이다. 이 두두리는 절구공이로 이어진다. 절구공이는 무엇인가? 절구에 곡식 따위를 빻거나 찧거나 할 때 쓰는 공이로, 나무나 돌이나 쇠 따위로 만들어 쓴 일종의 막대기다. 이것이 다시 대장장이 신으로 연결된다. 도깨비가 주로 불의 형태로 상상되거나 출현한다는 민담에 의지한 해석으로 보인다. 불에 의지하니 그 출처를 대장장이에 연결하고 이것이 급기야는 치우의 청동기 주물 기능까지 소급하게 되었던 것이다.

죽은 왕의 혼령이 내려와 도화녀에게 임신을 시킨 사건은 조선 후기까지 또 다른 버전으로 전승된다. 아비 없이 태어난 도깨비의 아이들, 숲속의 도깨비가 갑자기 돌을 던지며 나타나 어떤 처녀에게 임신을 시키고 부잣집에 불을 지르기도 했으니 말이다. 도깨비의 장난이 이런 심각한 단계로 진행되어도 사람들은 그 실체를 규명하거나 분석해보려 하지 않았다. 왜냐하면 도깨비가 저지른 짓이니까. 도깨비들이 저지른 일이면 모두 용납되는 것일까? 사건의 원인 제공자이기도 하고, 해결자이기도 한 도깨비의 특성은 도대체 어디서 온 것일까?

의민은 문자를 알지 못하고 오로지 무격巫覡만 믿었다. 경주에는 사람들이 '두두을豆豆乙'이라고 부르는 목매木魅가 있어 의민이 집에 당을 세워 이를 맞아두고 매일 제사하여 복을 빌었다. 홀연 하루는 당중에서 곡성이 있는지라 의민이 괴이하여 물으니 "내가 너의 집을 수호한 지 오래 되었는데 이제 장차 하늘에서 벌을 내리려하는지라. 내가 의지할 곳이 없으므로 곡한다"하더니 얼마 안 되어 패하였다. 유사가 벽 위의 도형 제거하기를 주청하매 고하여 이를 흙으로 바르게 하였다.[57]

목매는 나무로 깎아 만든 인형일 것이다. 벽 위에 나무로 세워두고 매일 제사하며 복을 빌었던 이 신격의 출처는 무엇일까? 이를 목랑 혹은 두두을豆豆乙(두두리)이라 하고 비형랑을 이은 도깨비로 해석하는 것이니, 이 당시 도깨비의 영험이 매우 컸음을 알 수 있다. 하지만 그 구체적인 형상이 어떻게 생겼는지 알 수는 없다. 굳이 상상해본다면, 후대의 나무 허수아비나 제웅(짚으로 만든 사람모양의 물건)으로 추정할 수 있을 뿐이다. 훗날 나타나는 제웅직성이나 제웅치기打芻戱 민속의례도 이와 관련 있어 보인다.

고종 18년 10월 을축, 동경에서 달려와 아뢰기를 목랑木郎이라는 자가 있어 말하기를 "내가 이미 적영에 이르노니 적의 원수는 모모인입니다. 우리들 다섯 사람이 적과 더불어 교전하고자 10월 18일로 기약하였으나 만약 병장과 안마鞍馬를 보내주시면 우리들이 문득 첩보를 보낼 것입니다" 하고 인하여 목랑의 시를 최우에게 보내니 이르기를 오래 살고 일찍 죽고

106

재화가 있고 상서가 있음은 본래 일정한 것이 아닌데 사람들은 이에 대해 일찍이 알지 못한다. 재화를 없애고 복을 받게 함은 어려운 일이니 하늘이나 인간 중에 나를 두고 누가 하리오 하였다. 최우가 그것을 자못 믿어 사사로 화첩 안마를 준비하여 내시 김지석에게 주어 보내었으나 그 뒤에 효험이 없었다. 목랑은 곧 목매다.[58]

목매의 영험한 실력을 보여주는 한 대목이다. 목매는 재화가 있고 상서가 있음을 예견할 수 있을 뿐만 아니라, 화를 없애고 복을 받게 하는 캐릭터다. 여기서 주목할 것이 나무인형, 혹은 제웅에 대한 성격이다. 주의할 점은 이 캐릭터가 퇴치와 초복의 이중성을 지니고 있다는 점이다. 연구자들에 따라 다르지만 목랑 곧 두두리를 오래된 고목의 정령으로 해석해온 이들이 많다. 이런 맥락에서 보면 마을마다 존치했던 당신堂神이나 골맥이신 따위가 도깨비의 후신일지도 모른다.

이런 맥락들을 종합해 보면, 나무로 만든 인형 혹은 막대기를 도깨비라고 부른다는 점에서 근대기에 채록된 도깨비의 실체들, 방망이나 몽당 빗자루 따위와 연관되는 측면을 상상하게 해준다. 도깨비를 흔히 절굿대 방망이나 빗자루, 부지깽이 등으로 고백하는 것도 크게 다르지 않다. 우리는 이 이야기의 근원을 살피기 위해 머나 먼 상기에 군도의 시아우 섬과 인도네시아 수마트라섬 인근의 이야기를 청해 들을 필요가 있다.

시아우Siaoo 섬 주민들은 숲속이나 외딴 거목 속에 거주하는 숲의 정령을 믿는다. 보름달이 뜨면 그 정령이 은신처에 나와 돌아다니는데, 그는 머리가 크고 팔다리가 아주 길며 몸체가 육중하다. 사람들은 이 숲의 정령을 달래기 위해 음식과 가금류, 염소 따위의 공물을 정령들이 출몰하는 장소에 갖다 바친다. 인도네시아 수마트라섬 북서 해안에 있는 니아스Nias 섬사람들은 나무가 죽으면 거기서 빠져나온 정령이 귀신이 된다고 생각한다. 이 귀신은 야자나무 가지에 그냥 올라타기만 해도 나무를 죽일 수 있으며, 집을 떠받치는 기둥 한 군데에 깃들여 집안의 모든 아이를 죽게 할 수도 있다고 한다. 또, 어떤 나무에는 떠돌이 귀신이 항상 거주하고 있어서, 그 나무가 상하게 되면 귀신이 빠져나와 재앙을 일으키러 다닌다고 생각한다. 그래서 사람들은 그런 나무를 경외하여 잘라내지 않도록 조심한다.[59]

프레이저의 보고가 우리 도깨비를 설명하는 데 얼마나 유용할지는 모르겠지만, 외딴 거목 속에 거주하는 숲의 정령이 도깨비에 대한 설명을 보완하는 것만큼은 틀림없어 보인다. 보름달이 뜨거나 그믐달이 뜨는 밤도깨비는 그들의 은신처인 마을숲과 수변의 늪, 혹은 연안의 갯벌을 돌아다닌다. 큰 바다와 큰 산을 교접하는 전이지대, 정격의 신과 사람의 사이를 조율하는 전이지대의 존재들이기 때문이다. 도깨비들이 크고 웅장하거나 현저하게 중요한 절일이나 제사에는 초청받지 못하는 이유가 여기에 있다. 중요한 절일의 주인공은 산신, 용신, 가신처럼 정격의 신격들이고 부처님 예수님 공자님처럼 대자대비하고 천인합일적인 우주적 규모의 신격들이다.

사람들은 이 도깨비들이 출몰하는 전이지대에 메밀떡과 생메밀, 어느 지역에서는 소 한 마리 분량의 뼈와 그리고 약간의 음식들을 갖다 바친다. 도깨비는 즉각적인 응답을 해주는 편이어서 당장 풍어를 제공하기도 하고, 하룻저녁 만에 어살을 쌓아 고기를 가득 잡아주기도 한다. 사람들은 그런 나무와 숲과 늪들을 경외하여 여러 가지 영험담 이야기를 지어내서 유

▲ 삼척 해산당 남근 조형물들

포하고 그 공간을 지키려 애를 써왔다. 매우 중요한 어떤 공간이 아니라, 아무렇지도 않고 눈여겨보지도 않는 그야말로 비어있는 공간들, 숲과 늪과 갯벌들 말이다.

혹시 도깨비들은 이들 정격의 나무와 숲과 갯벌을 경시하여 잘라내고 막고 불을 지르고 간척한 후과로 생긴 존재들 아닐까? 그렇지 않고서야 어찌 하룻밤 만에 호수를 잇는 다리를 만들던 비형랑이, 목랑이라는 나무인형이나 절굿공이가 될 수 있으며, 그 수많은 민담의 도깨비들이 몽당 빗자루와 부지깽이류의 나무막대기가 될 수 있단 말인가. 필연 이들이 나무와 숲의 정령이 아니면 그 무엇이란 말인가.

　　　　　오래된 숲을 떠난 나무의 정령은 다시 절굿공이나 방망이로 그 형상을 드러낸다. 마치 사람이 죽으면 뼈를 남기거나 미처 육신을 따라오지 못한 영혼들이 공중을 유영하는 것처럼 말이다. 이들은 어떤 흔적이랄까 어떤 상징들을 남겨 존재를 드러낸다. 도깨비가 절굿공이 혹은 방망이로 등장하는 이유가 여기 있을 것이다. 누누이 설명하지만, 연구자들은 두두리豆豆里, 豆豆乙, 목랑木郎이 오늘날 도깨비와 같은 말이라고 주장한다. 절굿공이는 두드리打는 것이다. 만주어 tuku나 mala는 탈곡용 메나 절구공이라는 뜻이다.[60] 지팡이錫杖의 몽골어 'duldui', 만주어 'dulduri'도 그 고어형이 불교와 더불어 수입되어 그 신비력을 첨가하였다.[61] 이를 도깨비의 고어인 돗가비와 유사하다고 보고 '돗구(방망이)+아비(남성)'라고 주장해왔던 것이다.

　방망이를 든 남성? 방망이는 오래된 나무의 정령일 텐데, 남성은 또 왜 붙어있는 것인가? 목랑은 '망치', '메'라는 고어 'mula'의 한자표기라는 해석으로 풀어낸다. 절굿공이의 남성 상징으로서 나무로 된 남정男丁이란 뜻도 부가되었기 때문이라는 것이다. 돗구杵,(방망이)+아비男, 丁, 夫로서 절굿공이를 은유하여 생긴 말이라는 주장이 그래서 나왔다. 양곡을 생산하는 능력을 가진 방망이杵를 숭배하는 원시신앙으로도 해석하기도 한다. 이 기능이 도깨비 신앙으로 변하고 이것의 일부는 도깨비방망이의 재물생산 능력으로 발전하였다고도 한다. 남성 상징이 태어나게 된 동기다.

돗구+아비인가 돗가비인가?

　　　　　『월인석보』(1459년)를 보면 "영魘은 영자厭字와 흔가지라 매魅

논 돗가비니 성각性覺이 본래 붉거늘"라는 내용이 있다. 매(魅, 도깨비)를 돗가비라 호명하고 있음을 확인할 수 있다. 또한 『석보상절』에서는 "종종種種 즁싱 주겨 신령神靈의 플며 돗가비 청請ᄒᆞ야 복福을 비러 목숨 길오져 ᄒᆞ다가 내종乃終내 득得디 몯ᄒᆞᄂᆞ니"라고 했다. 도깨비라는 낱말의 가장 이른 표기가 돗가비임을 알 수 있다. 이 돗가비가 복을 빌고 목숨을 길게 해주는 존재라는 설명이 부가되어 있다. '돗가비'의 어원이 둔갑을 잘 한다는 '둔갑이(遁甲이)'에서 왔다는 주장도 있다.[62] 둔갑이가 줄어서 '갑이(甲이)'가 되고 '도술道術'이란 명사가 관형어로 붙어 '도술갑이道術甲'가 되었다가 다시 '도갑이道甲'로 줄고, 두 낱말 사이에 사이시옷이 들어가 '도-ㅅ-가비〉돗가비'가 되었다는 것이다.

중국의 '망량魍魎'에 근거하여 귀가 긴 사람의 형상이란 뜻으로 '톳기아비'라 하였고 이 말이 축약되어 '톳갸비'가 되었다가 '톳쟈비'가 되고 '톳자비〉토쨰비〉토채비〉도채비'로 변했다고도 한다. 이들 모두 설명은 달리하고 있지만 오래된 나무의 정령 목랑이 남근 모티프를 수용하게 된 전거들이라는 점에서는 공통적이다. 낱말에 대한 추적은 다양하지만 길쭉하고 뭉툭한 남성의 심볼을 투사시켰다는 점에서는 크게 다르지 않다. 뒷장에서 이를 풀어 자세하게 설명해보겠다.

절굿공이 '절구'의 여러 지방 고어를 살펴보면 그렇게 생각하는 일단이 보인다.[63] 절구의 고형은 '졀구, 졀고'다. 평안도 방언은 '덜구'다. 지역별로 '덜구댕이', '돗구방', '도구대' 등으로 불린다. 남도지역에서는 도굿대라고 불렀다. 도깨비하고 발음이 좀 비슷한 발음일까? 절구가 갑자기 나무정령의 의인화라도 이룬 것일까. 하지만 어원의 맥락만을 가지고 도깨비의 실체에 접근하기는 쉽지 않다. 여러 학자들에 의해 제기된 그간의 학설 '돗구

+아비'를 그가 걸어 나온 오래된 나무와 숲과 갯벌 혹은 마을의 늪지대를 전제하지 않고 말하는 것에는 동의하기 어려운 이유다. 특히 불교적 맥락의 한자 차용이 아니라 우리나라 최초로 '도깨비'라는 낱말을 제공하였던 『석보상절』(1447년, 세종 29년)의 '돗가비'와 그 기능에 주목할 필요가 있다. 앞서 분석한대로 불교 방면에서 거론해온 퇴치의 대상이라기보다는 '짐승(즁싱)'을 죽여(주겨) 바치고 신령에게 빌며(쁠며, 나는 이것을 푸닥거리의 기능인 풀이 즉 한풀이 등의 맥락으로 해석 하고 싶다) 복을 빌었던 존재이기 때문이다. 물론 이어지는 문장에서 끝내는 그것을 얻지 못했다고 했지만 '돗가비'에 대한 어의 나아가 기능만큼은 가장 명료하게 규정해주는 자료라는 점은 틀림없다.

04

한중일 도깨비

1. 한국의 도깨비와 유사 이미지

도깨비에 대한 상상, 16세기에서 18세기까지

지금까지 살펴보았듯이 도깨비의 형상과 귀신의 형상은 한 몸이거나 적어도 유사한 형태로 상상되었다. 16세기의 『어우야담』과 『몽유록』에는 그로테스크grotesque한 형상을 통해 부정적 현실을 암유暗喩(사물의 상태나 움직임을 암시적으로 나타내는 은유법)하는 내용이 많았다면, 18세기에는 귀신의 형상적 측면은 소거되고 조상신을 중심으로 한 유교적 이념을 강조하는 경향이 강화되었다. 1900년대로 오면서 근대 시각문화의 영향에 의해 오늘날 우리가 알고 있는 전형적인 한국형 귀신상이 완성되었다는 주장이다.[64]

늦은 밤인데 갑자기 커다란 한 물체가 나와 책상 앞에 엎드렸는데 고약한 냄새가 코에 역겨웠다. 정백창이 자세히 보니 그 물건은 눈이 튀어나오고 코는 오그라졌으며 입 가장자리가 귀에까지 닿고 귀가 늘어지고 머리털은 솟구쳐 마치 두 날개로 나누어진 듯하였고 몸의 색깔은 푸르고 붉었으나 형상이 없어 무슨 물체인지 살필 수가 없었다.

유몽인의 『어우야담』 중 138화 장면이다. 무슨 형상일까? 우리가 상상하는 도깨비의 얼굴이다. 묘사한 내용대로라면 이른바 귀면와를 상상할 수 있다. 일반인들에게도 잘 알려진 신라의 녹유 귀면와를 포함해 고구려의 귀면와, 백제의 도철문양 등이 모두 유사한 모양새를 하고 있다는 점은 앞서 확인하였다. 사찰의 용왕귀면은 말할 것도 없고 처용의 형상도 크게 다르지 않다. 백제 도철문으로 알려진 〈연화귀면문전돌〉은 치우 형상의 얼굴에 마치 씨름선수 같은 에너지 많은 모양새를 하고 있다. 도깨비 애호 가들은 여기에 백제의 힘을 보여주는 이미지라는 설명을 덧붙이곤 한다. 백제 전돌과 치우 형상이 모종의 관련이 있음도 앞서 살펴보았다. 그렇다 면 지금 도깨비로 인식하는 이미지들이 강화되거나 혹은 확정되었던 시기 는 언제일까? 일본의 오니 이미지에 영향을 받은 일제강점기라고 하는 주 장을 다시 검토해 본다.

1923년과 1933년 『조선어독본』의 「혹 뗀 이야기」에 등장하는 삽화가 한 국 출판물에서 처음 나타난 도깨비의 시각 이미지다. 이 이미지가 현재까 지 큰 영향을 미치고 있다는 통설은 타당하다. 그러나 이 시각 이미지가 일제 강점기 식민지 종주국이었던 일본의 식민지 동화 이데올로기 아래 의도적으로 이식되었다는 문화 침략적 관점의 해석은 무리가 있다. 특히 1933년의 삽화는 1923년의 삽화에 한국의 풍습이 잘 반영되지 않았다는 비판을 반영하여 적극적으로 우리 도깨비를 그리려고 했던 노력이라고 평가할 수 있다. 또한 1939년 교과서 『초등국어독본』의 「고부토리」에 실 린 오니의 삽화가 도깨비의 시각 이미지 형성에 큰 영향을 미쳤다고 주장 하는 경우가 있는데 이것은 『조선어독본』의 경우와 달리 어디까지나 일본 어 '오니'라고 쓰인 것의 시각 이미지이며 '도깨비'라고 쓰인 것의 시각 이 미지로 나타난 것은 아니었다는 점을 분명히 하고 싶다. 이 시기에 도깨비 의 시각화가 처음 이루어졌으며 이는 단순히 식민지화라는 외적 요인에 의한 것만이 아니라 조선의 내적인 창조의 싹을 볼 수 있는 시기였다.[65]

박미경이 분석한 한국 도깨비의 이미지들은 그동안의 변화들을 포괄하고 있다는 점에서 주목된다. 논란 많은 혹부리영감 이야기 등을 소재 삼은 일제강점기로부터 군사정권 시대의 문화적 쇄국과 도깨비들의 부정적 이미지들을 분석한 성과가 크다. 중국의 치우는 친화적으로 받아들이면서 오니의 영향은 부정적으로 받아들이는 시선도 비판적으로 추적한다. 대체로 악의 상징에서 민족이 상징으로 변화했으며 지역축제나 관광, 퍼포먼스, 캐릭터, 웹툰, 드라마 등을 통해 대중문화 정책의 하나로 재구성되는 맥락도 놓치지 않는다. 일제강점기로부터 자의든 타의든 민족의 이미지를 부각시키기 위한 시도들은 변함없이 이루어졌던 것 같다. 월드컵의 붉은악마에 앞서 그 기저를 제공했던 맥락은 아무래도 조자용에게서 찾아야 할 듯싶다.

도깨비에 대한 조자용의 시선

방울은 종래 무당들의 손으로 건너갔다. 여러 개의 방울 뭉치를 높이 쳐들어 흔들면서 신을 부르고 귀신을 쫓았다. 자세히 살펴보면 무당 방울에는 도깨비 얼굴이 새겨져 있고, 그 이마에는 뚜렷하게 임금 왕王자가 박혀 있으니 이것이 바로 왕도깨비다. 다시 말해서 왕도깨비는 귀신을 쫓는 벽사신이다. 대개 사복신賜福神은 산신령이나 칠성님이나 용왕님이고 벽사신辟邪神은 호랑이나 사자나 장군 같은 무서운 신들로 구분하고 있는데 도깨비는 사복신과 벽사신을 겸하고 있으니 이제 왕도깨비로 통일시키겠다. 이러한 민중의 속신에 비해서 조선조의 귀신 학자들은 도깨비를 잡귀 잡신으로 취급하고 있다(중략). 사무라이 정치 때문에 오니신앙이 흔들리기

116

는 하였지만 그래도 대규모의 오니진자를 보호할 정도로 민중 신앙의 증거는 남아있다. 이러한 일본의 오니신앙의 흔적은 동방 3국이 품고 있던 본연의 도깨비 신앙을 가시적으로 알려주는 귀중한 공동 문화재로 보아야 할 것이다. 중국에서도 옛날에는 도깨비를 산신으로 모셨다는 사실은 『산해경』이 잘 알려준다. 산신의 모습이 도깨비 형상이었다는 사실도 옛 그림으로 잘 알려주고 있으니 이런 귀중한 중국 측 유물 역시 동방 3국의 공동 문화재로 해석되어야 한다.[66]

조자용을 민화의 중시조로만 보면 그를 제대로 안다고 할 수 없다. 한국박물관협회장 윤열수가 『도깨비 문화』 머리글에서 언급했듯이 조자용에게 민民문화의 길을 열어준 것은 도깨비로 인식했던 각양의 도상들이다. 문제는 일본의 오니 연구자들이 신라의 귀면와를 조상으로 삼고 있듯이 도깨비기와로부터 예술의 총체적인 예맥을 찾고 있다는 점이다. 문화유산 국민신탁 이사장 김종규도 위 책의 서언에서 밝혔듯이 그는 지인들과 만나면 막걸리를 마시고 술에 취한 도깨비를 흉내 내며 도깨비 춤을 추었다. 지인들은 그에게 조도깨비라는 별칭을 붙여주었다.

그가 춘 도깨비 춤이 뭘까? 1953년 하버드대학의 구조공학 전공자로서 1964년부터 대구동산병원, 그래험 기념병원, 전주 예수병원, 대구 제중병원, 서울 종로 YMCA 등 수많은 건물을 설계하며 종국에는 삼신학회 설립, 마을축제 복원, 깨진 기와 수집 등으로 일생을 마친 분이다. 그가 주목한 키워드들만 나열해도 그 범주를 짐작할 수 있다. 장수하늘소, 목포 유달산 장수바위, 귀신과 산신, 불교의 수문장, 사천왕, 포수鋪首의 도깨비, 수각獸脚의 도깨비 배꼽, 불단의 도깨비, 상여의 도깨비, 방패의 도깨비, 옥문의 도깨비, 야차, 나찰, 풍신, 뇌신, 천둥귀와 용등귀, 귀면, 용면, 사면, 장승, 일본의 오니, 중국의 따귀大鬼 등이 그것이다. 여기에 민화류의 각종 그림과 도상들을 덧붙이고 있다.

그가 마지막까지 천착했던 것이 도깨비 이미지일텐데, 사복신과 벽사신의 두 기능을 같이 하는 모든 이미지들을 도깨비로 포섭해버렸음을 알 수 있다. 그에게 혹은 그 시대의 한국인들에게 절실했던 민족혼이랄까 한국의 정체성을 드러내는 이미지를 포섭 가능한 모든 도상들로부터 찾아냈다는 점에서 일단의 의미를 인정할 필요가 있다. 그가 결국 의도했던 것은 중국과 일본, 나아가 서양에서 들어온 정격의 신격들에 치여 사라지거나 멸시받는 한국 토종의 신격을 부상시키려 했던 것이기 때문이다. 그야말로 원형질에 대한 샘플링 작업이었음에 나는 큰 의미를 부여하고 싶다. 그러함에도 모든 것을 도깨비로 포섭해버린 한계는 지적하고 넘어가야만 한다. 그렇지 않으면 모든 도상들을 도깨비 하나로 포섭해버리는 이른바 일반화의 오류에 빠질 것이기 때문이다.

나례의 방상시

조자용이 습합한 것처럼 나쁜 것을 물리치는 벽사신의 기능, 복락을 선물해주는 사복신의 기능이 도깨비의 양면성이다. 벽사신의 기능은 물론 문지기 기능을 포괄하거나 포섭하는 개념이다. 주지하듯이 악한 것을 물리친다 해서 벽사라 한다. 벽사 형상이나 문양 중 가장 대표적인 것이 귀면이다. 지붕에 올리는 귀면와나 대문의 문고리에 장식하는 형태들이 모두 귀면에 속한다. 이를 도깨비기와니 도깨비문양이니 해석하는 이유가 벽사의 기능에 있다. 일종의 문지기 역할이다. 궁중의 나례나 상여의 방상시方相氏 등도 도깨비로 형상되는 귀문이나 용문과 유사한 대표적인 형상들이다. 심지어는 상여에 장식되는 꼭두의 일반적인 성격까지 확대시켜 설명할 수 있다. 물론 이들을 도깨비라고 부르지는 않는다. 하지만 오늘날 처용무나 갖가지 탈놀이로 전승되는 가면들이 귀면과 내밀한 관련이 있다는 점은 앞서 누누이 살펴본 바와 같다.

나례儺禮란 무엇인가? 나례가 우리나라에 정착한 것은 고려 초기다. 가면을 쓴 이들이 주축이 되어 일정한 규식에 의해 구귀축역驅鬼逐疫 즉 악귀를 몰아내고 역병을 축출하는 주술적 벽사 의례였다. 불교적 도깨비들이 담당했던 기능과 유사하다고 할까. 중국 당나라 계동대나례季冬大儺禮를 국가의 정례적인 군례로 정립시켰다. 예종(1105~1122) 때 기록을 보면 계동나례를 거행하기에 앞서 창우唱優와 잡기, 외관유기外官遊妓를 불러 모아 나희儺戲 경연을 벌였다. 구나의식驅儺儀式과 더불어 가무백희, 잡희들이 수용되어 종합적인 연희의 하나로 자리 잡았다. 조선 중기에 접어들면서 쇠잔해졌고 1694년(숙종 20)에 공식적으로 중단되었다. 반면에 산대나례山臺儺禮는 이후 오랫동안 지속되었다.

나례는 방상시 중심의 구나의식과 나희로 구성된다. 구나의식은 일종의 가면놀이다. 산대나희는 산대, 채붕, 헌가, 잡상 등 무대장치를 동원한 놀이다. 방상시를 도깨비라 부르지는 않지만 그 형상을 귀면이나 용면의 원시적 출처로부터 해석해온 것이 사실이다. 금빛의 네 눈이 있고 방울달린 곰 가죽의 큰 탈을 쓴다. 눈이 네 개 달려있기 때문에 사목四目이라고도 한다. 눈의 색깔은 황금색이다. 붉은 옷에 검은 치마를 입고 창과 방패를 가졌다. 방상시가 쓰는 탈을 따로 방상두라고 한다.

나자儺者는 나례를 거행하는 사람들을 통틀어 이르는 말로 방상시 외에 아이 초라니, 지군持軍 등이 있다. 고려와 조선시대에 연밑에 궁중에서 역귀를 쫓는 연극을 하는데 역귀로 분장한 이를 방상시가 쫓는다. 이를 구나驅儺라 했다.

유네스코 지정 문화유산 처용무

서울 밝은 달에 밤들이 노니다가

들어와 잠자리를 보니

가랑이가 넷이도다

둘은 나의 것이었고

둘은 누구의 것인가?

본디 내 것이지만

빼앗긴 것을 어찌하리

역신이 물러나며 말한다. "내가 공의 아내를 사모하여 지금 범하였는데 공은 노여움을 나타내지 않으니 감동하여 아름답게 여기는 바입니다. 맹세코 지금 이후부터는 공의 형상을 그린 것만 보아도 그 문에 들어가지 않겠습니다." 유네스코 무형유산으로 지정된 처용무, 굳이 설명할 필요도 없이 잘 알려진 향가의 한 대목이다. 처용무는 1971년 국가무형문화재로 지정되었고, 2009년 9월에 유네스코 인류구전 및 무형유산걸작으로 등재되었다.

통일신라 헌강왕(875~886)때의 일이다. 처용이 아내를 범하려던 역신疫神(전염병을 옮기는 신) 앞에서 자신이 지은 노래를 부르며 춤을 춰서 귀신을 물리쳤다. 위에 인용한 향가 처용가가 그 대표적인 증거로 남아 있다. 나라 사람들이 처용의 모습을 그려 지붕에 새기고 문에 붙였더니 역병이 오지 않았다. 이 의례가 고려, 조선까지 궁중나례宮中儺禮의 대표적인 무극으로 전승되었다. 처용의 형상들이 여러 가지 도깨비기와鬼瓦나 문門 등의 입구, 방패防牌, 탈 등으로 재구성되었다. 민속적으로 보면 민간에 제액除厄, 역신疫神을 막는 풍습 등으로 전파되었거나 혹은 궁중과 상호 영향을 주고받았을 것이다. '처용'이라는 명칭은『삼국유사』,『동경잡지』,『익재난고』,『소악부』,『용재총화』,『동국세시기』,『경도잡지』등 다양한 고문헌에 등장한다. 그만큼 궁중과 민간을 망라한 제액 의례였다는 뜻이다.

산해경의 괴물들과 치우

　　　　　나례나 처용뿐만 아니라 다시 주목할 것은 치우蚩尤 숭배가 민간에서 유행하게 된 원인으로『산해경』을 지목하고 있다는 점이다.『산해경』은 고대 중국의 지리책이다. 작가와 연대는 미상이나 우리에게도 큰 영향을 끼쳤다. 낙양洛陽을 중심으로 산맥, 하천, 신화, 전설, 산물 따위를 기록한 종합서적이다. 전 18권으로 중국의 자연관과 신화 연구에 매우 중요한 자료일뿐더러 중국의 영향을 받은 우리에게도 중요한 서적임이 틀림없다. 정재서가 이를 번역하여 우리에게도 잘 알려져 있다.

　산해경의 괴물들은 도깨비보다는 귀신에 더 가깝다. 예컨대 천오天吳는 여덟 개의 사람 머리와 여덟 개의 다리와 꼬리를 가지고 있다. 사람머리와 동물의 몸을 하고 있으니 기왕의 도깨비류에 해당하는 괴물이라고 할 수 있다. 촉음燭陰은 사람의 얼굴에 뱀의 모양을 하고 있다. 이 또한 전통적인 이매망량에 비교해볼 수 있는 캐릭터다. 상류相柳는 머리가 아홉 개 달린 괴물이다. 하라어何羅魚는 몸이 10개다. 산여酸與는 4개의 날개, 6개의 눈, 3개의 발을 지녔다. 능어는 얼굴은 사람인데 몸은 물고기다. 인어일 듯한데 팔과 다리가 있어 흉측한 괴물 형상이다. 이 중 도깨비와 흡사한 것은 유리국柔利國일 수 있다. 외팔과 외다리를 가졌기 때문에 독각귀에 비교할 수 있다는 점에서 그렇다. 반면에 일목국一目國은 외눈을 가졌다. 모두 신체에 걸림이 있거나 비대한 이상증상을 가시고 있다. 정재서에 의하면 조선시대에 이르러 『산해경』 수용이 각 방면에서 풍부하게 이루어진다. 시가 및 소설 창작, 고대 역사, 지리 고증, 동식물 등 사물에 대한 고찰 등 다방면에 걸쳐 이루어졌다. 역사, 지리, 민속 분야에서 정약용, 이규경, 성해응 등의 사지史地 및 사물 고증에 『산해경』이 다수 원용되었음을 밝히고 있다. 이처럼 방대한 인용들이 어찌 도깨비에 영향을 주지 않았겠는가.

수문장, 치우에서 해태까지

　　　　　치우와 유사한 형상들이 불교의 도깨비를 비롯해 문에 부착된 것은 출입문뿐만이 아니다. 신라기와, 백제기와 등 거의 대부분의 기와 문양에서 애용하는 패턴이었음을 확인할 수 있다. 지붕의 기와라 할지라도 출입문의 기능과 유사하다. 밖으로부터 악한 것의 출입을 막는 보호 기능 즉 문지기 기능을 갖고 있기 때문이다. 민담에 등장하는 도깨비 출몰지도 모두 마을이나 성역의 경계지역이다. 도깨비가 이 경계지역에 출몰하는 이유도 문지기 기능 때문으로 풀이하는 것이 합리적일 이유가 여기에 있다. 민담의 도깨비를 갯벌이나 숲, 늪지 등의 공간에 위치시키는 것은 그 안과 밖을 지키는 수문장 역할을 투사한 것이나 다름없기 때문이다. 마치 마을을 하나의 집이라고 보면 출입문에 해당하는 공간임을

▲ 개견사호 중 사자 그림, 개인소장

주목할 수밖에 없다.

　문양도 치우 형상에만 국한되는 것이 아니라 유사한 패턴의 수많은 이미지들이 있다. 시대에 따라 문화권에 따라 변형되어 왔을 뿐 그 기능은 문지기 기능 즉 어떤 공간을 보호하는 기능은 동일하다. 이 문양은 고대의 건축부재, 조각품, 마구, 장신구, 공예품에 이르기까지 매우 다양한 범주로 확산되어 있다. 특히 중국이나 한국의 대문이나 출입문 등에 다양한 형태로 부착되는 문양들을 주목할 필요가 있다. 문에 부착된다는 것은 악한 것의 출입을 막는 기능을 한다는 뜻이면서 좋은 것의 출입을 허용한다는 의미로 확장되기도 한다.

이런 이미지들은 석장승의 이미지나 개天狗의 이미지, 사자의 이미지까지 연결된다. 단오부적이나 정초 임금이 신하들에게 하사하던 세화 등을 포함하여 많은 부분들이 민화에 포섭되어 있다. 중국의 사자는 한국에서 해치, 일본에서 고마이누로 발전한다. 해치는 시비와 선악을 판단하여 안다고 하는 상상의 동물이다. 국어사전에서는 사자와 비슷하긴 하나 머리에 뿔이 있으며 해태의 원말이라고 풀이해 두었다. 목에 방울을 달고 몸전체는 비늘로 덮여있다. 겨드랑이에는 날개를 닮은 깃털이 있고 여름에는 늪가에서 살며 겨울에는 소나무 숲에서 산다. 도깨비의 서식처와 유사하다. 해獬는 부정한 사람을 보면 뿔로 받는다는 신수神獸를 말하고 치豸는 웅크리고 노려본다는 뜻이 있으니 성격 또한 도깨비를 닮았다. 하지만 해치 곧 해태의 형상을 도깨비라고 말하지 않는다. 출처가 다르고 본래적 기능이 다르기 때문이다. 나례나 처용, 각종 사자류 형상들의 출처는 앞서 간략하게 소개했거니와 이중 귀면과 관련된 형상들이 일종의 도깨비 기능이나 이미지와 중첩된다는 점 주목해둔다.

2. 중·일의 요괴와 유네스코무형유산 나마하게

중국의 신괴

일본의 오니와 마찬가지로 우리 도깨비와 일치하는 개념의 중국 도깨비는 없다. 『산해경』에서 출몰하는 여러 캐릭터들, 혹은 한자 문명권에서 공유하는 이매망량 등의 접점이 있을 뿐이다. 이를 풀어 말하면 일치하지는 않으나 한국의 도깨비와 유사한 요괴들은 무척 많다는 뜻이 된다. 중국사회과학연구원 탄지아譚佳의 연구에 의하면, 중국의 신괴는 통상 '일상과 다른 것들' 정도로 인식된다. 한나라 초기까지 요괴 관념의 주류가 "일상과 다른 것들" 정도로 요약될 수 있을 것 같다. 이후 '정기설精氣說' 등 우주 기화론氣化論의 영향이 점점 정괴精怪 쪽으로 변화되면서 "반물즉요"설과 합류하였다고 본다. 이때부터 사람들이 일상생활에서 두려워하고, 미워하고, 쫓아내야 하는 위험한 요소들로 변화되었다는 뜻이다.

우리의 도깨비도 이와 크게 다르지 않을 것이다. 시대에 따라 요괴에 대한 시간 단계성이 있다. 관념이나 인식 자체가 계속 변화해왔기 때문이다. 탄지아는 도깨비의 존재 자체가 신성을 설명하기 위해 고안된 상대적 개념이라고 해석한다.[67] 나는 이 접근이 매우 중요하다고 생각한다. 정격正格으로서의 신성을 가진 신격과 부정격不正格으로서의 반신성反神性 혹은 신성이 없거나 약화된 존재로서의 신괴神怪를 설정하고 그 양자를 상호 보충적인 관점에서 조망한다는 점에서 그렇다.

이를 풀어서 말하면 도깨비는 산신이나 용왕 등 정격의 신성에 대칭되는 존재물이다. 신선과 귀신을 도깨비에 동반하는 개념으로 포섭하거나 혹은 그 반대로 신성한 신격의 개념으로 도깨비를 포섭하는 이유가 여기에 있을 것이다. 중국의 신괴처럼 도깨비가 본래 그런 기능을 했다는 점은 비형랑 설화의 '비형'이 가지는 기능을 헤아려 봐도 수긍이 간다. 하룻저녁에 연못을 메워 절을 짓는 신출귀몰한 능력을 가졌기 때문이다. 도깨비를 정격의 신성과 대칭하는 동행자로 풀이하기에 광의의 '신괴神怪'는 보다 확장된 해석으로 이어질 수 있다. 신神, 선仙, 마魔, 요妖, 귀鬼, 신수神獸, 페어리精灵 등이 모두 도깨비에 대한 확대 설명이다. 이 중 요妖, 마魔, 귀鬼, 괴怪 정도가 협의의 '신괴'에 해당한다.

예컨대 우리의 도깨비를 광의와 협의로 나누어 접근한다면 어떻게 나눌 수 있을까? 민담류의 도깨비 외에는 도깨비의 호명을 불허한다든가 장승, 벅수의 이미지까지 도깨비로 포섭하여 왕도깨비로 통칭하는 사례들을 어떻게 조망해야 할 것인지에 대한 대답이 될 수도 있겠다. 중국의 전거와 좀 다르기는 하지만 전자가 협의의 도깨비라면 후자가 광의의 도깨비가 되는 셈이기 때문이다. 이 제안을 수용하면 협의의 도깨비는 불교적 도깨비나 조선왕조실록의 언급을 포함한 민담의 도깨비이고 광의의 도깨비는 조자용의 이른바 왕도깨비에 포섭되는 대장군, 석장승 등의 모든 이미지들을 포괄할 수 있게 된다. 이들 개념이 요괴妖怪, 괴귀怪鬼, 귀신鬼神 등의 합성어로 개념화되었다는 점 주목을 요한다.

중국의 신괴 관련 연구는 한국보다 훨씬 왕성하게 진행되었다. 일본의 요괴 연구 영향을 받았기 때문으로 보인다. 어쩌면 신화를 포괄하기 때문에 그렇게 보일 수도 있다. 고고학에서는 유형과 시대확인 연구를, 신화학에서는 상징적 의미를, 인류학에서는 기능과 사회구조 표현을, 예술학에서는 우주관과 미학정신 등을 중심으로 신괴 연구가 진행되어 왔다.

우캉吳康의 견해에 의하면 신괴는 귀신, 도깨비, 판타지 3부분으로 나누기도 한다. 모순茅盾, 노신魯迅, 원가袁珂 등 신화연구 거장들의 연구사례가 도깨비 연구의 범주에서 논의된다는 점 흥미롭다. 우리로 말하면 신화연구가 도깨비 연구의 범주를 포용하는 셈이랄까. 『산해경山海經』, 『풍속통의风俗通义』, 『예문류취艺文类聚』, 좌전左傳, 국어國語 등 문헌기록 연구나 석조각, 청동기, 건축, 벽화 등 고고학적 유물을 전거 삼는 연구들이 모두 광의의 도깨비 연구에 속한다. 신화와 도깨비를 한 묶음으로 묶어 이해함을 알수 있다. 오늘날 유행하는 판타지 중심의 신화와 이미지들을 우리의 도깨비 범주로 포착하기 위해서라도 이런 광의의 포착이 유용하지 않을까? 아니 어쩌면 우리 시대는 공유가 등장했던 드라마 〈도깨비〉를 비롯해 이미 광의의 도깨비를 포섭하고 있는지도 모르겠다.

일본의 오니와 요괴

도깨비류의 이미지를 확인할 수 있는 것은 그림 외에 기와가 대표적이다. 그 중에서 용면와龍面瓦 혹은 귀면와鬼面瓦라 불리는 방대한 이미지들을 확인할 수 있다. 오니를 표현하는 귀신 귀鬼자는 사실 도깨비이기도 하고 귀신이기도 하다. 사람이 죽어서 되는 귀신뿐만 아니라 인간과는 다른 존재 등을 아우르는 매우 포괄적인 개념이기 때문이다. 이 장에서는 일본의 오니鬼와 나마하게를 살펴본다. 나마하게를 특별히 거론하는 것은 유네스코 무형유산에 등재되었기 때문이기도 하지만 어찌 보면 우리 민담의 도깨비와 기능이나 이미지가 매우 비슷하기 때문이다.

오니おに는 기본적으로 귀신, 상상의 괴물, 죽은 사람의 영혼 등의 뜻을 가지고 있다. 사람의 형태를 하고 뿔과 큰 송곳니가 있으며 사람을 잡아먹는 악귀이자 요괴로 그려진다. 마귀할멈이나 술래, 귀신 등의 복합적인 뜻을 가지고 있으므로 우리의 도깨비처럼 시대에 따라 변해온 캐릭터임을 짐작할 수 있다. 오니는 일본 각 지역에 따라 여러 가지 형태로 나타난다. 대개 무서운 이미지들로 형상화되어 있다. 우리의 민담류 도깨비와는 사실상 이질적이지만 동격으로 비교되기도 한다. 오히려 야차나 이매망량 등 불교적 도깨비류와 흡사하다. 한국에서 오니를 인식하는 것은 중

국에서 신괴神怪라는 용어로 한국의 도깨비 개념을 포섭하는 것과 유사하다. 박전열에 의하면, 일본의 '요괴'는 넓게는 인간의 지식으로는 이해하기 힘든 이상한 사물이나 현상을 의미하고 좁게는 제사의 대상이 되지는 않지만 사람들에게 두려움과 재앙을 가져다주는 영적인 존재나 괴이 현상의 총칭으로 쓰인다. 오니鬼가 기본적으로는 사람이 죽어서 되는 귀신을 말하지만 갓파, 나마하게 등 도깨비를 총칭하는 일본의 큰 개념은 요괴妖怪라고 할 수 있다.

한국의 도깨비와 마찬가지로 오니는 민간신앙의 대상으로 눈에 보이지 않는 존재였다. 오니는 세상으로부터 숨겨진 것이기 때문에 온隱이라고 하며 이것이 오니鬼의 어원으로 알려져 있다. 오니를 귀(鬼)라는 글자로 기록한 첫 문헌은 헤이안 시대의 와묘류주쇼倭名類聚抄(960년)로 여기에는 사물에 깃든 정령, 형체가 보이지 않는 영으로 기록되어 있다. 이는 중국의 영향이었다고 생각할 수 있다. 고마쓰 가즈히코小松和彦는 중세의 오니鬼라는 단어가 유령, 요괴의 총칭이었다고 얘기한다. 바바 아키코는 오니가 반사회적, 반질서적 존재를 칭하는 단어였으며 그 종류도 선조신先朝神이나 지신地神 등의 민속학의 오니, 산속의 수도山伏 계통의 오니, 신앙 종교 속의 오니, 야차, 나찰 등의 불교계의 오니로 분류할 수 있다고 한다.[68]

민간신앙의 대상이며 경외의 대상이기도 하다는 점에서 도깨비에 비교되는 일본의 요괴는 물론 오니鬼다. 주목할 것은 오니 또한 끊임없이 변화해왔다는 점이다. 우리의 도깨비를 설명하면서 신라의 기록들을 전거삼는 경우에도 그 변화의 맥락과 지점들을 주목해야 한다는 뜻이기도 하

▲ 아키타현의 나마하게 축제

다. 반사회적이고 반질서적이라는 표현은 우리 도깨비의 엉뚱함과 기질, 도깨비굿의 전복 기능들을 돌아볼 수 있는 항목들이다. 하지만 형상 없던 한국의 민담 도깨비와 친연성이 더 높은 일본의 요괴는 나마하게라고 생각한다. 이미 유네스코 무형유산에 등재되었으니 더욱 집중적으로 추적해 볼 필요가 있다.

아키타현의 나마하게 축제

　　　　　일본의 아키타현을 중심으로 나마하게なまはげ 신격이 회자 되어 왔다. 딱히 대입할 만한 우리 신격은 없다. 나마하게 자체를 오니鬼로 인식하기 때문에 굳이 비교한다면 도깨비다. 일본의 갓파나 오니보다 오히려 우리의 도깨비와 유사성이 더 있어 보이는 캐릭터다. 아키타현 오가

시男鹿市에서 대표적인 축제를 한다. 날짜가 바뀌기 전에는 원래 정월 15일 밤에 빨강과 파랑의 무서운 가면을 쓰고 몸에는 짚으로 엮은 '케데'를 두른 나마하게들이 가가호호 방문을 했다. 양 발을 크게 구르며 큰 소리로 외치는 등 겉으로는 위협적인 태도를 취한다. 아키타현 내에서도 광범위하게 전승되어 왔다. 언동은 횡포스럽고 위협적인 듯 보이지만 징계적이기도 하고 악령을 퇴치시켜 예축豫祝하는 것이기도 하다. 나마하게를 맞이하는 각 가정에서는 복신 혹은 내방신의 의미로 이해하기 때문에 밥과 술을 내어 환대한다. 그래서인지 주인이 전통 정장을 입고 맞이한다. 침착한 자세와 정중한 말로 대응한다. 나마하게와 주인 사이에 예축, 천후점 등의 문답이 오간다. 나마하게가 돌아갈 때는 떡(키리모찌)을 주고, 내년 예방을 약속한다. 울면서 부모에게 매달리는 아이들에게 "엄마 말씀 잘 들어야 한다." "공부 잘해야 한다." "그러지 않으면 나마하게가 혼내준다" 등의 훈육을 한다. 전통시대일수록 이 훈육 효과가 컸다.

아키타현은 우리 드라마 '아이리스'의 촬영지로 잘 알려져 있다. 일본 내에서도 스키와 온천, 깨끗한 자연환경 등으로 유명한 곳이다. 우리 동해와 연결되어 있는 일본 서북부의 반도로 해안절경이 매우 아름답다. 특히 나마하게의 고장 오가반도가 대표적이다. 겨울철에는 강한 북서풍이 험한 물보라를 만든다. 나마하게 세도 마쯔리 혹은 간또 마쯔리가 유명한데, 거대한 등불을 벼이삭 모양으로 만들어서 연행하는 여름 축제다. 대형 유람선이 이 기간에 아키타 항구에 정박할 정도로 큰 축제라고 한다. 아키타의 쌀이 유명해서 쌀의 원산지라고도 한다. 나마하게 마쯔리는 아키타현 오가반도를 중심으로 정월 대보름 행사로 열리는 행사였다. 이후 새해 전야인 12월 31일로 변경되었다가 근자에는 2월 둘째 주

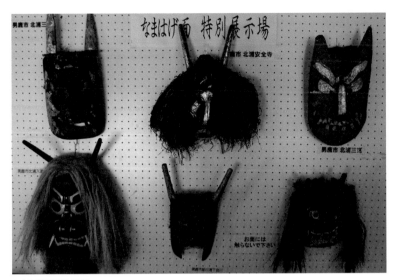
▲ 나마하게 탈 전시

로 변경되었는데 지금은 다시 섣달 말일로 변경한 모양이다. 오가반도의 서남단 끝에 위치한 몬젠지구에 오사당이 위치하고 있다. 도래한 다섯 마리의 오니를 모신 사당이다. 국가지정 문화재로 지정되어 있다가 2018년 유네스코 무형유산으로 등재되었다. 가가호호 방문하는 나마하게 의례와 제사의례인 세도 마쯔리가 합해진 것이다. 우리 도깨비의 유네스코 무형유산 등재 관련해서라도 관심을 기울여야 할 콘텐츠다.

나마하게의 탈과 복장

결혼하지 않은 총각들이 나마하게 역할을 맡는다. 가가호호 방문하면 먹을 것과 술을 내놓는데 젊은 청년들이 역할을 맡는 이유는 집집마다 술과 음식을 내놓기 때문에 소화할 체력이 필요하기 때문이라고 한다. 지역의 상인협회(온천 관련 중심), 청년회 등 지역의 남성들이 중심이 되어 한조에 6~7명을 뽑는다. 천년이 넘는다는 '진산신사'와 관련된 사람들이다. 준비에서부터 마쯔리 전반의 내용들을 결정한다. 나마하게 탈은 나무를 조각해서 만든다. 나무껍질, 오래된 종이를 몇 장씩 붙인 것 등 다양하다. '숫사슴 설화'를 기반으로 삼는다. 설원의 사슴과 무종의 관계가 있는 듯하다. '빨간 도깨비(아카오니)'는 머리카락을 산발한다. 험악하게 꾸민 가면을 쓴다. 손에는 작은칼을 든다. '파란 도깨비(아오오니)'는 각이 없는 머리띠를 한다. 작은 칼을 들고 들통(허리 닿은 부분)을 찬다. 나마하게 가면의 재질과 형태가 지역에 따라 다르다. 전 지역 공통적인 소지품은 부엌칼, 들통, 괭이자루(쿠아다이) 등이다. 큰 도끼(마사카리), 드릅나무봉(타라노끼), 고헤이御幣 등을 사용하는 곳도 있다. 진산지역의 나마하게는 빨간 도깨비(아카오니)다. 오니라고 호명하진 않고 단지 나마하게라고만 한다. 가면엔 뿔이 없고 소지품도 없다. 가가호호 방문하는 풍속은 같다. 1900년 이후에는 악습이라고 하여 금지되기도 했다. 고헤이의 사용이 근래부터라고 하니 연출과 오브제들이 끊임없이 변화해 왔음을 짐작할 수 있다. 나마하게가 몸에 두르는 짚으로 만든 우롱이는 몇 가지 계열들이 있다. 케대계열, 케라계열, 미노계열이 그것이다. 관련 보고서에 의하면 케대(켄데, 케타, 케다시오 등)를 사용하는 지역이 가장 많다.

관련 문헌에 나오는 나마하게의 성격

　　　　　『아카가미야마 다이켄 켄로쿠기赤神山大權現綠起』에는 중국의 한무제가 보낸 다섯 마리 오니에 대한 기록이 있다. 이 중 두 오니는 부부, 세 오니는 형제로 나타난다. 부모 오니는 죽어서 득도한다. 나머지 세

오니(산시오니 등) 중 남신은 바위굴로, 여신은 해변의 바위집으로 남아 있다. "만민풍악 영대불개자야"라 기록된 작은 상자가 중요한 보물로 보관되어 있다. 이 작은 상자 속에는 부부 오니의 뼈와 이빨이 들어있다고 한다. 매년 5월에 자식 오니가 제사를 준비해 봉행한다. 오가지역의 나마하게는 이 부모 오니와 자식 오니들의 깊은 관계를 보여준다.

『오가의 나마하게』라는 책에 의하면, 아까오니赤鬼와 아오오니青鬼한 쌍의 구성을 보이는 지역이 압도적으로 많다. 아까오니는 남성, 아오오니는 여성으로 부부를 상징한다. 『모록내한牡鹿乃寒』(1900년)이라는 책에도 관련 기록들이 있다. 삽화를 보면, 아까오니가 어깨에서 허리까지 작은 상자를 걸치고 있다. 나무상자 안에는 무언가를 넣어 카라카라(달그락거리는 소리로 보인다)하게 울리게 한다. 어느 시기 나마하게는 콩을 넣은 큰 조롱박과 나무상자를 준비하기도 했다. 근래에는 함석캔 등을 준비한다. 음향을 내기 위해 상자에 작은 돌 등을 넣어서 휴대했다는 증언도 있다.

나마하게의 모습이 전국적인 출판물의 삽화로 소개된 것은 『풍속화보』(아키타현 현립박물관 소장, 1900년) 제 202호가 처음이다. 아키타의 카마쿠라 마쯔리 등으로 소개되어 있다. 섬 지방의 풍속으로 음력 정월 15일, 각 마을 사람들이 거친 남자로 분장하여 얼굴에 채색을 하고 삼나무껍질 혹은 종이로 만든 오니가면을 쓰고 머리에는 흐트러뜨린 해초를 얹으며, 짚으로 만든 우롱이를 입고 풀로 만든 신발, 종아리에도 유사한 복장을 하며 딸그락 거리는 소리를 내면서 가가호호 방문을 한다고 설명하고 있다.

▲ 나마하게, 마을입구에 세워둔 거대한 조형물

오가반도 나마하게와 이향離鄉관념

　　　　우리의 해안표착설화와 비슷하다. 선조 혹은 입도조(섬에 최초로 들어와 살게 된 이)가 바닷가로 떠밀려漂着왔다는 뜻이다. 일본에서는 흔히 내방신來訪神이라 한다. 일본 북부 서쪽에는 크고 넓은 바다가 펼쳐져있다. 북쪽의 해안에서 오가 방향을 바라보면 바다의 동쪽 방향에 두 개의 산이 떠 있는 것처럼 보인다. 본산과 진산 및 한풍산이 그것이다. 이 산들을 포함하여 오가반도의 자연환경을 참배하는 장소로 해석한다. 야나기다 구니오柳田國男의 해석이다. 오리구찌 노부오折口信夫는 해안지방에서 바다를 배경으로 하는 산악신의 대상이 많다고 했다. 바다에서 신神이 출현해 온다고 하는 신앙이 그 토대가 되었다. 바다에서 올라온 신이 산쪽으로 올라간다고 믿는 것이다. 바다 속에서 용출한 산의 모습들이 오가반도의 산에 대한 상상력을 불러일으켰을까. 이것이 조상신이나 조상관념으로 결합된다.

오가반도에서는 예로부터 산악 신앙의 영향을 많이 받았다고 전해진다. 수행의 장소로 인식되기도 했다. 본산赤神(아까가미)과 진산이 각각 남쪽 봉우리, 북쪽 봉우리로 나뉘어졌다. 근대 이후, 동해의 해상교통이 활발해지면서 항해신과 밀접하게 연결된다. 오가반도가 이러한 신비관, 이향관을 불러일으키는 자연환경을 가지고 있기 때문에 매우 자연스런 인식이라고 생각된다. 수행신앙의 전파와 함께 신격이 중층적으로 구성되면서 급기야는 오야마(산을 높여 부르는 말)로 인식하게 되었다.

유네스코 무형유산 나마하게

이향관념, 표착설화 등을 전제해보면 나마하게가 어디서 왔을까를 짐작해볼 수 있다. 나마하게의 어원 유래가 있다. 추운 시기에 일도 하지 않고, 화로 앞에 불을 계속 쬐고 있으면 피부가 빨갛게 일어난다. 이 것을 나고미(和み 혹은 나마미)라 한다. 게으른 사람 혹은 게으름뱅이를 총칭하는 말로 변화했다. 이것이 게으른 여성이나 아이들을 대상으로 교훈하고 훈육시키는 의례로 발전하게 되었을 것으로 해석하기도 한다. 나마하게의 어원이 무엇인가를 벗겨내는 것을 의미하기 때문이다. 소장품 중 부엌칼 같은 예리한 것을 가지고 있고, 벗겨내는 나마미生身를 담는 용기로 나무통이 사용된다는 해석이기도 하다. 어쨌든 나마하게가 매우 험악한 이미지를 가지고 악신으로 등장했다가 지금은 여성들과 아이들을 훈육하는 조력자 신으로 등장하고 있다. 외딴 지역에서 물을 건너온 외국인(백인, 서양인)이라

는 설도 있다. 하지만 한무제가 보낸 다섯 마리의 오니라는 설이 광범위하게 퍼져있다. 정월 15일에 이 오니들이 나와서 마을을 털어간다는 것이다.

한 설화에 의하면 한무제 때 다섯 마리의 오니가 해안을 통해서 들어왔다. 부녀자들을 괴롭히거나 잡아가며 농작물에 피해를 주곤 했다. 마을 사람들이 꾀를 내어 천개의 계단을 세워주면 원하는 것을 주겠다고 했다. 다섯 마리의 오니들이 신사의 계단 천개를 만들어가는 중, 아마도 한 계단 정도 남았을 때 마을 사람들이 '꼬끼오'하고 닭울음소리를 냈다. 그래서 나마하게를 물리치게 되었다는 전설이다. 우리로 말하면 천불천탑을 세우다 하루 전에 실패했다거나 백일불공을 들이다 하루 전에 파계했다는 설화들을 연상하게 한다.

일본의 나마하게를 집중적으로 살펴본 이유는 우리의 도깨비와 도상들에 대한 관념을 비교해보는 점도 있지만, 유네스코에서 왜 오니나 갓파가 아닌 나마하게를 무형유산으로 지정했을까 하는 점들을 주목해보기 위해서다. 향후 이를 잘 분석하여 한국의 도깨비 해설에 도움을 주고 싶은 마음이다.

3. 한중일 도깨비를 보는 눈

일본의 요괴 붐

도깨비나 도깨비 유사 캐릭터를 논하는데 어찌 한 · 중 · 일만 소요되겠는가. 내가 아시아 전반 혹은 유럽의 일부 나라들을 돌며 수집한 자료들만도 차고 넘친다. 하지만 이번에는 한 · 중 · 일을 중심으로 다루기로 한다. 나머지 문화권 및 문명권에 대해서는 차후를 기약한다. 고마쓰 가즈히코小松和彦의 주장에 의하면, 영적인 존재로서 인간에게 제사를 받는가 아니면 제사를 받지 못하는가를 지표로 설정하여 초월적 존재 즉 영령적 존재를 '신'과 '요괴'로 구분한다. 물론 이 구별은 고정적인 것이 아니다.[69] 아래 내용은 박전열의 발표에 내가 토론하였던 정보들을 요약 정리한 것이다.

요괴는 신과 대립되는 존재로 설정하고 그 특성을 오니鬼와 마찬가지로 제사의 대상이 되지 않으며 초자연적인 존재라는 영역에 둔다. 『고사기』나 『일본서기』에 기록된 신화에서부터 이미 신들의 역할과 격이 부여되어 있었고 요괴는 퇴치의 대상이 되었다. 신들의 세계에서 최하급 존재는 오니로 통칭되었다. 예컨대 이자나기신이 황천국에서 도망칠 때 추격하는 무리들이 오니들이다.

일본의 요괴붐은 문화산업의 흐름과 괘를 같이 한다. 제1차 요괴붐은 미즈키 시게루의 만화 〈게게게의 기타로鬼太郎〉가 애니메이션화된 1968년 경으로 본다. 제2차 요괴붐은 미즈키 시게루의 〈게게게의 기타로〉가 세 번째 애니메이션화 되면서부터다. 물속에 사는 요괴 갓파河童, 밤이 되면 요괴가 행렬을 이루는 백귀야행, 집에서 오래 쓰던 물건을 버리면 요괴로 변한다는 쿠모신付喪神, 요괴 덴구天狗 등의 이야기가 펼쳐진다. 제3차 요괴붐은 1990년대 후반 소설, 애니메이션, 영화, 캐릭터 상품 등으로 요괴에 대한 정보와 카타르시스를 제공하는 특징으로 나타난다. 애니메이션 〈원령공주〉, 〈센과 치히로의 행방불명〉 등이 대표적으로 거론된다. 제4차 요괴붐은 2014년 IT기술과 산업을 기반으로 하는 새로운 양상으로 나타난다. 2014년의 히트상품이 '요괴워치'인데 게임소프트웨어와 연계된 시계 모양의 아이템이다. 스마트폰 증강현실 프로그램을 활용한 게임으로 일본의

닌텐도가 출시한 포켓몬스터 즉 '포켓몬' 등이 거론된다.[70]

박전열의 논의를 좀 더 개괄해본다. 2014년에는 만화의 장면을 그대로 대학수학능력시험에 응용하거나 2017년에는 심지어 요괴에 대한 선행 지식이 있어야 풀 수 있는 문제가 출제되기도 했다. 일본의 요괴학자들은 마치 호적처럼 요괴자료를 만들고 국제일본문화연구센터에서 괴이, 요괴 데이터베이스를 구축하여 방대한 자료를 제공하고 있기도 하다.

가장 주목할 것은 새로운 캐릭터가 창작되면서 사멸과 변형을 거듭하고 있다는 점이다. 현대인이 편안한 기분, 애착을 가지고 소유할 상품적 가치 등 요괴 조형화에 복합적인 요구들이 반영된 결과로 나타난 새로운 현상은 '귀여운 요괴'의 탄생이다. 현대 일본에서는 요괴에서 파생된 귀여운 캐릭터가 넘쳐나고 있다. 이 가운데 갓파가 인기 캐릭터다. 전통적인 오니鬼, 덴구天狗, 갓파河童, 다누키狸 등의 요괴는 수많은 캐릭터를 형성해오는 한편, 오늘날에도 끊임없이 재창작되고 다양한 수단으로 계속 증식하고 있다. 이상의 박전열의 시각에 공감하는 이유는 이것이 우리 도깨비 논의의 향방과 매우 밀접한 관련이 있기 때문이다. 혹시 아는가 한국의 수능시험에도 도깨비 관련 문제가 출제될지.

쇠방망이를 들고 머리에 뿔난 오니와 혹부리영감

손에 쇠방망이를 들고 다닌다든가 머리에 뿔이 난 오니들이 우리나라의 도깨비로 오인되었던 것은 1923년 〈조선어독본〉이라는 초등학교 교과서로부터 비롯되었음을 살펴본 바 있다. 이 중 대표적인 것이 혹부리영감 이야기다. 이 이야기는 수운 강항의 기록에 나온다. 본래 일본의 이야기가 아니라 여송呂宋(필리핀)의 이야기를 번안한 것이 전승되었는데 이

138

를 강항이 기록해둔 것이라 밝히고 있다. 일제 강점기에 교과서에 실리면서 더욱 유포되었긴 했지만 그 훨씬 이전부터 즉 임진왜란 이후부터 전래되었음을 추정하게 해준다. 이 이야기는 1910년 다카하시 도루高橋亨의 『조선의 이야기집朝鮮の物語集』에 〈유취瘤取〉라는 제목으로 다시 수록된다. 주목할 것은 이 이야기가 조선과 일본의 내선일체나 일선동조론을 내세우는 가장 훌륭한 근거로 제시되었다는 주장이다. 에도 시대에는 소년용 적본赤本에 수록되면서 전국에 전파되는 계기가 되었고 일본의 10대 동화 중 하나로 정착한 이야기다. 때문에 혹부리영감 이야기는 사실 더 이전 1915년 〈조선어독본〉 이후 지속해서 수록되었으며 우리나라의 대표적인 동화로도 자리 잡게 되었다는 것이다. 앞서 언급한 정 반대의 주장을 다시 점검해 본다.

▲ 오니교류박물관

▲ 오니교류박물관 입구의 오니

조선에서 도깨비라고 하는 것을 일본에서는 오니라고 한다. 언제부터인지 일
본의 오니는 모모타로의 오니처럼 머리에 뿔이 있고, 붉은 오니 푸른 오니들
처럼 색은 다르지만 같은 모습을 하고 있는데, 『우지슈이 모노가타리』를 보면
'오니들'이라고 쓰고 있으면서도 수백 가지의 다양한 모습 즉 조선의 도깨비를
연상하게 하는 표현이 나타난다고 볼 수 있다. 이는 아마도 조선으로부터 전해
진 이야기이기 때문일 것이나 일본인의 취미에 맞지 않는 무리한 부분이 없어
그대로 일본에 남게 되었을 것이다.[71]

곤도 도키지近藤時司가 1924년 잡지 『동양』에 발표한 「조선의 전설에
대하여」라는 글 한 대목이다. 박미경의 주장처럼 「혹부리영감」이 오히려
한국에서 전래되었을 가능성을 시사하고 있다. 곤도는 일본의 오니가 처
음에는 한국의 도깨비의 영향을 받아 다양한 모습을 가지고 있었으나 현

재 뿔이 난 모습으로 바뀌어 정착했다고 주장한다. 일반적으로 한국의 치우형상 도깨비들이 일본의 오니 영향을 받았다고 주장하는 것과는 다르다. 오히려 한국의 도깨비가 일본의 오니에게 영향을 주었다는 것 아닌가. 이 주장이 강항의 기록과는 어떤 차이가 있을지 향후 분석해봐야겠지만 혹부리 영감이 일제강점기에 유입되었다고 하는 설을 정설로 삼을 필요는 없다는 점만큼은 인정해둬야 할 것 같다

신라의 귀면와가 오니의 시조일까

　　　　일본 교토 근교에 있는 후쿠치야마시福知山市의 오니교류박물관交流博物館에 가보면 깜짝 놀랄 일이 있다. 귀면와를 중심으로 오니의 역사를 전시해두었는데 그 첫머리에 신라의 귀면와가 있기 때문이다. 신라의 녹유귀면이 오니의 시조라는 것이다. 일본 전국 각지의 오니 관련 전통 예능이나 자료가 전시되고 있을 뿐만 아니라 세계의 오니 관련 가면과 오에야마 오니 전설에 관한 자료, 아스카飛鳥시대부터 현재까지의 도깨비기와도 전시하고 있다. JR 역에 내릴 때부터 독특한 오니기와를 전시하고 있다는 점에서 오니를 지역문화의 상징으로 내세우고 있다.

　　박물관 내부에는 오니를 중심으로 하는 독특한 현대 예술작품들도 진열되어 있다. 오랫동안 오니 관련 학회지도 펴내고 관련 학술대회도 진행해 왔다. 학술적으로 규명해봐야겠지만 일본인들 스스로 신라의 귀면와를 오니의 시조로 상상한다는 점 자체가 의미 있는 일이지 않을까 싶다. 물론 머리에 뿔을 달고 손에 쇠방망이를 든 오니는 우리 민담류의 도깨비보다는 야차나 이매망량 등 불교의 도깨비와 친연성이 높다. 앞서 예시한 곤도 도키지近藤時司의 주장도 다시 주목해볼 만하다. 다양한 한국의 도깨비 상상

들이 일본의 오니에게 영향을 주었다는 주장이기 때문에 신라 귀면와 하나를 전거 삼는 주장과 동일할 수는 없지만 한국의 도깨비가 일본의 도깨비에게 영향을 주었다는 점은 확인할 수 있기 때문이다. 그럼에도 불구하고 치우형상을 도깨비의 모습으로 인식하게 된 원인 중 하나가 한국인들의 오니 인식에 있다는 점 또한 주목해두어야 한다. 일본인들이 오니의 조상을 신라의 귀면와로 설정해두고 있고 신라의 귀면와가 도철문 혹은 치우상과 닮아 있으니 자연스럽게 그런 인식이 생긴 것이 아닐까. 월드컵 때 붉은악마가 치우상을 내걸고 한국인의 상징으로 인식했던 것, 대한민국이라는 4박자를 외치면서 이것이 한국의 고유한 가락 엇머리 장단이라고 주장했던 것들도 이런 일련의 흐름들을 뒷받침한다고 본다.

한중일의 도깨비를 보는 눈

한국, 중국, 일본 삼국 모두 불교와 도교 관련 영향이 크다. 불교의 야차나 나찰羅刹이 사찰 입구를 지키는 신장神將과 더불어 도깨비의 한 이미지로 인식되어 왔음은 앞서 설명한 바와 같다. 전남 강진 사문안 도깨비바위의 캐릭터들을 나찰로 해석할 수 있는 이유이기도 하다. 전술한 대로 한국의 불교에서 나찰은 악귀의 이름이고 야차野次와 함께 비사문천毘沙門天의 권속眷屬이며 지옥에 있는 귀신이라고도 한다. 특히 주목할 것은 여성을 따로 나찰녀라고 하기 때문에 도깨비담에서 남성성만 강조하는 쪽으로 변화해온 맥락을 더불어 살필 수 있다.

한편 민간신앙으로 확장된 신장神將은 귀신 가운데 무력을 맡은 장수신을 말하며 사방의 잡귀나 악신을 몰아내는 기능을 하므로, 주로 무속 이미지에 형상화되어 있다. 반면 불교의 신장은 화엄신장華嚴神將의 준말로 화엄경을 보호하는 장수라는 점에서 도깨비와 직접 비교하는 것은 것은 무리가 따른다. 다만 수문장 즉 문지기라는 기능 정도는 닮았다고 할 수 있다.

중국의 신괴, 일본의 오니를 중심으로 하는 요괴와 한국의 도깨비 담론은 디테일에서는 전혀 다르지만 광의의 범주에서는 유사하거나 같다. 한국의 도깨비는 어느 시기, 야차나 이매망량 등 불교적 도깨비로 인식되기도 하고 동물 형상을 습합시킨 귀면와, 치우 등의 형상으로 인식되기도 했을 것이다. 중국에 전하는 치우가 신농씨 시대에 난리를 일으켜 황제와 탁록대전에서 패한 장수로 그려지고 후세에는 제나라의 군신으로 숭배된 인물인데, 한국에서는 탁록대전에서 황제를 이긴 장수 혹은 동이족의 시조 등으로 소비되거나 일부 재야학자들에 의해서 도깨비의 원형으로 회자되기도 했다.

중국의 신괴 관련 관심이나 연구가 큰 비평이 없이 협소한 서구의 현대 신화 개념을 토대 삼았다는 비판도 가해진다. 현재의 중국 신괴 연구자들에 이르기까지 대다수는 협의의 '요괴'에서 출발하여 중국 신괴에 대한 연구의 자족성을 보여주지 못하고 있다는 것이다. 예컨대 청동기 시대를 문명의 계시물로 삼고 있는 서구 문명과는 달리 독특한 옥기 시대가 있다는 것, 동북부의 홍산문화, 동부의 용산문화, 서북부의 제가문화齊家文化, 동남의 석가하문화石家河文化, 앙소문화仰韶文化 등에서 끊임없이 나타나는 신상神像, 신수神獸 화상들 중에서 오늘의 도깨비와 관련하여 주체적이고 자족적인 논의들을 이끌어내야 한다는 주문인 셈이다.

우리의 도깨비 연구는 어떠한가? 오히려 홍산문화나 중국 동북부 문화의 신괴 해석들은 우리 쪽에서 포섭하고 주체적으로 적극 대응해야 하지 않겠는가? 지나친 민담류의 주장에 함몰되어 도상이나 이미지들을 거세하고 있지는 않은지, 혹은 반대로 도깨비와 무관한 이미지들까지 포섭하여 왕도깨비라는 이름으로 호명하고 있지는 않은지 역지사지하여 살펴볼 일이다.

일본의 도깨비들은 우리의 도깨비와 일대일 비교는 불가능하지만 바다나 섬을 통해서 표착한 신격 관념들이라는 점에서 그 유사함을 헤아려 볼 수 있다. 민간신앙으로 또 지역축제로 오랫동인 진승해 내려온 내력, 나아가 시대별로 크게 변화해온 맥락 등이 동일하기 때문이다. 우리의 도깨비도 불도깨비나 소금장수 도깨비, 숲속의 빗자루도깨비, 갯벌지역의 물아래 진서방 등으로 전승되다가 월드컵 이후 귀면와의 이미지가 대폭 확대되었다. 민속학자들은 아직도 형상이 특정되지 않은 민담류의 이야기만을 도깨비의 정체로 인식하고 있지만, 일반사회에서는 뿔 둘 달린 귀면와 계열의 이미지를 이미 도깨비로 인식하고 있고, 특히 유아, 아동 도서들, 동화 관련 서적들이 수백 권 이상 출판되어 인기를 끌고 있는 중이다. 본래는 귀신의 계열로 인식되었던 이미지를 드라마 〈도깨비〉에 차용함으로써, 귀신과 도깨비의 이미지가 혼재되는 판타지의 단계에 진입해 있기도 하다.

이제 일본 도깨비에 대한 접근과 한국 도깨비와 대한 접근 양상을 소개하며 소결을 맺고자 한다. 비록 아동문학 중 도깨비와 관련된 담론이긴 하지만 우리가 생각하고 혹은 지향하는 도깨비에 대한 생각들을 일정정도 정리해줄 수 있는 시각이기 때문이다.

60년대 전후 한국 사회는 경제적으로 열악한 환경에서 아동문학에 관심을 가질 여유가 없었다. 실제로 출판 총수도 적었으며 삽화가 들어 있는 책이나 그램책은 특히 적었다. 이러한 어려운 상황이 계속 되다가 80

년대에 만화책이 늘어나고 90년대에 그림책이 늘어나면서 시각 이미지를 가진 도깨비도 늘어나기 시작한다. 90년대 말 이전에는 도깨비는 전래 동화 속에 등장하는 것이 대부분으로 같은 이야기에 이미 출판된 책의 삽화를 참고하여 재생산되었다. 때문에 도깨비를 그리기 시작한 시기에 참고로 한 일본 오니의 영향이 지속적으로 남아 있었다. 그러나 2000년대에 들어서는 창작 동화와 번역본이 급증해 아동 출판 총종수는 일본과 비슷해졌다.

한국의 아동출판 시장이 번역서 비율이 높다는 특징도 있어 많은 번역서에서 다른 문화권의 다양한 상상의 존재가 도깨비라고 번역되고 그려짐으로써 도깨비의 시각 이미지가 풍부해졌다. 예를 들어 일본 이외의 번역서에서는 유령, 요정, 트롤, 오거, 난쟁이 등이 도깨비로 번역되고, 일본 그림책에서는 도깨비, 오바케, 천둥신을 포함해 다양한 요괴가 도깨비라고 번역된다. 또 전래 동화가 아닌 창작 동화 속 도깨비는 그 성격에 따라 다양한 모습으로 그려진다.[72] 무슨 뜻일까?

일본은 오니를 계속 분화시키면서 캐릭터를 양산해내고 있는 반면에 한국은 다양한 장르와 종류에 걸쳐 있는 유사 캐릭터들을 도깨비라는 호명으로 산입시킨다는 뜻이다. 중국 또한 정격의 신과 상대적 개념이라는 범주로 포섭하면서 도깨비의 영역을 더욱 확장해가고 있는 중이다. 예컨대 제사를 받는 신이면 정격의 신이고 제사를 받지 못하는 신이면 부정격의 신이라는 구분법이다. 일본의 경우에도 제사를 받는 대상을 신이라 하고 제사를 받지 못하는 대상을 요괴 즉 오니라 하며 퇴치의 대상으로 삼았음을 살펴보았다. 하지만 우리의 도깨비는 퇴치의 대상이기도 하지만 갯벌고사 등에서 볼 수 있듯이 제사를 바치는 존숭의 대상이기도 하다. 중국이나 일본처럼 크고 웅장한 신격의 틈새를 메꾸는 역할은 비슷한 것 같지만 오히려 큰 신격들을 교섭하고 조율하는 역할에 비중이 더 할애되어 있다. 이것이 중국과 일본의 신괴나 요괴에 대응하는 우리 도깨비의 가장 큰 특성이 아닐까? 뒷장에서 다루겠지만 여기에 남녀간 계층간 계급간의 불균형이나 기후적 생태적 위기 등, 기왕의 패러다임을 전복시켜 총체적 균형을 도모한다는 점에서 한국도깨비의 순기능을 주목할 필요가 있다.

일본의 경우는 이미 〈요괴론〉이라는 학문이 등장하여 성장한지 오래되었고 이를 다양한 장르의 맥락으로 네트워크 시켜 왔다. 중국 또한 정격의 신성과 대칭적인 구조로 인식하면서 철학적 수준과 자국에 대한 주체적 수준으로 끌어올리고 있는 중이다. 한국 도깨비에 대한 관심은 어떨까? 서론에서 밝혔듯이 한국의 도깨비 또한 크고 웅장한 신격들에 대칭되는 행간과 여백을 읽기에 안성맞춤인 캐릭터다. 하지만 〈도깨비학〉이라는 학문을 들어보지 못했고, 도깨비 관련 연구들이 장려된 바도 없다. 문제는 지금부터이지 않겠는가.

05

도깨비방망이와
도깨비감투

1. 숲에서 나무로, 남근 메타포

도깨비방망이란 무엇인가?

앞서 절굿공이에 대해 개괄했다. 이 장에서는 좀 더 디테일한 측면들을 추적해보기로 한다. 씨름도깨비의 빗자루나 부지깽이가 사실은 『삼국유사』 기록의 두두리 곧 절굿공이에서 왔다고 해석할 경우, 사람들이 밀접하게 사용하던 물건들이 도깨비가 된다는 해석만으로는 해결되지 않는 부분들이 있다. 사람들이 사용하던 물건이 빗자루나 부지깽이 등 길쭉한 것만 있는 것이 아니기 때문이다.

사람들과의 친연성은 도깨비들의 일반적인 서식처와 관련된 것으로 해석하는 것이 합리적이다. 갯벌이나 마을숲의 늪 혹은 가까운 곳의 오래된 나무의 정령들이 도깨비와 친연성이 높다는 점에서 그렇다. 물론 이외 허물어진 집이나 으슥한 장소 등 주로 음陰적인 측면의 장소성이 강조된다. 그래서 도깨비는 해가 지면 나타나거나 새벽닭이 울면 사라지는 존재로 그려진다. 어쨌거나 씨름도깨비를 비롯해 장난질하는 도깨비들은 왜 혼불 등의 도깨비불이나 길쭉한 물건들로만 등장했던 것일까?

도깨비방망이는 『삼국유사』 비형랑조의 목랑木郎 설화로 이어지니 기능면에서는 오래된 소재라 할 수 있다. 도깨비방망이는 착한 사람이 방망이를 얻어 부자가 되고 나쁜 사람은 벌을 받는다는 내용의 설화를 말한다. 임동권이 「도깨비고」(1971)에서 정리한 '개암과 도깨비' 혹은 '도깨비방망이'가 있다. 여기서는 김종대가 정리한 『한국민속문학사전』의 내용을 참고한다. 〈도깨비방망이〉는 당나라 단성식이 쓴 『유양잡조』에 수록된 〈방이설화〉와 서사구조가 유사하다는 데서 이를 시원으로 삼는 논의가 많이 이루어졌다. 도깨비의 역할을 하는 적아赤兒나 방이가 금방망이를 가져와 부자가 되고 이를 흉내 낸 동생은 벌을 받는다는 내용이다. 착한 나무꾼과 나쁜 나무꾼의 대립형식을 취하고 있다. 형제를 등장시키는 버전도 있다.

착한 나무꾼이 나무를 하러 갔다가 개끔(은행) 열매를 줍는다. 처음에 주운 열매는 할아버지와 할머니를 드리고, 두 번째는 부모님을 드리고, 세 번째는 부인, 네 번째는 자식, 그리고 마지막은 자기가 먹어야겠다고 생각한다. 나무를 하다가 별안간 비가 내려 오두막으로 피해 들어간다. 잠시 잠이 들었다가 갑자기 시끄러운 소리가 나서 살펴보았더니 도깨비들이 잔치를 벌이는데, 방망이를 두들길 때마다 술과 음식이 잔뜩 쏟아져 나왔다. 그 광경을 본 나무꾼도 배가 고파 낮에 주웠던 개끔 열매를 하나 꺼내서 깨물었다. 열매 깨지는 소리가 얼마나 컸던지 놀던 도깨비들이 놀라서 모두 도망을 갔다. 착한 나무꾼은 도깨비방망이를 하나 주워 와서 부자가 되었다.
이 소식을 들은 이웃집의 심성 나쁜 나무꾼이 찾아와 부자가 된 내력을 알려 달라고 졸랐다. 착한 나무꾼이 자초지종을 이야기해 주었더니 그도 부자가 되어야겠다고 나무꾼이 알려 준 장소로 간다. 밤이 되자 도깨비들이 몰려와 술과 음식을 차려 놓고 놀기 시작했다. 나쁜 나무꾼이 개끔 열매를 딱 깨물었는데, 도깨비들은 지난번에 우리를 속인 놈이 또 왔다고 하면서 나무꾼을 실컷 두드려 팼다.

여기서의 방망이는 막대기, 꼬챙이, 방망이, 부지깽이를 포함하는 남근의 은유다. 남근은 생산과 남성성, '두드리'로서의 방망이로 거슬러 올라가는 역사적, 공간적 해석에 다가서게 된다. 생산을 뜻하므로 다산과 풍요, 초복의 기능으로 해석한다. 실제 갯벌 어장의 도깨비 고사에서 무형의 도깨비에게 투사한 욕망들의 대부분이 어장의 풍어나 농장의 풍농, 풍요의 기능을 담당함을 확인할 수 있다. 후술하겠지만 강이나 갯벌 바다의 도깨비 고사는 전이지대에 남성화된 생산신으로서의 도깨비를 불러내어 다산과 풍요를 희구히는 의례로 해석할 필요가 있다. 나찰과 야차류의 문시기가 지니고 있는 방망이나 각종 불교 신장들이 들고 있는 방망이로 확대 해석하는 것은 광의적 해석이다. 도깨비에게는 이 두 가지 방망이가 있으니 양의적이고 양가적이라고 말하는 것이다.

독각獨脚이의 외발과 방망이에 대한 해석

도깨비 이야기를 할 때마다 인용해왔던 비형랑 설화가 얼마나 변이되어 전승되었는지 그 폭을 가늠하기는 어렵다. 거듭 밝히지만 『고려사』, 〈이의민조〉의 '두두을豆豆乙'이라는 목매木魅를 문자 그대로 풀이하면 나무도깨비 혹은 나무의 정령이다. 이것은 나무 막대기, 나뭇가지 등으로 분화되기도 하고 특히 몽둥이나 방망이로 전화된다. 금 나와라 뚝딱 버전의 도깨비방망이도 이를 전거 삼는 이본으로 볼 수 있다. 비슷한 유형으로 〈쌀 나오는 죽순 똥 나오는 죽순〉설화가 있다.

"가난하게 사는 형이 설을 앞둔 어느 날 산에 나무를 하러 갔다가 '명절은 다가오는데 부모님은 어찌할꼬'라고 하자, 나무토막이 그 말을 똑같이 흉내 낸다. 형이 이 나무토막을 시장에 가져가 백 냥에 판다. 하지만 구입한 사람에게는 말을 하지 않아 버리게 되는데 형이 이것을 다시 주워 집에 묻어놓자 죽순이 쑥쑥 큰다. 얼마 지나지 않아 죽순에서 쌀이 나와 풍족하게 되었다. 동생이 이 이야기를 듣고 형과 똑같은 나무 조각을 주워 시장에 팔려다 형에게 나무토막을 샀던 사람에게 거짓말 하는 녀석을 만났다고 심하게 두드려 맞는다. 집으로 가져가 묻어 죽순이 자랐지만 쌀이 아니라 똥이 계속 나와 동생은 그 똥에 파묻혀 죽었다."

대립형식의 여러 가지 이야기들이 있지만 생산의 기능을 암시하는 나무토막이 방망이의 다른 버전임을 알아차릴 수 있다.

씨름도깨비 이야기도 크게 다르지 않다. 어떤 사람이 장에 갔다가 술을 한잔하고 고개를 넘어오는데 도깨비가 나타나 씨름을 하자고 조르는 유형이 밤새 씨름을 하여 도깨비를 쓰러뜨리고 허리띠로 나무에 꽁꽁 묶어놨는데 다음날 아침에 가보니 빗자루 몽둥이나 도리깨 막대기들이 묶여있더라는 전형적인 내용이다. 이 경우 왼발이 약한 도깨비여서 왼발을 걷어차 이겼다고도 하고 아예 외발 도깨비로 나타나기도 한다. 외발 도깨비라 해서 여러 문헌들에 '독각귀獨脚鬼'로 기록되어 있다. 빗자루도 몽당빗자루로 표현되기 일쑤고 도리깨도 막대기를 강조해 나타난다. 모두 막대기를 강조하고 있음을 볼 수 있다.

특히 흥미로운 것은 도깨비방망이 설화에 벌칙이 나타난다는 점이다. 신체 일부를 늘여 병신으로 만드는 방식인데 팔다리를 늘이는 경우가 있고 남근을 늘이는 경우가 있다. 무속의례 서울굿 중에서 불사거리에 놓는 방망이떡도 유사한 맥락으로 보인다. 기둥떡으로도 부르는 가래떡인데 남근과 유사하게 만들어 진설하기 때문이다.

남근 신앙과 도깨비방망이

절굿공이로 해석해 왔던 도깨비의 기능을 두 가지로 압축할 수 있다. 하나는 풍어와 다산의 희구 등 생산의 기능이요 다른 하나는 문지기 기능이다. 생산의 기능은 주로 민담류의 도깨비들이 담당했고 문지기 기능은 불교 파생 도깨비들이 담당했다고 볼 수 있다. 이 두 가지를 포회하는 모티프가 남근男根이있다. 즉, 도깨비가 시닌 방방이는 조복과 재액 기능을 하는 한 측면과 응징하고 방어하는 또 한 측면으로 정리된다. 초복은 방아를 찧거나 방망이를 두드리는 행위나 형상으로 재구성되면서 생산과 다산 등의 의미로 확장되었고 생산은 도깨비방망이로 다산은 남근 모티프로 형상화되었다.

아마도 현대인들에게 가장 강한 도깨비 이미지가 도깨비방망이일 것이다. 도깨비방망이는 기본적으로 초복 기능을 갖고 있다. '금 나와라 뚝딱 은 나와라 뚝딱'이라는 언설이 도깨비로부터 비롯되었다는 점 불문가지다.

몽골어와의 비교에서도 보여주듯이 '두두리'는 절굿공이고 지팡이며 작대기다. 절굿공이는 방아를 찧는 상징으로 생산의 의미를 지닌다. 방아를 찧는다는 의미 혹은 방망이를 두드리는 의미가 파생되거나 연관되었음도 살펴보았다.

방아의 행위는 여러 민요나 설화에서 성행위의 한 모티프로 인용되기도 한다. 방아 찧기의 성행위 모티프 또한 다산과 생산의 의미와 연결된다는 점에서 고려할 만한 해석이다. 이것이 남근 모티프와 연결되어 도깨비 자체가 남성성의 이미지로 고착되었을 것이기 때문이다. 전설이든 민담이든 이야기가 전승되어 내려오는 것은 사람들의 욕망을 어떤 방식으로 그

대상물에 투사하는가에 따라 결정된다. 그럴만한 필요가 있기 때문에 이야기를 만들어내고 유포해왔다.

오래된 나무의 정령, 목제 남근의 은유

동해안 삼척 신남마을의 해신당은 남근을 깎아 해신에게 바치는 곳으로 유명한 곳이다. 이 설화를 바탕으로 남근 관련 공원으로 조성되기도 했다. 이외에도 강원도 고성 망개마을, 강릉 강동면 안인진리 등이 있고 조선시대 여러 문헌을 보면 서울지역 '부근당'의 목제남근 봉헌기록들이 있다. 사직신社稷神 의례에 목제남근을 깎아 붉은 칠을 하고 푸른 글씨를 써서 봉납했다는 기록들이다. 붉은색과 푸른색을 어찌 해석하든 간에 음양의 조합과 생식 원리를 강조하는 다산과 풍요, 생산과 번창을 기원하는 것임은 재론의 여지가 없다.

▲ 삼척 신남마을의 해신당안에 걸려있는 나무 남근

▲ 삼척 신남마을의 해신당

부군당은 붉은당, 부강전, 부군묘, 부근당付根堂 등 여러가지 명칭이 있다. 최남선은 『불함문화론』에서 붉은parkan설을 제기하였고 조지훈도 붉신神을 주장하였다. 불, 불두덩, 부삿, 불알(고환) 등 생산을 상징하는 태양신 숭배 전통으로 풀이했으며 이것이 남근 봉안과 관련 있다는 뜻이다. 윤동환의 보고에 의하면, 1970년대 말 황룡사(553년 창건) 출토 유물에서 남근이 나온다. 사실적으로 조각된 남근은 통일신라 시기(7세기 말~8세기 초)에 만든 것으로 추정된다.

남근을 통한 기자祈子신앙 특히 풍요를 바라는 신앙 관념에서 비롯된 것으로 생식 원리를 숭배했던 봉헌체라고 할 수 있다. 음경, 신경, 양경, 양물 등의 호명이 모두 남근의 이칭이다. 속리산 법주사의 '송이놀이'가 목제 남근을 상징한다는 것도 익히 알려진 사실이다. 송이松栮의 형상이 남근과 같기 때문이다. 강성복의 조사에 따르면, 섣달그믐에 승려들이 모여 큰 모임을 갖고 제사를 지내며 나무방망이로 남자의 성기를 만들어 붉은 칠을 하고 지역 사람들이 함께 모여 잔치를 벌였다. 매년 설날 신자들이 목제 남근을 깎아 산정 신당에 봉납하는 풍습도 거론된다. 문화원 등에서 복원하기도 했지만 현대인들이 지레 기피하기 때문에 더 이상 회자되거나 기록 자체를 피하게 되었다. 전국에 산재한 남근석이나 기자신앙 또한 이와 크게 다르지 않다. 오래된 나무의 정령이 목재나 석재로만 나타나는 것은 아니다. 각양의 변이형들을 추정할 수 있기 때문이다.

허깨비에서 허수아비까지

도깨비를 이르는 다른 말 중에 허깨비가 있다. 허수아비의 이칭이기도 한데 이는 허숭아비, 허시아비, 허제비, 허사비, 허아비라고도 한다. 허깨비는 헛개비와 혼용한다. 보통 기가 허하여 착각이 일어나는데 없는데 있는 것처럼 또는 다른 것처럼 보이는 물체를 이를 때 사용하는 말이다. 전라도에서는 '허떠깨비' 혹은 '헛것'이라 한다. 도깨비를 헛것으로 보는 인식과 유사함을 알 수 있다. '허체비'도 동일한 맥락에서 사용하는 용어다. '헛것불'은 도깨비불 혹은 혼불을 이르는 다른 말이기도 하다. 실제로는 없으나 착각하여 마치 직접 본 것처럼 나타나는 불이라는 뜻인데, 마을 동산에서 웅성웅성하는 소리가 들리거나 도깨비불이 쏜살같이 지나가면 도깨비들의 소행이라고 하는 이유가 여기에 있다. 때로는 생각한 것보다 무게가 아주 가벼운 물건을 뜻하기도 한다. 겉보기와는 달리 신체적으로나 정신적으로 몹시 허약한 사람을 비유하는 말로도 쓰인다.

우스개 같은 질문이 있다. 그런데 허수는 왜 아비만 있을까? 허수어미도 있을 법한데 말이다. 허깨비, 허재비, 허수아비 등의 언설 속에는 항상 남성성이 전제되어 있는 것으로 보인다. 그 증거로 바닷가의 무속에서 사용하는 허수아비 즉 제웅의 형태를 들 수 있다. 비대칭적으로 남근을 크게 만들기 때문이다. 해신이 여신이기 때문에 남근을 크게 한다는 속설이 있고 동해 삼척 해랑당의 남근 바치기처럼 여신과의 관련성을 내세우기도 하지만 그것만으로 온전한 해석을 했다고 할 수 없다. 그러기에는 너무도 많은 남근과 성관련 속설들이 방대히기 때문이다.

허수아비 곧 제웅은 '조롱'과 연결된다. 조롱은 호롱박의 형태에서 온 말이기는 하지만 연말연시의 풍속 중 하나이기도 했다. 어린아이들이 액막이로 끈이나 옷끈에 차는 물건을 말한다. 나무로 밤톨만 하게 호리병 모양을 만들어 붉은 물을 들이고 그 허리에 끈을 매어 끝에 엽전을 단 형태다. 동짓날부터 차고 다니다가 이듬해 음력 정월 열 나흗날 밤에 제웅(허수아비)을 가지러 다니는 아이들에게 던져준다. 여자아이가 차는 것을 '서캐조롱'이라고 하고 남자아이가 차는 것을 '말조롱'이라 했다. 이것이 제웅치기다. 한자말로는 타추희打芻戲다. 나후직성羅睺直星(사람의 나이에 따라 그 운명을 맡고 있는 9개의 별 중 하나)은 삼재三災와 관련되어 있다. 악성惡星인 나후직성을 상징하는 짚 인형을 만들고 그 머리에 동전을 넣어 대보름 전야에 길에 버린다. 가난한 집 아이들이 그 머리를 다투어 부수어 동전을 꺼내고 허수아비 몸뚱이를 땅에 두드리며 논다. 강원도에서는 '허수아비 버리기', 제주에서는 '도채비(도깨비)방쉬'라 하고 남도지역에서는 '허두새 버리기'라고 한다. 제웅(허수아비)은 무속의례에서도 활용되고 도서 해안지역에서는 일명 띠뱃놀이로도 활용된다.

주목할 것은 남근만 있는 것이 아니라는 점이다. 다산, 풍요의 기원에는 남성의 성기뿐만 아니라 여근이 강조되는 예도 수없이 많다. 무덤의 부장품으로 쓰였던 신라의 토우도 비대칭적으로 강조된 성기들, 성교합, 성애 등을 표현하고 있다. 『삼국유사』 지철로왕조에, 배필을 구할 때 음경의 크기를 선택 기준으로 삼았다는 내용도 남근과 관련된다. 1976년 경주 안압지 발굴조사에서는 소나무 목재로 된 모조남근이 발견되기도 했다. 삼한시대의 소도蘇塗에 세운 나무장대를 목재 남근의 상징물로 해석하기도 한다. 부군당符君堂을 남근과 같은 부근夫根으로 해석하는 것도 이런 맥락이다.

1984년 예를 들어 『나국의 성신앙 현지조사』(이종철, 국립광주박물관, 1984)에 의하면 전남북 130개소의 성기암석자료 중 남성 관련 유적이 37개소, 여성 관련이 28개소, 남녀병존이 8개소, 기타 57개소였다. 도깨비방망이를 해석함에 있어 남근의 사례가 많긴 하지만 오로지 남근으로만 해석해서는 안 될 이유들이기도 하다.

2. 도깨비감투와 호랑이 눈썹

도깨비감투

사람의 몸에 붙이면 형체가 보이지 않게 되는 신비한 감투가 도깨비감투다. 이 유형의 설화는 서양의 '요술 모자'와 같은 구성을 가지고 있기 때문에 우리나라에만 특화되어 있는 것은 아니다. 맥락으로 보자면 전 세계가 공유하는 광포 설화라고 할 수 있다. 어떤 사람이 신통한 능력을 가진 도깨비감투를 우연히 얻었다. 감투를 쓰면 자신의 모습을 감출 수 있다는 것을 알게 된 주인공이 마을 이곳저곳을 다니며 남의 물건을 훔치기 시작하였다. 어느 날 행인의 담뱃불에 그만 도깨비감투의 한 부분이 타버렸다. 아내가 그 부분을 빨간 천으로 기워주자 다시 도깨비감투를 쓰고 남의 물건을 훔치러 다녔다. 마을 사람들은 빨간 천 조각이 지나가면 물건이 사라진다는 것을 깨닫고 그것이 나타나기만을 기다렸다. 드디어 빨간 천 조각이 나타나자 사람들이 한꺼번에 덮쳐 감투를 벗기고 주인공을 실컷 때렸다는 것이 대강의 내용이다. 임동권이 정리한 '도깨비등거리' 이야기가 전형적이다. 감투 외에도 몸에 걸치는 등거리나 풀잎으로 나타나는 사례도 있다. 감투의 기능을 중시하여 능통能通감투라고도 한다. 형제간의 선악대립을 담은 모방담의 구조로 전개되기도 한다.

호랑이 눈썹

이와 상반된 것처럼 보이는 이야기가 호랑이 눈썹 설화다. 도깨비감투가 나를 숨겨 대상을 훔쳐보는 욕망의 투영이라면 호랑이 눈썹은 호랑이의 눈처럼 밝는 혜안을 가지고 대상의 본질을 뚫어본다는 욕망의 투사다. 옛날에 어떤 남자가 결혼해서 사는데 하는 일마다 풀리지 않았다. 남자는 차라리 호랑이에게 잡아먹히겠다고 결심하고 산으로 올라갔다. 호랑이가 남자에게 눈썹을 하나 뽑아주면서 그걸 대고 사람들을 살펴보면 전생의 모습이 보일 거라고 했다. 남자가 눈썹을 대고 살펴보니 많은 이들이 사람이 아닌 동물로 보였다. 자기 부부를 보니 자신은 본래 사람이고 아내는 암탉이어서 일이 그렇게 안 풀린 것이었다. 마침 집에 어느 부부가 손님으로 들었는데 눈썹을 대고 살펴보니 남자는 수탉이고 여자는 사람이었다. 그 부부 또한 되는 일이 없던 터라, 두 부부는 상의 끝에 서로 짝을 바꾸어 살기로 하였다. 짝을 바꾼 뒤로 남자는 하는 일마다 잘 되어 큰 부자가 되었다. 나중에 보니 전 아내의 부부도 부자가 되어 잘 살고 있었다는 것이 대강의 내용이다. 여러 이본들이 있는데 동물은 닭 외에 개, 돼지, 너구리, 소 등으로 그려진다.

도깨비방망이와 주보

또 다른 사례는 주보설화呪寶說話 속의 도깨비방망이나 도깨비감투다. 도깨비방망이나 도깨비감투에 투영한 사람들의 욕망은 엄청난 재화를 의미하지 않는다. 오히려 소박하고 일상적인 욕망들, 때때로 남들과 비교해 경제적 재화를 달성하는 풍경으로 묘사된다. 주보설화의 보물들은 그릇, 구슬, 뚝배기, 도깨비방망이, 도깨비감투, 연적, 맷돌, 바위, 나무토막, 자막대기, 비늘, 반지 등 셀 수 없을 만큼 다채로운 물건의 모습으로 나타난다. 보물로서의 '드문/귀한', '보배로운'이라는 가치를 감별하고 평가하는 자질이 아니라 오히려 '흔한/헐한', '예사로운'과 같은 물건의 자질범주에 더 가깝다.[73] 일확천금의 획득이 아니라 주어진 환경에 대응하는 소소한 복락의 획득이 도깨비에 투사한 욕망이라고 할 수 있다.

도깨비의 주요한 유형 세 가지만 고르라면 첫째가 불이요, 둘째가 방망이며, 셋째가 도깨비감투다. 설화 속에서의 도깨비감투 주인공이 주로 남의 생필품이나 음식을 훔치는 등 소소한 물품에 국한되는 것은 서민들의 보상적 욕구가 그만큼 서민적이라는 뜻이다.

강은해는 도깨비방망이의 다른 각편이 도깨비감투라는 점을 주장한다. 투명인간이 되고 싶다는 변신에 대한 적극적 욕망은 도깨비방망이에 투영된 재화 희구 등의 욕망과 같다는 뜻이다. 호랑이 눈썹 설화에서 부부간의 문제를 소재 삼은 것처럼 남들이 보지 못하는 실체 혹은 본질을 규명한다는 점에서 전자의 설화들과 궤를 달리한다. 하지만 스스로의 욕망을 탑재하거나 드러낸다는 점에서는 더불어 살필 수 있는 소재다.

소확행의 욕망 투사

　　　어두운 덤불, 오랜 고목, 지하, 혹은 바다와 관계된 음陰의 귀鬼인 도깨비의 초자연적 변신력, 창조와 파괴를 마음대로 행사하며, 인간을 홀리게 하는 누미노제(순수하게 비합리적이고 종교적인 의미에서의 성스러움을 이르는 말)의 강력한 암시력, 요란한 소리와 날아드는 불덩이로 출현하여 사람들을 놀라게 할 뿐 아니라 일상생활의 질서를 송두리째 뒤엎어 버리는 괴력은 인간무의식의 심층에서 배열되어 활성화된 원형적, 자율적 콤플렉스들이 자아의식을 자극하는 심리적 상황과 비슷하다.[74] 하지만 도깨비의 어두운 덤불, 지하, 바다와 관계된 음陰의 속성들은 생각하는 것만큼 어둡거나 부정적이지만은 않다. 마치 밤이 있어 낮이 있는 이치와 같고 주변부가 있어 중앙부가 존립하는 것과 같다. 마을숲과 늪이 그리고 갯벌이 전이지대로서 중요한 이유가 여기에 있고, 크고 영험한 신격이 아니라 작고 보잘것없는 그러나 일상적으로 부탁할 수 있는 친구 같은 존재로 사람들 곁에 출현하는 이유이기도 하다.

　도깨비에 대한 양가적 감정, 도깨비를 떼어버리고자 하는 시도에 관한 이야기들이 집단무의식에 대한 자아의식의 태도와 집단무의식에 의한 오염의 위험성, 무의식의 원형층의 의식과의 분리를 상징적으로 반영하고 있다는 해석은 유효하다. 하지만 역사 이래 다양한 방면에서 생성 변화되어 왔기 때문에 양가적인 것은 물론이고 매우 멀티플한 기능을 하게 되었다는 점을 주목해야 한다. 귀에 걸면 귀걸이 코에 걸면 코걸이다. 그만큼 제약 없고 부담 없이 인간의 욕망을 투사할 수 있는 가벼운 존재들이다. 함부로 씨름을 걸 수도 있고 농담을 할 수도 있으며 때때로 속임수를 쓸 수도 있다. 정격화 된 신이 아니기 때문에 접근하기가 쉽다. 하지만 일상적이지 않다. 돌발적이기 때문에 당황스럽기도 하고 기발하기 때문에 놀라울 수밖에 없다. 우연을 가장하지만 뻔히 아는 거짓말이라 속이 들여다보인다. 잘나지도 않았고 잘 생기지도 않은 그저 그런 친구 같은 존재다. 한마디로 말하면 소확행(작지만 확실한 행복)의 욕망 투사물이 도깨비라고 할 수 있다.

3. 도깨비방망이의 출처

'도깨비'는 '절굿공이'에서 온 말인가?

이제 우리는 왜 도깨비가 방망이를 들고 있는지 결론을 내릴 만큼 다양한 논의를 시도했다. 목랑 설화를 해석하는 대부분의 학자들이 절굿공이(저杵)를 주장한다는 점 살펴봤다. 지역에 따라서 도곳대, 도굿대, 절굿대, 둥둥방망이 혹은 용저春杵, 동저銅杵 등으로도 불린다. 저杵에는 공이라는 뜻 외에 다듬잇방망이의 뜻도 있고 방패라는 뜻도 있다.

절구와 공이는 음양의 원리와도 같다. 예로부터 곡식을 빻을 때 사용하는 도구라 음식, 재화, 복락, 행복 등의 개념과 붙어 다닌다. 용저는 절굿공이의 한자말이니 절

▲ 절굿공이

구에 곡식 따위를 빻거나 찧거나 할 때에 쓰는 공이라는 뜻이다. 나무, 돌, 쇠 따위로 만든다 하였다. 동저는 쇠로 만든 절굿공이니 불교 도깨비들이 들고 있는 철퇴나 삼지창 칼 따위로 해석할 수 있다. 앞의 방망이는 금은보화를 갖다주는 재화의 방망이고 뒤의 방망이는 나쁜 마음이나 나쁜 행동을 했을 때 혼내주는 응징의 방망이다. 도깨비를 악신과 선신 중 어떤 방향에서 접근하는가에 따라 이 방망이의 효용도 달라지는 셈이다.

그렇다면 절굿공이가 주요 기능이면 도깨비의 어원이나 기능을 기왕의 해석대로 '돗구+아비'로 풀어야 할까? 이를 설명하기 위해서는 다시 도깨비의 어원 설화로 돌아가야만 한다. 앞서 설명한 예들을 참고하여 도깨비들이 들고 다니는 방망이가 무엇인지 다시 주목해본다. 고어사전에서 도깨비를 독갑이, 돗가비나 여우도깨비狐魅로 표현한다는 점 확인했다.

〈만언사답〉에 나오는 "두억신 되시려나 독갑이 되시려나"라는 내용 등을 근거로 들었다. 이때의 독갑 혹은 '독갑이'를 귀화鬼火라 했다. 도깨비의 주요 키워드 중 하나가 불이기 때문에 일리 있는 해석이다. 박은용 등이 주장하였던바, 『삼국유사』 등에 등장하는 신라의 두두리豆豆里, 豆豆乙, 목랑木郎이 오늘날 도깨비와 같은 말이고 그 어원은 절굿공이에서 비롯되었다는 주장들이다. 양곡을 생산하는 능력을 가진 절굿공이를 숭배하는 원시신앙이 파생되어 도깨비 신앙으로 변하고 이것의 일부는 도깨비 방망이의 재물 생산능력으로 발전하였다는 것이다.

절굿공이가 남성 상징이기 때문에 도깨비는 대부분 방망이를 들거나 빗자루, 부지깽이 등 방망이 자체의 캐릭터로 나타난다. 대부분의 도깨비들 중 여자나 노인네老翁 혹은 소유아가 적은 이유를 들어 이를 주장한다.

이를 통해서 보면 절굿공이가 도깨비와 관련된다는 점은 어렵지 않게 인정된다. 문제는 이를 해석하는 방식이다.

'도깨비'라는 호명 자체를 '목랑' 곧 '돗구+아비'로 해석해왔기 때문이다. 이 해석이 확장되니 '싸울아비'로 해석되고 이 흐름들이 한동안 영화나 애니메이션, 게임 등에서 활용되어 왔던 것이다. 도깨비의 어원이 과연 돗구아비일까? 현재까지 큰 이견 없이 수용되어 온 도깨비 어원에 대한 이 해석을 여전히 수용해야만 할까.

힌두교에서 불교로, 나찰의 방망이

▲ 통도사 비로암 지장탱 방망이를 들고 있는 모습

　　　박기용의 연구를 앞에서 인용하였다. 좀 더 인용하면 야차와 나찰은 쿠베라kubera와 함께 B.C 15~B.C 5세기에 걸쳐 베다 경전과 서사시 마하바르따, 라마야나 등에 수용되어 베다 시대, 브라흐만 시대, 힌두 시대를 거쳐 불교 시대의 신격으로 수용되었다. 쿠베라, 야차, 나찰의 캐릭터 중 사람을 부자가 되게 하는 능력, 자유자재로 이동하고 변신하며, 선신과 악신의 기능을 가진 남성으로서 방망이를 가졌다는 점이 불교에서 그대로 승계되었다는 것이다. 우리가 말하는 도깨비방망이를 추적할 수 있는 근거가 된다는 점에서 주목할 만한 해석이기도 하다. 설화의 풍토화 법칙에 따라 부富의 수호신이 불법 수호의 신으로 바뀌고 복식과 형상이 불교화 되었으며 거처가 숲, 궁궐에서 사천왕천으로 변했다고 한다. 그래서 불교 설화 도깨비의 기원은 인도 경전에 나타나는 쿠베라, 야차, 나찰이라고 주장한다. 형상 면에서는 야차, 도깨비불, 소머리 나찰, 사람 형상 등으로 나타나는 점이 동일하지만 인도 불교 설화에서는 주로 야차와 나찰 모습으로, 중국 불교설화에서는 주로 변신한 사람의 모습, 괴물의 모습으로 나타나는 이유가 여기에 있다. 불교설화에서 도깨비에 해당하는 쿠베라, 야차와 나찰의 캐릭터는 인도 고유의 정령 사상과 자연현상을 의인화하면서 생겨났다.

위 설명대로 나찰은 본래 불교를 통해 유입된 초기 힌두교의 대표적인 귀신의 무리들인데 귀신이나 도깨비의 이미지로 거론되는 캐릭터다. 힌두교 브라흐마의 발에서 출생했다. 제물을 어지럽히거나 무덤을 파헤치기도 하고 수도승이나 사람을 현혹시킨다. 손톱에서 나오는 독으로 음식을 상하게 한다. 자꾸 모양을 바꾸어 환각에 빠지게 하는 등 마법을 부리는 변신술의 귀재로 나타난다. 이런 성격을 들어 나찰이 우리의 도깨비에 가깝다고 해석하는 경향도 있지만 야차의 성격은 좀 다르다. 이들은 주로 지옥에 대한 묘사에서 자주 만나게 되는 캐릭터다. 나찰은 야차와 함께 사천왕 중 다문천왕의 부하로 알려져 있다. 야차와 함께 지옥에서 죄인들의 형벌을 담당하는데 잔혹하게 고문하는 임무를 맡고 있기 때문인지 매우 추악한 형상을 하고 있다. 나찰사, 낙찰사, 포악이라고도 한다. 만사에 통달한 신묘한 힘으로 사람들을 속이고 매료시켜서 잡아먹는다. 악귀 나찰이라는 이름이 그래서 나왔다. 힌두교에서 불교로 전이되면서 십이천의 하나가 되어 남서방위를 지키는 역할을 하게 된다.

▲ 히말라야에서 내려온 도깨비들. 우리의 마당밟기처럼 도심을 순회한다.

쿠베라가 변한 야차도 도깨비방망이를 들었나

불교에서 야차의 왕은 북방 다문천왕을 달리 부르는 비사문천왕이라고 한다. 원래 비사문천왕은 인도 신화에 나오는 재물과 보화의 신인 쿠베라가 변용된 것이라는데 이것이 우리의 도깨비신앙과 연계되는 것일까?

여래학술총서 『힌두교』에서는 쿠베라를 이렇게 설명한다.

"쿠베라는 바이쉬라바나라고도 한다. 간다르바乾達婆, 야크샤夜叉, 바라바羅刹의 왕이다.

히말라야 산에 살며 부인으로는 야크샤, 차르비 또는 카우벨 리가 있다.

지금은 부귀와 재물을 관장한다. 가네샤와 마찬가지로 민간에서 신앙되고 있다. 모습은 큰북처럼 배가 불룩나와 보기 흉하고, 손에는 돈지갑과 곤봉을 든 거북 또는 사람이 탄 모습으로 묘사되어 있어 사람들에게 친숙하다."

이매망량이나 야차 나찰이 모두 도깨비와 직간접적인 관련을 갖고 있음을 살펴보았지만, 특히 불교설화에 등장하는 도깨비는 야차라고 볼 수 있다. 야차는 숲이나 나무에 사는 정령이다. 도깨비처럼 형상을 드러내지 않지만 초자연적인 힘을 갖고 있는 존재로 나타난다. 쿠베라에서 왔으니 재복의 신이고 자비심이 많겠지만 공양하지 않는 사람에게는 무섭게 나타나기도 한다. 힌두교에서 불교로 전이되면서 부처의 교화를 받고 불법을 수호하는 수문장으로 변화한다.

『대방등대집경』에 따르면 십이신장이 밤과 낮을 가리지 않고 이 세상을 감시하는데 이 십이신장을 12야차 대장이라고도 부른다. 야차가 신장이라는 뜻이다. 강진 사문안 퇴동마을 도깨비바위의 도깨비들이 야차나 적어도 나찰임을 알 수 있게 해주는 대목이다. 어쨌든 쿠베라에서 야차로 변한 도깨비가 든 곤봉이 도깨비방망이의 역할을 한다고 볼 수 있고 우리 민담의 재화, 복락의 도깨비 성격과 매우 흡사하다는 점 체크해둔다.

지금까지 방망이로 해석되는 돗구아비와 불교의 방망이를 점검하였다. 남성성 곧 남근으로 해석하고 도깨비가 주로 남성격임을 주장해온 전거들이다. 이 정보를 좀 더 세밀하게 보기 위해 우리는 불이 아닌 물의 정령, 물아래방망이 김서방 이야기로 옮겨가야만 한다.

06

도깨비고사,
갯벌로 간 김서방

1. 물아래 김서방, 갯벌의 진서방

도깨비가 갯벌과 늪에서 서식하는 이유

　　　　　　이익은 그의 책 『성호사설』에서 도깨비를 김씨라 했다. 『삼국유사』의 전거를 인용한 것이다. 일본인 우스다 잔운薄田斬雲도 이를 받아 도깨비의 성이 김씨라 했다. 우선 갯벌의 김씨를 광범위하게 살펴보자. 갯벌의 도깨비를 호명할 때 '물아래 김서방'이라 한다. 아니 그에 앞서 서해와 남해를 관통하는 갯벌어업에 왜 도깨비들이 광범위하게 출현하게 되었을까? 용왕 등 더 권위 있고 능력 좋은 신들이 많이 있는데도 말이다. 아마도 큰 선박을 가지고 원해에 나가 조업하거나 적어도 근해에 이르는 어업은 보다 권위 있고 힘 있는 신격들이 필요했을 것이다. 그래서 용왕이나 해신 등의 신격들이 유효했겠다. 하지만 연안 근해의 어업 특히 서해와 남해를 관통하는 갯벌어업에는 그렇게 큰 권위가 필요하지도 않고 큰 능력이 필요하지도 않았을 것이다. 그저 사람들과 동격이거나 하위직 공무원 정도라면 부릴만한 신격이라고 생각했을 수도 있다. 도깨비 신들이 서해에서 남해 연안지역 전반에 걸쳐 그것도 연안과 강역의 갯벌 어업에 집중적으로 나타나는 이유가 여기 있지 않을까?

　　도깨비고사나 어장고사, 마을제사의 마지막 단계인 하당제나 갯제를 연구한 학자들이 이구동성 발견한 대목이기도 하다. 어장의 도깨비 출현은 정확하게 갯벌어업에 포섭되어 있다. 지금은 북한 땅이라 갈 수 없지만 황해 연안에서 서해, 서남해, 남해로 이어지는 갯벌지역과 어장 도깨비의 분포가 거의 일치한다. 이것이 충청도에서 전남북의 호남 연안지역에 어장 도깨비담 채록이 가장 많은 이유를 설명해 줄 수 있다. 금강, 영산강,

섬진강 유역의 강과 늪지에서 이들 도깨비들이 집중적으로 출현하는 이유이기도 하다. 특히 물아래 '진서방' 혹은 물아래 '김서방' 등으로 호명되는 이유들을 여기서 찾아볼 수 있다. 조간대의 바다, 늪이나 계곡의 강물에서 서식하는 존재들이기 때문이다. 바닷물을 솥에 끓여서 만드는 소금 자염煮鹽이나 연안 하구를 끼고 있는 강에서 도깨비 출현이 잦은 이유도 여기에 있다.

높은 산 깊은 계곡이 아닌 마을숲과 늪에서

갯벌을 마을숲으로 바꾸어도 맥락은 비슷하다. 높고 깊은 산에 사는 산신이나 영험 많은 신격들을 동원하지 않기 때문이다. 그저 사람들에게 씨름을 걸어오거나 때로는 혹을 달고 오기도 하고 돌무더기를 던지거나 과부들에게 장난질을 일삼는 조금은 괴팍스럽고 조금은 흐리멍덩한 존재로 그려질 뿐이다. 직위나 권위가 사람들과 다를 바 없으니 부담 없이 심부름을 시킬 수도 있고 씨름하다 나무에 묶어둘 수도 있다. 또 이 도깨비들은 왼 다리가 약해서 왼발만 걸어차면 자꾸 작아진다. 사람들 누구나가 거뜬히 이길 수 있는 존재다. 때때로 부잣집에 불을 지르거나 처녀에게 임신을 시키기도 한다. 사회적으로 물의를 일으키는 행위지만 어떤 시대는 도깨비를 핑계 삼아 이 사건들을 회피했다. 사람들이 충분히 응징할 수 있고 다룰 수 있는 존재다. 그만한 크기와 범주를 벗어나지 않는다. 따라서 과거에 합격시켜달라거나 큰일을 해달라고 비는 신격이 아니다. 밥을 배불리 먹게 해주거나 작은 물건들을 얻어주는 소소한 욕망들을 충족해 주는 그야말로 소박한 신격일 뿐이다.

그래서일 것이다. 높고 먼 산꼭대기나 계곡에 살 필요가 없다. 이들 도깨비들은 언제나 마을숲이나 늪이나 우실 따위의 사람들 주변에서 서식한다. 마을의 어느 귀퉁이, 작은 웅덩이가 있는 곳, 오래되어 쓰러진 집이나 빈집, 응달이 많아 사람들 발길이 적은 음지, 혹은 야트막한 마을 언덕에 서식한다. 그러다 밤이 되면 혼불이 되어 마을 이곳저곳을 날아다니기도 하고 어린이들 놀라게 깜짝 등장하기도 한다.

주변부에 살며 하위직 벼슬조차 벗어던진 도깨비들

　　　　　　　이 도깨비들은 걸을 때 뽕뽕 소리를 낸다. 갯벌이나 늪에서 살기 때문이다. 누구라도 도깨비들이 왔다 간다는 것을 알아챌 수 있다. 이런저런 장난을 걸어오기 일쑤다. 이들이 하위직 공무원급인 참봉에서부터 생원으로 혹은 영감으로 그리고 서방으로 호명되는 것은 사람들과의 이런 친연성 때문이다. 불교 도깨비들이 악업을 담당하여 나쁜 마음과 나쁜 행위를 응징하는 것과는 매우 대조적이다. 부담 없이 일을 시킬 수도 있고 아무 제약 없이 만날 수도 있다. 물론 도깨비와의 만남이 일상적인 것은 아니다. 소소한 성격이면서도 매우 돌발적이고 돌출된 행동을 한다. 이들이 가지고 있는 도깨비방망이가 그 역할을 한다.

　　도깨비방망이가 가진 두 가지의 기능에 대해 여러 차례 강조했다. 하나는 불교 도깨비에서 보여주듯 사찰이나 마을을 지키고 보호하는 문지기역이다. 이런 역할 때문에 눈을 부라리거나 짐승의 형상을 띠기도 한다. 나찰이나 치우의 형상을 도깨비로 인식하는 이유일 것이다. 하지만 민담류의 도깨비들은 그런 험악한 형상을 가질 필요가 없다. 오히려 사람들이 쓰고 버린 빗자루나 부지깽이 같은 물건의 형상으로 나타난다. 하찮은 신격이고 아무 부담 없는 존재라는 의미다. 금 나와라 뚝딱 은 나와라 뚝딱! 이 방망이를 통해 소소한 재화의 욕망들을 채워주는 존재들이다.

갯벌어장에서 도깨비들은 해조류, 굴 양식, 갯벌 어로를 도와주거나 풍어를 도와주기도 하고 때로는 소소한 명분으로 쫓겨나기도 한다. 참봉과 생원, 제주도 도깨비 영감, 서남해 갯벌지역 김서방의 호명들은 대개 이런 관념과 인식에서 나왔다. 부담 없이 용무를 얘기할 수 있고 경우에 따라서는 명령을 내릴 수도 있다. 여기에 중요한 포인트가 있다. 참봉, 생원 등 하위직 벼슬로 불리는 것조차 벗어던지고 영감이나 서방으로 호명되는, 즉 평범한 인간과 하등 다를 바 없는 직위와 수준을 도깨비가 갖고 있다는 점이다. 여기에 어장漁場도깨비로 호명되는 물아래 김서방의 정체가 있다.

물아래 '김서방'과 물아래 '진서방'

김해 김씨? 광산 김씨? 이렇게 호명하면 해당 성씨들이 화를 낼지도 모른다. 우리 조상이 도깨비냐고 항의할 것이기 때문이다. 이익의 『성호사설』에는 도깨비가 사람 흉내를 내고 사람과 잘 어울리는데 그 정체가 빗자루나 절구공이라 했다. 특히 자기들을 김씨라 한다 했다.

도깨비의 시원으로 호명하는 비형랑의 아버지는 영혼으로 와서 도화부인에게 가임시킨 진지왕 즉 김씨이다. 그래서 김씨일까? 하고많은 연안의 갯벌어로 지역의 도깨비고사에서 이구동성으로 '물 아래 김서방'을 외치는데도 김씨들이 화를 낸 적이 없다. 왜일까? 물아래 김서방의 김씨를 진지왕의 김씨나 여타 성씨의 김씨라고 해석하지 않기 때문이다. 위 기록들은 도깨비의 정체가 어느 정도 고착된 이후 사람들에 불려 졌을 호명을 단순 해석한 것은 아닐까?

참봉이니 생원이니 하는 호명들도 사실은 같은 맥락이다. 특히 전라도

지역에서는 거의 대부분이 '물아래 김서방'으로 호명한다. 웃고 넘어가기에는 마을 어장의 중심 제사라는 비중이 높다. 비중이 높지 않을지라도 소소한 갯벌이나 강가의 어살어업이라는 중요함이 있다. 보성 벌교 대포리의 경우 비록 뼈일지라도 소 한 마리 분량으로 은유되는 뼈를 도깨비에게 바친다는 공력을 주목해봐야 한다. 이런 양상은 어느 마을 하나에 국한되지 않은 갯벌어로 지역이 공유하고 있는 일반적인 현상이다.

개화된 현재까지도 도깨비고사를 지내는 마을들이 존재하는 것을 보면 그 신앙심 혹은 관념들이 매우 깊다. 그 이유와 단서를 찾아본들 원형이 나올리 만무하다. 김해 김씨든 경주 김씨든 성씨를 부르는 것이 아닐 수 있다는 점을 전제로 해야 문제가 풀린다. 현장 취재를 나가 자세히 들어봐도 물아래 김서방을 부르는 것인지 물 아래 진서방을 부르는 것인지 헷갈린다. 더구나 진사와 생원, 참봉 등으로 지역마다 부르는 호칭이 달리 나타난다.

물아래 긴 물건이 무엇일까?

또 하나의 해석은 '질~다'의 구개음화 관련이다. 성씨로서의 '김'이 아니라 '진:서방' 즉 '긴(길다는 뜻)~서방'으로 풀이할 수 있다. 갯벌어장의 김서방 출현 빈도수가 가장 많은 전라도 지역에서 특히 이 구개음화 발음이 많다는 점을 주목해야 한다. '질:다'는 잇닿아 있는 물체의 두 끝이 서로 멀다는, 혹은 이어지는 시간상의 한때에서 다른 때까지의 동안이 오래된다는 '길:다'의 구개음화현상으로 읽을 수 있다. 뭐가 '질:다'는 것일까? '질:다'에는 밥이나 반죽 따위가 되지(물기가 없다는 뜻) 아니 하고 물기가 많다는 뜻도 있다. 따라서 김서방이 서식하는 곳이니 응당 추적추적한 땅의 의미로 진서방으로 호명했을 것이라는 추정을 해볼 수 있다.

따라서 두 가지 해석을 내릴 수 있다. 하나는 『삼국유사』〈비형랑조〉의 비형 아버지 진지왕을 부른다는 견해, 다른 하나는 어떤 '긴~' 것을 구개음화가 반영된 '진:'으로 불렀을 것이라는 견해다. 여기서 나는 후자의 설을 제안한다. '물 아래 김서방'은 '물 아래 진서방'의 와음이자 구개음화 현상의 하나다. 길을 '질'로 발음하는 용례와 같다. '기름'을 '지름'으로 호명하는 예를 참고하면 이해할 수 있다. '길~다'를 '질~다'로 발음하는 용례들도 마찬가지다. 예컨대 전라도 지역에서는 씻김굿의 '길닦음'거리를 '질닦음'이라고 한다. 정초의 농악 즉 매구굿의 '길굿'을 '질굿'이라고 한다. 남도들노래의 '길꼬냉이'를 '질꼬냉이'라고 한다. 구개음口蓋音이 아닌 자음이, 뒤에 오는 'ㅣ' 등의 영향을 받아 구개음으로 바뀌는 현상이다. 용례를 열거하려면 한도 끝도 없다. 그런데 '진서방'을 표준말에 가깝게 '김서방'으로 호명했을까? 오히려 반대 아닐까? 김서방은 '진~서방' 즉 어떤 대상이 '길:다'는 함의의 호명 아닐까? 이제 우리는 갯벌의 도깨비를 부르는 '물아래 진서방'의 실체에 대해 좀 더 접근하게 되었다. 무엇이 길다는 말일까? 바로 남근男根이다.

은유된 남근은 마을 어귀의 입석立石이나 미륵돌, 도깨비가 들고 다니는 방망이 등 다양한 형태로 치환된다. 표상의 환경이나 방식이 다를 뿐 음양의 교접에 의한 풍요와 다산, 풍어 등을 기원하는 일종의 기호라는 점은 동일하다. 마을 입석이 왜 남근의 은유일까? 대부분의 마을에서 정초에 줄다리기를 한다. 놀이인 듯싶지만 줄다리기 또한 의례다. 이 의식은 대부분 줄을 입석에 감아두는 것으로 마무리된다. 정초 한 해를 음과 양의 교접으로 시작하는 의미다. 동남아시아의 혹부리영감 이야기의 혹 마저도 나는 남근 메타포로 읽고 있다. 혹부리영감의 혹이 도깨비방망이의 다른 표현이라는 뜻이다. 도깨비가 뿔을 달고 방망이를 든 이유, 여성격이 강한 귀신에 비해 주로 남성격으로 독해되는 도깨비에 대한 해석인 셈이다. 이 해석은 강 어로를 포함한 갯벌 어로 지역에 출몰하고 서식하는 도깨비를『삼국유사』에서 언급한 김씨라는 호명을 포함하여 주로 김씨로 호명하는가에 대한 답을 제시할 수 있다.

문제는 김씨 뿐 만이 아니라 참봉이니 생원이니 따위의 하급 벼슬 이름으로도 부르다는 점이다. 성씨는 김씨인데 그의 벼슬을 부르는 방식이라고 해석할 수 있을까? 이를 지극한 나무의 정령이라는 애니미즘적 관점과 도깨비의 주요 출몰지인 마을숲과 힌두교까지 거슬러 올라가는 도깨비방망이의 출처를 포괄하는 컨텍스트적 맥락으로 풀어낼 수 있을까?

참봉이니 생원이니 영감이니 따위의 전라도 이외 지역에서의 갯벌어로 도깨비에 대한 호명을 해석할 수 있는 근거는 도깨비방망이에 있다. 여성 격의 호명이 아닌 가까이 근접할 수 있는 캐릭터들이기 때문이다. 이 해석은 도깨비가 왜 방망이를 들고 등장하는지, 특히 길쭉한 빗자루나 부지깽이류의 목근木根으로 등장하는지에 대한 해명으로 이어진다. 도깨비의 시원으로 주장해왔던 목랑木郎(두두리)을 절굿공이 혹은 방망이로 해석하는 이유와 크게 다르지 않다.

2. 김씨에서 참봉과 생원으로

도깨비고사, 전남 보성 벌교 대포리의 물아래 김서방

서남해 해안지역, 마을에서 가장 큰 제사인 당제堂祭를 지낼 자정 무렵이다. 이른바 상당제上堂祭와 하당제下堂祭를 지내고 난 마지막 의례다. 짚으로 얼기설기 만든 거적때기에 소뼈를 부위별로 동여서 담고 개펄로 나간다. 일부의 소뼈지만 소 한 마리를 의미한다. '대신맥이'다. 무속의례에서 무엇인가를 대신해서 바치는 것을 말한다.

대개 고사를 지낼 때 닭 한 마리나 돼지머리, 경우에 따라 소머리 등을 바치는 사례들이 남아 있다. 고대로 거슬러 올라가면 사람을 바치는 인신공희人身供犧까지 나온다. 우리나라에는 심청이야기가 대표적인 희생제의 사례다. 제방이 무너져 처녀를 같이 묻었다거나 마을을 해하는 뱀이 있어 처녀를 바쳤다는 등 다양한 버전들이 있다. 주로 혼인하지 않은 처녀가 희생물로 등장하는 일련의 형태들을 나는 가임과 출산 즉, 탄생과 거듭남의 의미로 읽어내고 있지만, 시대적으로 보면 여성에게 강요된 정절 관념이나 순결에 대한 폭압과 강박 등의 섹슈얼리티를 특히 주목해야만 이 문제에 대한 숨은 뜻을 살필 수 있다.

▲ 대포리 헌석제

'거렁지'로 불리는 거적때기를 들쳐 맨 사람이 앞장을 서고 당산에 제사를 지냈던 제관들과 마을의 풍물잽이들이 그 뒤를 따른다. 갯벌의 목표 지점에 이르면 큰 소리로 외친다. "물아래 김서방! 물아래 김서방!" 도깨비를 부르는 소리다. 이어 마을의 안녕과 축복을 빌고 되돌아온다. 이런 유형의 제사를 '도깨비고사'라고 한다. 전통적인 갯벌 어업을 하는 지역뿐만 아니라 근대기 이후 확산된 김양시이나 굴양식을 히는 지역도 포함된다. 남도 전역, 서해와 남해를 관통하는 연안의 제사 유형이다.

도깨비는 갯벌에 서식하며 걸을 때 뽕뽕 소리를 낸다.

　　　　옛날에 물암 앞바다와 연결되는 고랑이 갯벌에 연결되어 있었다. 이 고랑은 물이 들 때 그물을 쳐두었다가 물이 빠지면 고랑 속에 든 고기를 건져냈던 곳이다. 이 고랑을 재백이라고 불렀다. 한 사람이 이곳에 어장을 했다. 배를 타고 다니면서 고기를 많이 잡았는데 어느 날은 고기가 하나도 잡히지 않았다. 이상히 여긴 그 사람은 그물을 치고 배에 앉아 지키고 있었다. 혹시 누가 훔쳐 가면 잡을 요량이었다. 그런데 갯벌 저만치서 무엇이 뽕뽕 빠지는 소리가 났다. 형체는 보이지 않는데 불빛이 보였다. 도둑이라고 생각하고 소리를 버럭 지르면서 쫓아가보니 도망가는 이도 없는데 불빛이 사라져버리는 것이었다. 문득 이상한 생각이 들었다. '그렇다. 도깨비가 틀림없다' 이렇게 생각한 그 어부는 집으로 돌아와 도깨비가 메밀떡을 좋아한다는 얘기를 생각해냈다. 곧바로 부인에게 얘기해서 메밀을 갈아 죽을 쑤었다. 다음날 배를 타고 나온 어부는 준비해 간 메밀죽을 갯벌에 뿌렸다. 배부르게 먹고 고기를 잘 잘 잡게 해달라고 빌었다. 생 메밀도 뿌렸다. 그런 다음부터는 다시 고기를 잘 잡을 수 있었다. 그래서 서무셋

176

날(세물) 열무셋날(열물) 즈음에 한번 꼴로 고사를 지내 풍어를 빌게 되었다. 전남 무안군 해제면지발간위원회에서 출판한 『내고향 해제고을』에 나오는 도깨비고사 유래담이다.

여기서 알 수 있는 것은 도깨비가 주로 갯벌에서 서식하며 걸을 때는 뽕뽕 소리를 낸다는 점이다. 등장할 때는 으레 불의 형태를 띤다. 불도깨비 혹은 도깨비불의 형태가 많다. 뒤에서 자세하게 설명하겠지만, 도깨비불은 풍어와 밀접한 관련이 있다. 특히 죽이든 떡이든 메밀로 만든 음식을 좋아한다. 도깨비 어장고사漁場告祀에서 주로 사용되는 제물은 메밀로 나타난다. 이외 수수나 팥떡 등 곡식류가 보고된다. 모두 붉은색을 띠기 때문에 악한 기운을 물리친다는 벽사적 관념을 기반으로 하고 있다. 도깨비를 퇴치의 대상으로 삼을 때 가능한 해석이다.

하지만 도깨비고사는 풍어를 기원하는 의례다. 도깨비를 착한 신격으로 대우하는 셈이니 퇴치의 대상이라기보다는 존숭의 대상이어야 하지 않겠나? 따라서 메밀이나 수수 혹은 팥떡에 대한 해석을 달리해야 옳다. 예컨대 낚시를 할 때 밑밥으로 선호하는 것이 곡식류 중에서는 빵가루다. 여기에 메밀가루도 포함된다. 물고기를 모을 수 있는 곡식류 중 선택받은 종자라는 뜻이다. 도깨비고사를 지낼 때 특히 메밀이나 메밀가루를 사용했던 것은 이런 물고기의 생태적 환경이나 조건을 고려하여 선택되었을 개연성이 높다는 점만 우선 체크해둔다. 이런 형식의 도깨비고사들은 서해, 남해를 망라해 갯벌 어업과 관련된 곳에서 두루 채록된다. 약간의 경우를 제외하고는 바닷가의 도깨비 즉 갯벌의 도깨비는 재복을 가져다주는 재신財神이며 복신福神이다. 악신惡神의 성격을 띤 불교 나찰의 이미지와는 판이하게 다른 선신善神의 이미지로 나타난다. 도깨비 연구자들이 양가성 혹은 양면성을 가지고 있다고 말하는 이유가 여기에 있다. 이 기능은 소금장수 이야기 속의 도깨비, 혹부리영감 이야기의 도깨비를 포함해 도깨비방망이가 일시에 제공해주는 재화와 관련된다.

대감의 호칭을 얻은 도깨비

신격들도 서열과 상하가 있는 모양이다. 산신이나 용왕의 지위가 높은 반면 도깨비의 지위는 매우 낮다. 그런데 도깨비에 대감이라는 호칭을 붙이는 사례가 있다. 이 도깨비가 유독 지위가 높은 신격이어서일까? 인천 강화도 교동 김순자 씨의 경우 '도깨비업'을 모신다. 터줏가리와 같은 방식이다. 다른 신격의 짚가리보다 더 크고 안에 벙거지가 들어있다.

도깨비업은 무엇일까? 불교에서의 업業은 미래에 선악의 결과를 가져오는 원인이 된다고 하는 몸과 마음으로 짓는 선악의 소행, 즉 까르마를 말한다. 민간에서 통상 '업'이라고 호명하는 것은 한 집안의 살림을 보호하거나 보살펴준다고 하는 동물이나 사람을 지칭한다. 대표적으로 집안의 재산을 늘려준다는 업구렁이가 있다. 구렁이와 공존하는 생태적 지혜라고나 할까. 이 업이 나가면 집안이 망한다고 해서 매우 소중하게 여기고 다룬다. 텃구렁이라는 말이 그래서 나왔다. 도깨비업이라 함은 집터를 지키는 터줏대감이 바로 도깨비라는 뜻이다.

경기도 고양에는 '도깝대감놀이'가 있다. '도깝대감 지신놀이'라고 한다. 전국에 분포하는 마당밟이 곧 지신밟기의 하나다. 다른 지역에서 농악대의 잡색 정도로 약화되어 있는 탈놀이가 강조되어 12지신 탈을 쓰고 노는 놀이다. 경기도 남양주시 내동마을 권구순 씨 뒤란(뒷마당)에는 단지를 짚가리로 덮은 '독갑대감가리'가 있다. 독갑대감은 곧 도깨비대감이다. '독갑이'에서 비롯된 용어다. 시할머니 생전에 집에 화재가 나서 섬기게 되었다. 여기서 독갑대감은 화재를 예방해 주는 신격으로 등장한다. 대감이라는 호명은 참봉이나 영감 등의 친소적 관계가 아니라 격이 상대적으로 높다. 신라 시기부터 높은 벼슬아치에 붙여 부르던 호칭이기 때문이다. 예컨대 조선시대의 영감은 벼슬아치를 높여 부르던 말이다. 영의정 대감 등의 용례가 있다. 하지만 독갑대감에서의 대감은 무당이 굿할 때 집이나 터, 나무, 돌 따위를 높여 부르는 신격의 하나라고 생각된다. 집터를 지켜준다는 터줏대감의 용례가 있다. 그래서 터줏대감을 모셔 풍악 울려 춤추고 즐겁게 노는 굿을 대감놀이라고 한다. 대감이라는 호칭이 꼭 높은 신격이나 권위를 말하는 것은 아니다.

참봉에서 생원으로

경기도 포천 평촌마을이나 연천군 백석마을에서는 도깨비가 불을 질러 사람들을 곤경에 빠트리거나 큰 솥의 뚜껑을 작은 솥에 넣는 장난을 치곤했다. 강원도 고성 오정리에서는 집에 귀신 단지를 모셨다. 이 귀신을 '개귀신' 혹은 '도깨비귀신'이라 한다. 부산시 기장군 대룡리 김학임 씨댁에서는 섣달그믐날 복을 주는 도깨비를 집안에 불러들여 메밀을 볶아 드린다. 영감으로 특화된 제주도 도깨비의 호명은 전국적으로 보면 참봉으로 나타나는 경우가 많다. 김승찬이 보고한 『한국민속신앙사전』에 의하면, 경기도를 중심으로 이 호명이 두드러진다. 경기도 안산 단원 샛불마을의 배서낭고사와 출어고사는 "물 안에 참봉, 물 위 참봉, 진 걸로 많이 먹고 멀리 가십사"라고 기원한다. 여기서의 참봉이 도깨비다. 이 또한 '물 아래 김서방'의 다른 형태라고 할 수 있다. '진~걸로 많이 먹고'에서 '진:'

을 '긴:'으로 해석할 수 있다. 구개음화로 이해할 수 있고 그 의미는 위에서 설명한 바와 같다.

충남 당진 장고항의 섣달그믐 배고사에서도 "아래참봉, 웃참봉 받아 잡수시라"한다. 여기서의 참봉고사가 곧 도깨비고사다. 참봉은 무엇인가? 조선시대, 여러 관아에 둔 종 구품 벼슬을 말한다. 능陵, 원園, 종친부, 돈령부, 봉상시, 사용원, 내의인, 군기시 따위에 두었던 공무원이다. 능참봉이라 함은 조선시대 능을 관리했던 종구품 관리를 말한다. 종구품은 어떤 직위인가? 고려시대부터 18품계 가운데 맨 아래 등급의 공무원으로 문산계의 문림랑, 장사랑, 통사랑 등과 무산계의 배융교위, 배융부위 따위가 있다. 조선시대로 오면 문관으로 장사랑, 전력부위, 토관의 시사랑, 탄력도위, 잡직의 전근랑 따위가 있다.

그런가 하면 순천 별량면 화포마을 도깨비 고사는 '도채비 진생원'을 대상으로 한다. 도채비는 물론 도깨비의 지역어인데 참봉이 생원으로 변한다. "동쪽의 진생원님, 서쪽의 진생원님, 진생원님 나물을 차려놓았으니 우리 어장에 고기 많이 잡히게 해주세요"라고 기원한다.

여수시 돌산읍에서는 메밀묵 외에도 멸치 대가리를 배에 걸어놓고 고사를 지낸다. 도깨비가 멸치를 몰아온다고 믿기 때문이다. 여수시 돌산읍 진두마을에서는 돌림병 때문에 도깨비고사를 지낸다. 도깨비가 역신疫神이라 믿기 때문이다.

여기서의 생원이 무엇인가? 조선시대, 소과小科인 생원과에 합격한 사람 즉 하급 공무원을 말한다. 일반적으로는 나이 많은 선비를 호칭할 때도 사용했던 말이다. 예컨대 읍면동 사무소 직원들을 부를 때 아무개 주사라고 부르는 것과 마찬가지다.

180

'진생원'과 '물아래 김서방'의 도깨비 족보

        충남 당진 수당리와 옥호리에서는 고사 이름을 '참봉고사'라 한다. "물아래 참봉, 김참봉"으로 부른다. 참봉의 성씨가 김씨라는 점을 알 수 있다. 위에서 언급했듯이 전남 무안군 해제면지발간위원회에서 펴낸 『내고향 해제마을』에는 참봉과 생원은 온데간데없고 김서방이 출현한다. 그렇다면 여기서의 진생원과 김서방은 서로 다른 도깨비들일까? 모두 갯벌어장의 풍어를 가져다주는 존재들인데 말이다.

    전남 무안군 해제면에서는 갯벌에 덤장을 설치하고 고사를 지낸다. 도깨비가 고기를 몰아다 준다고 믿기 때문이다. 도깨비 고사는 어장 주인과 가족들만 참석해 진행한다. 고사를 지내는 장소는 어장이 설치된 곳에서 가까운 해안가다. 제사를 지내는 일시는 새로 물이 드는 열무샛날(4일과 19일)과 서무샛날(12일과 27일)의 만조 때 초저녁이다. 고사 장소에 도착해서 먼저 짚으로 간단한 도깨비 집을 만든 후 제물을 진설하고 잔을 올린 후 재배로 끝이 난다. 제물은 뱃고사보다는 규모가 작다. 특히 메밀(피고물)이 반드시 진설되어야 한다. 축원의 말은 다음과 같다. "물 건너 김서방, ○○○의 어장 재수 많이 봐주시오. 고기 많이 잡게 해주시오."

    다시 주목할 점은 물 아래 혹은 물 건너 김서방 혹은 진서방을 크게 외쳐 부를 때, '김'이나 '진'을 길게 빼서 발음한다는 점이다. 조경만이 보고한 『완도군의 문화유적』 중 하득암 마을의 경우도 도깨비를 대상으로 하는 갯제를 지낸다. 이곳에서는 연극처럼 배역을 나누어 대사를 한다. 예컨대 제사를 주관한 사람이 바닷가에서 "물아래 김서방!"하고 부르면 다른 사람이 "어이!"라고 대답한다. 이어 마을 주민들의 건강과 해난사고 방지와 미역, 김, 톳 등 해조류 풍작을 기원한다. 여기서의 도깨비도 김서방임을 알 수 있다. 서방은 남편을 부르는 말이긴 한데, 여기서는 벼슬이 없는 사람의 성 뒤에 붙여 이르는 보통명사로 해석하는 것이 옳다.

참봉과 생원의 조선시대 하위직 벼슬마저 벗어던지고 아예 서방으로 강등한 격이라고 할까. 그것도 김씨라는 성을 가졌다. 제주도에서는 주로 영감이라는 호명이 일반적인데, 나이가 든 남편을 이르는 말이기도 하지만 여기서는 중년이 지난 남자를 대접하여 부르는 일반명사로 해석해야 한다.

이 내용들을 종합해보면 도깨비가 주로 어장과 관련이 있고 메밀묵, 수수떡 등을 좋아한다는 점 알 수 있다. 특히 거의 모든 지역이 연안의 갯벌 어업과 관련된 지역이라는 것을 확인할 수 있다. 참봉, 생원 혹은 영감이나 김씨로 불리는 도깨비들의 서식처는 갯벌이다. 용왕이 사는 먼 바다가 아니라, 조수간만의 차가 분명한 조간대潮間帶이자 늪이면서 가까운 연안 바다. 그래도 의문이 남는다. 이씨도 허씨, 장씨도 있는데 왜 하필 김씨일까? 진생원은 김생원, 진서방은 김서방과 혼용하거나 적어도 같은 맥락의 호명이다. 진생원의 '진'씨도 마찬가지지만 김씨 도깨비는 진씨 도깨비와 크게 다르지 않다. 곧 '김'이 '진'이다. 따라서 『삼국유사』의 전거를 인용하여 여러 사람들이 거론했던 도깨비의 성씨 김씨는 도깨비의 거처와 환경이라는 맥락을 전제할 때 '진:'이라는 구개음화로 해석할 수 있다.

이 풀이를 통하여 힌두교에서 불교로 이어지는 방망이와 숲과 나무의 정령을 포섭하는 몽당 빗자루나 나무 막대기, 즉 남근 메타포라는 해석을 보탤 수 있게 되는 것이다. 남근 메타포가 포섭하는 풍요와 다산의 희구, 생산성 기원의 상징을 넘어 그 토대가 되는 풍경들에 대한 시선, 그곳에는 사실 음양을 교합하는 그윽한 장치들이 고안되어 있다. 풍수로 재해석되고 갖가지 전설과 민담으로 재구성되어 삶터와 일터를 규율했던 생태공간이 바로 그것이다. 이제 도깨비를 통해 남근 메타포의 근원, 막대기와 방망이가 왔던 나무와 숲과 갯벌, 그 전이지대를 주목할 수 있게 되었다.

3. 전이지대, 도깨비의 고향

몽돌 자갈해변의 갯제 풍경

해가 기울기 시작했다. 석양이 유난히 붉었다. 노을을 등지고 마을 사람들이 무리지어 나타났다. 우실 숲에 든 바람이 해묵은 해송들 사이로 마중을 나왔다. 여자들은 음식을 머리에 이고 남자들은 상이며 띠자리 등을 지게에 짊어졌다. 이윽고 몽돌이 많은 해변으로 상이 진설되었다. 해안에 늘어놓은 상들이 백여 개가 넘는 듯했다. 일단의 풍물패들이 숲을 돌아 풍물을 울렸다. 몽돌 자갈밭은 마을 사람들의 발자국 소리와 꽹과리 소리가 엉켜 잘그락거렸다. 북소리와 징소리가 해송들 사이로 잦아들 무렵 사람들은 저마다의 제례상에서 축원을 했다. 무슨 말인지 알아들을 수는 없었다. 숲을 나선 바람들이 바다 가운데로 오거니 가거니 하는 것을 보니 아마도 기도의 끝은 바다 저 먼 어디인 듯싶었다. 기도가 끝난 사람들이 하나씩 제상祭床의 음식들을 바닷물가로 내려놓기 시작했다. 썰물이었다. 작은 파도는 이내 제사 음식들을 하나하나 바다로 실어 나르기 시작했다. 사과며 배며 각종 나물이며 두껍게 시루 얹어 만든 팥떡들이 파도들과 포개지기를 거듭했다. 파도는 음식을 실어 나르기 위해 출렁이는 듯했고 바람은 사람들의 기도를 실어 나르기 위해 부는 듯했다. 저 홀로 타들기 아까운 석양노을이 자꾸만 내려앉기 시작하더니 바다마저 온통 붉게 물들이고 있었다.

갯제와 도깨비

갯제(해안에서 지내는 마을제사)로 불리는 남해안 어업의례의 한 장면이다. 흔히 당제堂祭로 불리는 마을제의의 하나인데, 통상 윗당 아랫당, 갯당 등으로 나누어 의례를 행한다. 위 풍경은 마지막 단계인 갯제의 하나로 지역에 따라서는 도깨비제사 혹은 도깨비고사로 호명한다. 이처럼 갯제로 불리는 해안지역 어업의례에 도깨비를 대상화하는 고사가 많이 남아 있다. 어업 생산물의 증대를 기원하는 의례에 왜 도깨비가 등장하는 것일까? 도깨비가 생산과 증식의 신격으로 인식되었기 때문이다.

서해안은 도깨비신앙이 활발하게 전승되어온 대표적인 지역이다. 이 지역에서의 전승력은 갯벌을 떼어놓고 생각할 수 없다. 갯벌이 도깨비의 생활공간이라는 점과도 무관하지 않다. 예컨대 바닷물이 빠져나갈 때 갯벌의 구멍에서 뽕뽕거리는 소리를 들을 수 있는데, 이를 어민들은 도깨비가 걸어가면서 생긴 소리라고 한다. 갯벌을 주 생활공간으로 한다는 점은 갯벌 내의 어류활동을 도깨비가 관장하고 있다는 믿음을 형성하는 데 기여한 것으로 보인다. 도깨비를 믿어주는 사람에게 많은 어획이 가능하도록 한다는 믿음이 그것이다. 이러한 믿음을 근거로 도깨비고사가 만들어졌다. 덤장이나 살 등을 설치한 지역에서 도깨비고사가 활발한 전승을 보인 곳은 주로 경기도부터 충남과 전라도 지역이다.[75]

자염과 죽방렴의 도깨비 신앙

김종대의 보고와 같이 도깨비는 갯벌에 서식한다. 주요 기능은 풍어豊漁다. 풍어나 풍농은 기본적으로 다산多産과 재화를 전제한다. 물고기를 많이 잡을 수 있도록 도와주는가 하면 채취어업의 하나인 굴 생산을 돕기도 한다. 그래서 '굴 부르기'라는 도깨비고사가 나왔다. 어업과 어장 관련 도깨비담은 한국의 전 해안에 걸쳐 분포하거나 채록되었다. 물고기뿐만 아니라 채취업, 소금까지도 포함한다. 소금물을 솥에 끓여 소금을 생산하던 방식과 도깨비 신앙도 친연성이 높다.

자염은 솥에 함수를 넣고 끓여 만든 소금이다. 고창군 검당 마을은 섯구덩이 방식을 이용하여 자염을 생한다. 자염을 만들 때 벌막 안에서 섣달 그믐날이나 그 해 처음 소금을 내릴 모든 준비를 마친 후에 제사를 모신다. 제를 모시고 나면 메밀범벅을 벌막 근처에 뿌려주고 돼지머리의 뼈를 왼새끼에 끼워 벌막 기둥에 달아 놓기도 한다. 메밀범벅을 벌막 주위에 뿌리는 행위에는 도깨비 숭배신앙을 엿볼 수 있다. 돼지뼈를 벌막의 기둥에 걸어놓은 행위를 통해 뼈 숭배신앙의 모습을 보여주는데, 뼈가 악귀를 물리칠 수 있는 힘이 있다는 믿음에 기인한 것이다. 결국 벌막 고사는 메밀범벅을 이용해 도깨비에게 소금이 많이 생산되길 원하고, 돼지머리뼈를 이용해 액을 막고자 한 행위로 소금의 대량생산과 아무런 문제가 발생하지 않기를 바라는 소망을 나타낸 것이라 할 수 있다.[76]

이뿐만이 아니다. 경남 남해군 지족해협의 멸치잡이도 도깨비와 친연성이 높다. 이곳에서도 풍어를 기원하는 의례가 행해지는데 섣달그믐날

밤에 모시는 섣달 고사와 처음 조업을 시작할 때 지내는 고사 모두 도깨비와 조왕(부엌과 불의 신)에 대한 숭배의식이 나타나고 있다.[77]

『한국의 해양문화』 서남해역편의 도깨비고사 구술 대목에서도 확인할 수 있다. "옛날에는 도깨비불이 많았는데, 날 궂으려면 삐끗삐끗 했어요. 도깨비가 겁나게 많았어요. 도깨비가 지금까지 있었으면 고기 겁나게 몰고 왔을 텐데 바다에 도채비가 다른 데로 가버렸어요. 고기 많이 잡는 데로 가버렸어요. 산에도 가득 차고 이 앞에가 가득 차고 그랬어요." 여기서 말하는 도채비는 도깨비의 이칭이다. 재삼 주목할 것은 큰 배로 먼 바다에 나가 조업하거나 만선을 기대하는 신격이 아니라는 점이다. 도깨비는 주로 갯벌에 서식하며 어민들에게 풍어를 가져다준다.

도깨비는 왜 갯벌의 수호신이 되었을까

하고많은 어업 관련 사례들을 열거할 수는 없지만 대부분 신앙의 대상을 도깨비로 설정하고 있다는 점을 주목할 필요가 있다. 김종대의 지적처럼 주로 갯벌 지역의 어업에서 왜 도깨비를 대상화하여 풍어를 가져다주는 존재로 인식했던 것일까?

전남 보성군 벌교읍 대포리나 완도군 완도읍 장좌리, 전북 부안군 위도의 경우는 갯제가 동제의 말미에 속하면서 대미를 장식한다. 그러나 그 구체적인 제례 방식은 서로 다르다. 보성군 대포리의 경우는 동제를 모시면서 몹시 엄숙한 분위기가 계속되지만 갯제는 완전히 축제적 분위기에서 행해진다. 마을 사람들이 바닷가에 모여 밤새 가무를 하고 놀다가 새벽에 용왕에게 소 한 마리로 간주되는 한 마리 분의 소뼈를 헌식하는 형식으로 진행된다.

장좌리의 경우는 바닷일과 관련된 모든 마을 사람들이 각 가정에서 정성껏 제물을 차려서 바닷가에 가져다 놓고 개인적으로 절을 하며 해산물의 풍작을 빈다. 또 위도의 경우는 소위 띠뱃놀이로 더 잘 알려져 있는 것처럼 띠배에 허수아비를 태워 마을의 액운을 멀리 바다에 띄워 보내는 송액送厄의 기능과 복합·결착된 갯제를 행하기도 한다.

다른 예로 도깨비가 풍어를 가져다준다고 믿는 지역에서는 도깨비를 위해 헌식하기도 한다. 동제가 끝나면 미리 준비해둔 메밀묵을 제관들이 마을의 바닷가를 걸어가면서 바다에 던져 준다. 대보름 풍속에 달이 뜰 때 바다의 도깨비불을 보고 풍어를 점치는 지역들이 많은데, 이러한 지역에서는 도깨비에 의해서 어장의 풍흉이 결정된다고 믿어 갯제 역시 도깨비가 가장 좋아한다는 메밀묵이나 메밀떡을 바다에 뿌리는 것이다.[78]

매우 광범위하게 도깨비에 대한 의례가 행해지고 있음을 확인할 수 있다. 문제는 일상적이고 순차적인 활동을 통해 풍어와 다산을 기구하는 것이 아니라 일시적이고 혹은 돌발적인 상황을 전개해 이를 도모한다는 것이다. 도깨비의 가장 큰 특성 중 하나가 돌발성이기 때문일까? 엉뚱함, 기발함, 현저한 전복성 등은 도깨비가 갖는 일반적인 특성이다. 어떤 돌발적인 상황이나 엉뚱한 캐릭터를 향해 도깨비 같다고 말하는 이유가 여기에 있다.

한 가지 분명한 것은 도처에서 출현하는 도깨비들이 사실상 갯벌의 수호자 혹은 관장자라는 점이다. 그렇지 않고서야 어찌 갯벌환경에서 생산되는 모든 일들을 주관하며 항상적으로 어민들에게 풍어를 선사하겠는가. 왜 도깨비는 갯벌의 수호신이 되었던 것일까?

마천목 장군이 막은 어량, 섬진강 유역 어살의 유래와 도깨비살

두가천됴可川은 부의 남쪽 60리에 있으니, 곧 순자진鶉子津의 하류가 된다. 본조의 마천목馬天牧이 물을 막아 어량魚梁을 쳤는데, 그후 남원부에서 이 것을 고쳤다.

『신증동국여지승람』 남원도호부 산천조에 기록할 정도로 섬진강의 어살漁箭 즉 '살뿌리'는 오랜 역사를 가지고 있다. 섬진강 유역 어살의 유 래와 도깨비살 이야기를 주목하는 이유가 여기에 있다. '도깨비살'은 돌 로 강어귀를 막아 고기를 잡는 '어살'이라는 뜻으로, 인간에게 신세를 진 도깨비가 그 보답으로 강을 막아 고기를 잡게 해주었다는 민간전승에서 유래된 명칭이다.

어살은 어떻게 해석해야 할까? 어살은 한자로 어전漁箭이라고 한다. 돌 로 쌓아 만든 독살 혹은 석방렴石防簾 등과 같은 말이다. 흔히 '독살' '돌살' 이라고 한다. 역사 이래 가장 오래된 그물 즉 '돌그물'이라 한다. 전남 해 남지역에서는 '독다믈', '쑤기땀', '독담'이라고도 불렀다. 여타지역에서는 '돌무지', '독담'이라 통칭하는 사례가 많다. '돌그물'의 분포는 세계적이며 잔존하는 유적들도 있다. 유사한 형태로 대나무를 엮어 그물을 만들어 물 길을 막는 방식을 '대살' 혹은 '죽방렴竹防簾'이라고 한다. 주로 바닷가에 설 치하는 경우가 많고 강에서도 유사한 방식이 사용되었다. 조석간만의 차 를 이용하여 혹은 흐르는 갯고랑에 설치하여 물고기를 잡는 방식이다. 고 대에서부터 전승되어 온 고기잡이이니 그만큼 의미도 있으려니와 특히 도 깨비와 관련한 유래담들이 많아 주목할 만하다.

남원과 곡성지역에서 섬진강을 중심으로 전승된 도깨비살이란 호명과 어로방식은 독살石箭이 주류를 이룬다.[79] 강성복, 박종익 외에 박구병 등이 「곡성 살뿌리 어전에 관한 조사」(1994)에서 주목하였고 박종오도 「섬진강 어살 어로 고찰」(2014)이란 주제로 추적한 바 있다. 1872년 제작된 군현지도에도 이 어살의 위치와 유래가 정확하게 기록되었다. 여기에는 "순자강에 두가어전豆可漁箭이 있는데, 본조의 마천목이 귀신을 시켜 쌓았다"로 나온다. 여기서 말하는 귀신이 곧 도깨비다. 『신증동국여지승람』과 다르게 마천목이 귀신을 시켜 쌓았다는 대목을 주의 깊게 살펴봐야 한다. 곡성지역에 광범위하게 퍼진 마천목 설화에 의하면 소년 마천목이 노모를 봉양하기 위해 도깨비를 시켜 쌓은 어전이라는 전설이 전해오기 때문이다. '도깨비살'이란 별칭을 얻게 된 시점이 언제인지는 모르겠지만 아마도 위 기록 이전부터이지 않을까싶다. 이후 1918년 편찬된 『곡성군지』에도 "두계어전豆溪漁箭을 순자강 두계포에 마천목이 귀신의 힘을 빌려 만든 것"이라고 언급하고 있다.

도깨비가 하룻밤에 쌓은 제방과 돌그물 어로

여기서 주목할 수 있는 것은 어살 혹은 어량이 갯벌지역의 어로와 밀접한 관련이 있는 고기잡이 그물이라는 것이고, 이것이 섬진강 기원설화이기도 한 두꺼비설화로 이어진다는 점이다. 이것은 일시에 돌그물石箭을 쌓는 행위와 관련되어 있다. 돌발적이고 일시적인, 그래서 비일상적인 행위임을 강조하는 이유는 이것이 『삼국유사』 비형랑설화의 비형랑 무리가 호수를 메우는 것이나 섬진강 기원설화인 두꺼비의 다리 놓기 혹은 산성 쌓기 설화와 맥락을 같이 하기 때문이다. 그래서 물고기를 잡아 재화를 획득한다는 지점들을 유심히 주목해볼 필요가 있다. 도깨비 관련 민담이 소금장수 이야기로 확대 재생산되는 이치도 같다. 예컨대 부자 되는 소금장수 이야기는 이 이야기의 또 다른 버전일 뿐이다. 곧 어살은 도깨비인 '두두리'들이 놓은 다리요 성벽이라 할 수 있다. 해안지역 어디를 가나 어살뿐만이 아니라 고기잡이와 관련된 도깨비 이야기들이 많다는 점을 앞서 확인했던 이유다. 마을제사의 하나인 딩제를 지내고 도깨비고사를 지내거나 망태기에다 소뼈를 지고 가서 바다에 헌식하는 사례들을 광범위하게 확인했다.

도깨비와 관련된 풍어 고사들, 풍요와 다산을 기원하거나 도모하는 매개역할들, 결론적으로 말하면 갯벌어장의 문헌적 시원은 『삼국유사』의 비형랑설화로 거슬러 올라간다.

07

물과 불의 아이러니,
레퓨지움의 전화轉化

1. 도깨비불과 혼불

소치 허련의 채씨효행도와 혼불

불도깨비 혹은 도깨비 민담을 최초로 그린 사람은 남종화의 대가 소치 허련이다. 그가 그린 그림 '채씨 효행도'는 평강平康 채씨蔡氏 홍념弘念의 효행을 기리기 위한 그림이다. 소치는 62세인 1868년(고종 6년)에 〈채씨효행도〉의 삽화를 그렸다. 이 중 아홉째 그림인 〈귀화전도鬼火前導〉는 채홍념이 아버지의 기일에 맞춰 돌아오는 산길에서 만난 도깨비불을 형상화하고 있다. 비바람을 만나 갈 수 없게 되었는데 하늘을 우러러 통곡하니 갑자기 도깨비불이 나타나 앞에서 이끌었다는 사실을 그린 그림이다. 제목의 귀화가 바로 불도깨비 혹은 도깨비불이라는 뜻이다.

소치 허련이 전남 진도 사람이고 고향에 운림산방을 지어 노후를 보냈으므로 진도지역 혹은 남도지역에 전승되어 내려오는 민담 도깨비의 이미지를 형상화했을 가능성이 높다.

도깨비불이라고 말하는 혼불은 무엇인가? 밤에 무덤이나 습기가 많은 땅에서 공중을 향하여 날아오른다. 최명희 소설의 내용처럼 오래된 집에서 나가기도 하고 당산목 등 오래된 고목에서 날아가기도 한다. 이를 보통 인燐의 작용 때문으로 해석한다. 인燐은 도깨비불 혹은 반딧불을 나타내는 용어다. 질소족 원소의 하나로 원자 기호는 P다. 사람이나 동물의 뼈, 인광석 따위에 많이 들어 있다. 독성이 있고 공기 가운데서 발화하기 쉽다. 성냥이나 살충제 따위의 원료로 쓰인다. 어두운 곳에서 빛을 내기 때문에 도깨비불이라고 한다. 컴컴한 곳에서 명태 등의 물고기들이 환한 빛을 내는 사례를 통해 쉽게 접할 수 있다. 사람들이 푸른빛으로 인식하는 이유가 여

▲ 〈채씨효행도〉 부분도

기에 있을 것이다. 귀화鬼火 외에도 귀린鬼燐, 음화陰火, 인화燐火 등으로 부른다. 모두 도깨비불이라는 뜻인데, 양화陽火가 아니라 음화陰火 곧 어두움을 밝히는 불 혹은 어두움 가운데 있는 불이라는 호명을 주목할 필요가 있다.

소치의 그림을 보면 도깨비의 눈과 코 등 이목구비가 흐릿하게 그려져 있고 왼손에는 불을 들고 있다. 도깨비가 채홍념에게 길을 안내하는 장면임을 쉽게 알 수 있다. 당시 위상이 높던 소치가 그린 그림이라는 점에서 주목을 요하기도 하지만 우리나라 최초의 도깨비 그림이라는 점에서도 가치가 있다고 생각된다. 민담류의 도깨비가 사실상 확정되지 않은 이미지들을 지니고 있었다는 점에서 이 시대 사람들이 도깨비를 어떤 형상으로 상상했을까를 눈으로 확인할 수 있게 해주기 때문이다. 대체로 이런 유형의 민담은 유교적 효 이데올로기를 장착한 구성들을 보여준다. 아버지의 기일에 산길을 통과할 수 없어 통곡을 하니 도깨비불이 나타나 길을 인도해줬다는 것 아닌가? 효성에 감동한 도깨비, 사람에게 도움을 주고 종국에는 복락을 주는 민담 도깨비의 전형적인 형태다.

대체로 민담에 나타나는 도깨비들은 치우 캐릭터처럼 문지기 역할을 하는 괴팍한 형상보다는 후덕한 배려자의 모습으로 그려지는 것이 보통이다. 불이 사람을 안내해준다는 것을 포함해 효성, 재화, 도깨비방망이 등 포지티브 기능을 하고 있다는 점에서 촛불의 의미, 관화, 연등 등의 본질적 의미와 통하는 측면이 있음을 주목해둔다.

양초물고기, 담뱃불을 무서워하는 도깨비

달이 환하게 밝은 밤이었는데, 늦게 지나가는 나그네 한 사람이 그렇지 않아도 혼자 지나가기 겁이 나는데 냇물 위에서 짓걸짓걸 하는 소리가 나기에 깜짝 놀라 달빛에 자세히 보니 냇물에 사람의 대가리만 수박같이 떠 있더라. "옳지 저놈들이 독갑이로구나. 독갑이는 담뱃불을 무서워 한다더라" 하고 부리나케 담배를 물고 성냥불을 붙였다. 물속에 있는 선생과 상투쟁이들은 간신히 배 속에 있는 초에 불이 안 일어나도록 물속에 있는데 나그네 담뱃불에 초까지 불이 켜질까 겁이 나서 허겁지겁 소리치면서 말하기를 "여보게 저놈이 성냥불을 그어 우리배 속의 초에 불을 켜려고 하니 모두 머리까지 물속으로 잠그세, 안 그러면 큰일 나네"하고 머리와 얼굴까지 물속으로 담가 버리고 말았다. 나그네는 그 사실을 모르고, 냇물 위의 수박 같은 독갑이 대가리들이 없어진 것을 보고, "대체로 독갑이란 놈들이 담배 불을 제일 무서워하는군…"하고 지나가 버렸다.[80]

방정환의 「양초귀신」 이야기다. 한양(서울)에 구경을 간 송서방이라는 인물이 양초를 사와서 벌이는 해프닝이다. 마을사람들이 생전 처음 양초를 보고, 지식을 총동원하여 알려 했으나 쓰임새를 알 수 없더라는 것이다. 한 연장자와 글방 선생은 이것이 생선이라고, 그중에서도 백어白魚라고 주장을 한다. 따라서 모두 국을 끓여먹는다는 결론을 내고 먹었겠다. 후에 양초를 가져온 사람이 불을 켜는 것이라 하니, 뱃속에 불이 켜질까 두려운 사람들이 연못으로 들어갔다는, 도깨비불과 관련한 이야기 한토막이다. 어둠 속에서 이를 본 사람은 어떻겠는가? 이것이 도깨비불이 아니면 그 무엇이라 표현할 수 있겠는가 말이다.

나도 어렸을 때 도깨비불을 본 기억이 있다. 남도지역이기 때문이기도 하겠지만 우리 마을 사람들도 이를 인불 혹은 혼불이라 불렀다.

도깨비불에 대한 구술사례는 아주 많다. 화장터 근처나 무덤가에 혼불이 날아다닐 확률이 훨씬 크다고 한다. 근처에 뿌린 뼛가루가 인燐 성분이니 그럴 것이요 날씨가 흐리면 이 성분이 푸른빛을 띠기 때문에 더욱 그러할 것이다. 위의 양초귀신은 '독갑이' 즉 도깨비이다. 1900년도 초에도 일반적으로 도깨비를 독갑이 혹은 돗갑이로 불렀음을 알 수 있는 자료이기도 하고, 냇물 혹은 강과 불의 대칭관계가 매우 선명하게 드러나는 민담 중의 하나이기도 하다. 방정환이야 이를 지식 없는 미신과의 대조를 위해 인용했겠지만 의도치 않게 도깨비의 서식처는 물론 불과의 관계를 드러내주고 있는 자료다.

불도깨비에서 대장장이까지

        우연하게 포착된 것처럼 보이는 도깨비들의 서식처는 이처럼 물이나 강이다. 늪이나 숲, 『삼국유사』의 기록으로부터 오늘날 구술 자료들까지 예외 없이 도깨비가 출현하는 서식처임을 주목할 필요가 있다. 위의 자료는 불과 백여 년 전인데 15세기 『석보상절』에 나오는 '독갑이'라는 용어를 그대로 사용하고 있음도 주목을 요한다. 귀신이란 표현을 도깨비와 혼용하고 있다는 점도 체크해둬야 할 사항이다.

    도깨비의 기능적 시원이라 할 수 있는 『삼국유사』「비형랑설화」도 귀신의 작용으로 치부되었고 수많은 민담이나 구술 자료의 혼불도 도깨비불이라고 하는 이유와 비교해볼 수 있다는 점에서 그렇다. 흥미로운 것은 불도깨비 혹 도깨비불을 대장장이 신화와 연결시키는 시각들이다. 불을 다루는 맥락에서 도깨비불을 대장장이에 비교하는 것일까? 대장장이 신화와 야장冶匠은 어떻게 같고 다른 것일까.

    두두리 도깨비는 철구공이이면서 망치, 메와 같은 대장장이의 연모이며 또한 대장장이 그 자체이기도 하였다. 따라서 두두리나 두들과 같은 지명이 있는 곳에서는 용광로의 흔적이 남아 대장간의 역사를 증언해주고 있는 것이었다. 대장장이는 불을 통어하는 존재이다. 광산을 발견하고 광석을 캐어 불 속에 단련시킴으로써 돌과 모래와 흙을 생활의 도구, 농기구, 무기, 예술품에 이르기까지 새로운 형태를 지닌 존재로 탈바꿈시키는 능력이 그의 몫으로 전개된다. 광석을 녹여 구리와 철, 은, 금을 제련하는 신비는 보통의 인간들이 도달할 수 없는 신세계의 영역이었고 문화적 충격이었다는 것을 짐작하기는 어렵지 않다. 그래서 신라의 석탈해는 대장장이의 업적을 드러내면서 비로소 샤먼으로서의 능력을 인정받고 국가의 왕이라는 일인자가 되는 수순을 밟아가게 되는 것이다.

샤먼이 자신의 몸을 떠나 하늘의 세계에 비상할 수 있는 존재이듯이 대장장이 역시 하나의 존재를 화학적으로 변화시켜 새로운 모습으로 변화하게 만들 수 있는 힘의 원천이라는 점에서 주술적인 샤먼과 등가적이다. 그런 능력 때문에 대장장이는 샤먼과 겹쳐지고 국가를 통어할 수 있는 솜씨를 지닌 존재를 관념까지도 자연스럽게 불러일으킬 수 있게 되는 것이다.[81]

비형랑설화에서 목랑(木郞, 두두리)을 '절구공이'로 해석하거나 대장간과 연결시킨 결과이기도 하다. 강은해를 포함해 이두현, 박은용 등 여러 학자들이 이를 주장했다. 민담류의 도깨비가 형상이 없는데 비해 도상적 도깨비의 출처를 귀면와 등의 치우 관련 형상으로 읽는 심리들이 깔려있음을 알 수 있다.

그런데 민담류의 도깨비들이 갖는 일반적인 성격을 생각하면 의문이 생긴다. 철을 다루는 대장장이가 도깨비로 현현할 수 있다면 현격한 신의 자리에 좌정하지 않고 왜 애매모호하고 엉뚱한, 덜 떨어지고 응큼한 중간자적 존재로 전승되어왔을까 궁금해지기 때문이다. 도깨비가 본래의 영험성을 탈각하고 타락한 것일까? 이 학자들은 도깨비의 전승적 이미지를 외다리, 애꾸눈, 거인, 난쟁이 등 신체상의 변이형상과 함께 그로테스크한 남정男丁의 이미지로 읽어내고 있지만, 과연 그것만으로 도깨비를 온전히 독해했다고 할 수 있을까?

귀태설화, 아버지 없이 출생한 아이들

악귀이거나 코믹한 버전의 캐릭터들이 뒤섞여 있다. 때로는 돌을 던져 창문을 부수거나 솥뚜껑을 솥 안으로 집어넣었다 빼내는 요술도 부린다. 철을 능숙하게 다룬다는 대장장이 관련 담론이 나온 배경이기도 하다. 장난기가 심한 말썽꾸러기다. 특히 집안에 화재를 일으키는 요물이기도 하다. 집안 담장을 무너뜨린다든지 화재가 났다든지 창문을 누군가가 깨트렸다면 그것은 모두 도깨비짓이다. 불도깨비의 현현이라고나 할까. 집안에 불을 내는 존재이기도 하고, 경우에 따라서는 화재를 예방하는 존재로 나타나기도 한다. 그런 점에서 유익함을 제공해주는 재복신과는 거리가 있지만 긍정적 성격이라는 점은 유사하거나 동일하다.

민담류의 도깨비와 양반네들이 기록해두었던 한자 용어의 도깨비들을 보통 도깨비의 이중성 혹은 양가성으로 해석하는 이유가 여기에 있다. 양면적인 성격이 강하다는 뜻이겠다. 그만큼 도깨비는 핑계 댈 수 있는 매우 적절한 대상이자 책임을 전가할 수 있는 독특한 존재다. 도깨비가 없었으면 어쩔 뻔했을까? 개인적으로 사회적으로 도깨비의 현현은 만능처럼 보인다. 핑계를 대거나 책임을 전가할 수 있기 때문이다. 불합리하거나 부조리한 현실을 보다 교묘하게 도깨비불로 타개했던 귀태鬼胎설화가 그 중 하나다.

도깨비의 시원이라는 비형랑설화도 죽은 왕과 통정해서 낳은 아이로 이야기를 시작하지 않는가. 귀태鬼胎란 귀신이 갖게 한 아이라는 뜻이다. 현실적으로는 혼외관계에서 낳은 사생아를 의미하지만 설화에서는 남녀의 직접적인 결합 없이 신기하게 발생한 임신 사건으로 형상화된다. 그러하기에 도깨비가 아이를 낳게 한다는 산발적인 사건담으로 전승되다가 조선 중후기에 이르면 보다 구체적인 양상으로 꿈속 교합이라는 몽교夢交, 햇빛이나 달빛, 죽은 남자의 영혼에 의한 감응으로 전개된다. 귀鬼의 존재도 살아있는 남편의 정기, 신성한 존재, 죽은 이 등으로 다양해진다.[82]

탯줄 없이 태어난 신비한 출생을 고대의 건국설화에서부터 수도 없이 접해왔기 때문에 이상할 것이야 없겠지만 이를 도깨비에 핑계를 대는 심리는 어디서 나온 것일까? 김안로가 지은 야담설화집 『용천담적기』 내용 중 관련한 정보를 보자.

> "나의 친우 성번중의 집에 일찍이 귀신의 장난이 있었는데, 초저녁 종이 울릴 무렵에 은은히 서산의 수풀 속에서 나와 돌을 던지기도 하고 불을 붙여 와서 한 여종을 능욕하여 임신이 되었는데 마치 사람과 접촉하는 것 같았다. 민가에 이따금씩 이러한 환난을 만나는 수가 있으니, 의원들이 말하는바 귀태라는 것으로 백방으로 막으려고 애써도 되지 않는다."

난데없이 돌이 날아들고 숲속에 불이 날아오르거나 번지는 현상, 도깨비불 민담의 전형적인 풍경들이다. 왜 이런 도깨비 이야기들이 만들어지고 유포되었을까? 홍나래의 분석을 좀 더 인용해둔다.

귀태란 문화적 측면에서 찾은 해답이라고 볼 수 있다. 귀태이야기 속 주인공은 아비 없이 태어났다는 소문과 나자마자 세간의 비웃음과 의심의 눈초리를 받는 아들이다. 그는 철이 들면 마을에 머물 수 없는 존재이거나 특출한 사명을 지고 가는 사람이 된다. 하지만 서사에서 완곡하게 보여주는 것은 아이를 받아들이는 문제를 넘어 논란이 된 여성에게 삶의 이유를 제공해주는 것이었다. 귀태를 드러내어 공론화한 것은 아니었지만 적어도 제도권에서 살 수 없는 존재들을 공동체가 용인할 수 있는 장치로 받아들이고 있었음을 알 수 있다. 실제로 일부 여성들이 도깨비불을 놓으며 주도면밀하게 귀태의 정황을 만들었음을 생각한다면, 결국 귀태란 강력한 가부장 이데올로기가 실현되던 사회에서 성적 피해 여성과 그 가족을 보호하는 안전장치로 기능했던 것이다.[83]

혼외정사에 대한 사회적 시선

홍나래가 검색한 〈매일신보〉의 사례를 보면 사회적 안전장치 기능을 좀 더 추적할 수 있다. "불사의의 망량촌(도깨비마을)(1913. 10. 5), 경성의 독갑이 이것 무엇인가(1914. 8. 1), 심야비석 독갑이 작란인가(1915. 8. 13), 방화범 아가애녀我家愛女, 독갑이 작난으로 알엇던 불이 실상은 자긔 집 딸의 소위이다. 십 이세 소녀의 변응적 심리(1923. 7. 22), 독갑이 작난인가 사람의 소위인가(1924. 6. 7), 독개비에게 홀려 불노핫다고 의문의 방화 광여자공판(1926. 5. 26)" 등이 그것이다. 모두 성적으로 피해를 당한 여성, 그 사건을 감싸고 있는 불과 화재 관련 기사들이다. 불도깨비 혹은 도깨비불과 관련하여 고찰할 다양한 소재를 제공해주고 있다.

1900년대 초부터 1920년대까지 도깨비를 독갑이로 호명하고 있었음도 다시 확인한다. 망량, 독갑이, 독개비 등이 지역에 따라 부르는 이름들이겠고, 이 중 '독갑이'란 용어가 광범위하게 쓰였음을 여러 자료들을 통해 확인하게 된다. 독갑이는 다리가 하나라는 점이 강조되는 용어인데 이것이 남근 모티프로 연결됨을 거듭 살펴보았다. 어쨌든 혼외정사로 인한 임신을 시대가 해결해주지 못하니 결국 도깨비에게 의지하거나 핑계를 댄 광범위한 시선들을 확인할 수 있다.

도깨비담으로 혹은 다른 신이한 체험담으로 출구를 찾았던 조선시대 여성들의 혼외 임신, 나아가 유교 기반 신분사회의 가지지 못한 자들의 사회적 출구를 도깨비를 의지해 탈출했다고나 할까. 그럼에도 불구하고 도깨비의 장난으로 치부된 여성들의 수난을 대하는 이 시선들이 온당한 것이었는지 다시 질문을 던진다. 도깨비의 섹슈얼리티를 누차 강조하는 이유가 여기에 있다. 남성 중심의 가부장 이데올로기 사회에서 성적 피해여성과 그 가족을 보호하는 안전장치였다고만 말할 수 있겠는가라는 문제가 남기 때문이다. 그래서다. 이래도 도깨비 저래도 도깨비, 도깨비에게 투사시킨 사람들의 핑계와 일종의 취사선택을 인정한다면 이제 비로소 도깨비들에 대한 강제적이고 편협한 시선들을 수정할 시대가 되지 않았나 싶다.

도깨비불, 불의 의미 다시 찾기

동일한 물리적 경험은 하나의 기호적 경험에 반영된 다양한 기호 내용의 중첩으로 인해 기호적 의미의 다양성을 갖게 한다. 예컨대 화전농업, 쥐불놀이는 생산과 풍요의 관념이 작용하여 형성된 기호적 경험으로서, 기우제(불 피우기)도 주술적인 방법으로 생산과 풍요를 추구하기 위한 기호적 경험이라는 점에서 기호적 의미의 유사성을 갖는다.

달집태우기(충청도 동화제), 횃불싸움, 낙화놀이, 액막이 불 놓기, 불 밝히기는 기본적으로 정화라는 기호적 의미를 가지고 있고, 정화의 수단은 모든 종교적 행위에서 중요한 역할을 한다. 액을 물리치고 몰아내어 신성의 모습을 유지하는 것은 생산을 기원하기 위함이고 재생을 간절하게 소망하기 위한 것이어서 기호석 의미의 다양성을 갖는다. 연등행사 또한 단순히 재생(부활)만을 추구하는 것이 아니라 생산을 갈망하고 재액을 몰아내고자 하는 의미를 갖고 있기 때문에 다의성을 가지고 있다. 이처럼 기호적 의미의 다의성은 서로 다른 기호적 경험의 영역을 서로 넘나들 수 있는 역할을 한다.[84]

불도깨비의 사회사적 의미를 추적하다보면 책 몇 권을 소진해도 모자랄 것이다. 불의 의미가 무한대로 확장되기 때문이다. 이 의미들을 민속현상들 중에서만 포착한 사례들도 많다. 도깨비불 혹은 불도깨비들이 가지는 사회사적 맥락만 겨냥할 것이 아니라 그것이 함의하는 보다 확산된 불을 주목하는 시선이 필요하다는 뜻이다. 불 밝히기가 기본적으로는 정화라는 기호적 의미를 갖고 있지만 표인주의 지적처럼 불 밝히기, 횃불싸움, 낙화놀이 등의 기표가 지시하는 기의는 종교와 정치, 문화를 막론하고 서로 다른 기호적 경험의 영역들을 호환시킨다. 불의 의미가 온전히 독해되면 물의 의미도 온전히 독해된다. 불과 물의 총체성이라고나 할까. 방망이나 불이라는 도깨비의 기호 속에 숨은 기의를 찾고자 하는 나의 의도가 여기에 있다.

혼불, 인燐불인가 도깨비불인가

무겁게 감은 청암부인의 왼쪽 눈귀에 찐득한 눈물이 배어났다. 그것은 댓진 같은 진액이었다. 차마 흘러내리지도 못한 채 눈언저리에 엉기어 있기

만 하는 그 눈물은, 무슨 응어리 같기도 하였다. 그날 밤, 인월댁은 종가의 지붕 위로 훌렁 떠오르는 푸른 불덩어리를 보았다. 안채 쪽에서 솟아오른 그 불덩어리는 보름달만큼 크고 투명하였다. 그러나 달보다 더 투명하고 시리어 섬뜩하도록 푸른빛이 가슴을 철렁하게 했다. 청암부인의 혼불이었다. 어두운 밤 공중에 우뚝한 용마루 근처에서 그 혼불은 잠시 멈칫하더니 이윽고 혀를 차듯 한 번 출렁하고는, 검푸른 대밭을 넘어 너훌너훌 들판 쪽으로 날아갔다.

　최명희의 『혼불』 한 대목이다. 여기서 목도하는 혼불이 바로 민간에서 말하는 도깨비불이다. 시골생활을 경험한 대다수의 사람들이 보았음직한 푸른빛 도깨비불을 '인불'이라고 하는 이유는 그것이 사람에게서 나간 불이라고 생각했기 때문일 것이다. 섬진강 어살을 막아준 돌도깨비도 푸른색을 띠고 있다. 단순하게는 강물에 이끼가 끼어서일 것이라고 생각할 수 있지만 도깨비불 즉 인불이나 혼불에 비교해보면 당초에 사람들이 상상했을 도깨비의 색깔에 대한 궁금증을 자아내게 한다. 국어사전에서는 혼불을 이렇게 설명한다. "사람의 혼을 이루고 있다는 푸른 빛, 죽기 얼마 전에 몸에서 빠져나간다고 하는데, 크기는 작은 밥그릇만 하다. 전라 지방의 방언이다." 또 "수명이 다하여 사람이 죽으려하면 미리 혼불이 그 집에서 공중으로 나가는데 이 불을 말한다. 남자는 대빗자루 모양의 길고 큰 불덩이가 나가고, 여자는 접시모양의 둥글고 작은 불덩이가 나간다."고 풀이해두었다. 과연 그러할까?
　유년에 마을 아이들과 함께 보았던 인불 곧 혼불들이 실제 그런 모양이었는지 기억은 없다. 다만 기억나는 것은 이들 혼불을 도깨비불 혹은 불도깨비라고 불렀다는 점이다. 소치 허유는 최초의 도깨비불을 그리면서 붉은 횃불을 들고 있는 중성(이 그림만으로 남성이나 여성의 이미지로 읽어내는 것은 어렵다)의 사람 형상을 그렸다는 점에서 대조적이다.

남자의 혼불이 빗자루 모양의 길다란 형태이고 여자의 혼불이 접시 모양의 동그란 형태라는 해석은 음양의 기호 인식과 밀접한 관련이 있다. 예컨대 진도군 조도면 가사도 당집은 남성격인 할아버지당산과 여성격인 할머니당산의 모양이 이러한 음양의 형태를 취하고 있다. 산꼭대기에 있는 당산은 길쭉길쭉한 남근男根 모양의 기둥석 위에 고인돌을 얹은 형태요, 8부 능선에 있는 할머니 당산은 마치 음근陰根처럼 나팔꽃 모양의 둥그런 형태로 조성되어 있음을 볼 수 있다. 당산의 형태를 음양의 이치를 좇아 만든 마음처럼 도깨비불에 투사한 사람들의 음양관도 비슷했던 모양이다.

2. 불도깨비와 물도깨비의 복선

지귀설화와 불도깨비

고어사전에서 도깨비를 독갑이, 돗가비 등으로 설명한다는 점 다시 확인해둔다. 여우도깨비狐魅로 표현하기도 한다. 〈만언사답〉에 나오는 "두억신 되시려나 독갑이 되시려나"라는 내용을 주요 근거로 삼는다. 이때의 독갑이가 화귀 즉 불鬼火이다.[85] 이것이 훗날 '두두리'로 변화하는데 이를 왜 대장장이 신으로 연결하는가는 앞서 살펴본 바 있다.[86] 불을 통제하는 능력, 불의 지배자이고 신출귀몰한 도깨비의 능력이 이 불에서 연원했다는 얘기다. 도깨비불 이야기는 어디까지 소급해 올라갈 수 있을까?

지귀志鬼는 신라 활리의 역인이다. 선덕여왕의 아름답고 우아한 모습을 사모하여 마음 졸이고 눈물 흘리다가 모습이 초췌해졌다. 왕이 절에 행향行香하러 갈 때, 이런 소문을 듣고는 그를 불렀다. 지귀는 절에 가서 탑 아래서 왕의 행차를 기다렸는데, 홀연 잠이 깊이 들었다. 왕이 팔찌를 벗어 지귀의 가슴에 놓아두고는 궁으로 돌아갔다. 후에 잠에서 깨어난 지귀는 한참을 멍하니 있었는데, 마음 속 불이 일어나 그 탑을 둘러싸더니 변하여 불귀신이 되었다. 왕이 술사에게 명하여 다음과 같이 주사를 짓게 하였다. "지귀의 마음 속 불이 몸을 둘러싸니 변하여 화신이 되었네. 창해 밖으로 옮겨가 보이지도 말고 친하지도 말지라." 시속時俗에 이 주사를 벽에 붙여 화재를 막았다.[87]

선덕여왕과 지귀의 이야기이다. 지귀설화, 심화요탑설화 등으로 부른다. 비형의 무리들이 하룻밤 만에 다리를 놓은 영묘사의 화재사건 이야기이기도 하다. 신라사람 지귀가 선덕여왕의 아름다움을 사모했던 모양이다. 몸이 점점 야위어갈 정도였으니 그 연모가 얼마나 깊었을까. 여왕이 절에 불공을 드리러 갔다가 자신을 사모하는 지귀 이야기를 듣고 감동했던지, 절간 밑에서 잠이 든 지귀에게 자신의 팔찌를 빼놓고 왕궁으로 돌아갔다. 그런데 잠이 깬 지귀는 여왕이 자신에게 다녀갔음을 알고 사모의 정이 더 불타올라 마침내 화귀火鬼로 변해버렸다. 마음이 얼마나 간절하게 불타올랐으면 불이 될 수 있을까?

이 이야기의 결말이 의미심장하다. 지귀가 타죽어 화신火神이 되고 주사를 지어 문벽에 붙임으로써 화재를 막았기 때문이다. 우리는 이 난해한 설화를 이해하기 위해 유럽의 근대 제전의 한 풍경을 감상해봐야 한다.

근대 유럽의 불의 제전이 마녀와 마법사들을 불태우거나 차단함으로써 마법의 힘을 분쇄하려는 시도라고 보는 우리의 해석이 옳다면, 우리는 켈트족의 인간제물도 같은 방식으로 설명해야 할 것 같다. 곧, 드루이드교 사제들이 고리버들 우상 속에 가두어 불태운 사람들은 마녀나 마법사라는 이유로 사형선고를 받았으며, 불을 이용한 처형방법을 선택한 까닭은, 생화장이야말로 그 해롭고 위험한 존재들을 제지하는 가장 확실한 방법으로 여겨졌기 때문이라고 우리는 추정해야 한다. 켈트족이 사람과 함께 불태운 가축과 많은 종류의 야생동물에게도 같은 설명을 적용할 수 있을 것이다. 추측건대 그들도 마법에 걸려 있거나, 아니면 사실상 마녀나 마법사가 자기 동족의 행복을 파괴하려는 악독한 음모를 실행하기 위해 동물로 변신한 것으로 여겼을 것이다.[88]

프레이저의 마녀와 마법사의 화형에 대한 유럽 풍속 소개다. 마녀와 마법사들을 불태우는 것은 그들의 힘을 분쇄하려는 한 시도다. 생화장을 통해 가장 확실하고도 명료한 방법으로 그들에게 덧씌워진 위험을 제거한다. 선덕여왕의 팔찌 이야기는 복선이 중층적으로 깔린 은유 화법이다. 혼인예물로 팔찌나 목걸이를 선물하는 예를 굳이 참조하지 않더라도, 잠이 든 지귀에게 팔찌를 주는 행위는 보다 원초적이고 근원적인 신화 해석을 요구한다. 지귀가 마침내 사랑의 열정으로 불의 신이 되고 말았지 않은가.

신라의 화귀는 선덕여왕과 지귀 등으로 의인화되었지만 네 번에 걸친 영묘사 화재와 관련되어 있다고 봐야 한다. 국내외적으로 신라가 심각한 어려움을 겪고 있었던 시기이기도 하다. 이 화재를 왕실을 비롯한 지배계층의 부덕함으로 돌리지 않고 술파가설화術波伽說話를 바꾸어 또 다른 성격의 지귀설화로 만들었다는 주장도 있다.[89] 여자가 이성적 판단을 못하고 감정에 휘말려 음심淫心에 빠지는 것을 종교적 입장에서 경계하는 내용으로 풀이하는 시각이다. 술파가설화에서는 천신이 술파가를 잠들게 함으로써 왕녀와의 만남을 불가능하게 만든다. 선덕여왕과 불교로 독해되는 한 세력들, 지귀로 대표되는 불의 세력을 창조적으로 풀이할 수는 없을까?

지귀는 선덕여왕에 대한 사랑의 열정을 핑계 삼아 보다 근엄하게 화형 집행을 당했고 그 의미들은 종교적으로 포장되었다. 가장 완벽하게 불을 제거한 테크놀로지는 마침내 경주의 모든 마을 모든 집들 문벽에 붙여져 불을 예방하는 역신으로 위상을 정립하게 되었던 것 아닐까. 어느 날 우연히 전승된 이야기 속의 도깨비불들, 혹은 강렬한 불놀이 의례들의 포장을 벗겨내다가 교묘하고도 잔인한 신화를 발견하곤 깜짝 놀라는 나를 상상한다. 내 어린 시절에 보고 들었던 불나방 같던 불도깨비들이 어쩌면 못다 이룬 사랑, 지귀의 오래된 정령이었을지도 모른다는 의심을 떨쳐버릴 수 없다.

영묘사의 화재사건과 복합적인 세력들 간의 관계들, 종교적 주문들, 아마도 이를 의인화했을 지귀 이야기는, 영묘사를 도깨비 이야기의 시원으로 삼는 이들에게 적어도 어떤 불의 영감을 주고 있는 것만은 틀림없어 보인다. 도깨비의 시원이라는 비형랑이 하룻밤 만에 못을 메워 세운 절이 영묘사이기 때문이다. 문제는 이 불을 어떻게 해석할 것인가에 있다.

선덕여왕과 의자왕의 두꺼비

영묘사靈廟寺 옥문지玉門池에 겨울임에도 많은 개구리가 모여 3~4일 동안 이나 울었다. 나라 사람들이 그것을 괴이하게 여겨 왕에게 물은 즉, 왕은 급히 각간角干 알천閼川·필탄弼呑 등에게 명하여 정병 2천을 뽑아 "속히 서쪽 교외로 나가 여근곡女根谷을 수색하면 필히 적병이 있을 것이니 엄습하여 그들을 죽이라." 하였다. 두 각간이 명을 받들어 각각 군사 1천 명씩을 거느리고 서쪽 교외에 가서 물으니 부산富山 아래에 과연 여근곡이 있었다. 백제의 군사 5백 명이 그곳에 와서 숨어 있으므로 이들을 모두 죽여 버렸다.[90]

선덕여왕은 영묘사 창건 후 개구리가 3~4일 동안 계속해서 운다는 소식을 듣고 백제의 복병이 근처의 여근곡에 숨어들었음을 알아차렸다. 『삼국유사』 기사에서는 그 이유를 이렇게 말한다.

"개구리가 노한 형상은 병사의 형상이며, 옥문은 여자의 음부를 말한다. 여자는 음陰이고 그 빛이 백색이며, 백색은 서쪽을 뜻하므로 군사가 서쪽에 있는 것을 알았다."

영묘사 관련 기사 중, 하룻밤 만에 쌓은 다리의 이적, 지귀의 불신火神, 목랑으로 섬겨지는 비형의 정체들을 주로 주목해왔다. 도깨비의 신이한 기술, 없는 것을 만들어내는 기능들을 이 고사에 투사시켜왔기 때문이다. 하지만 다시 주목할 것은 개구리 혹은 두꺼비의 울음들이다. 호수를 막아 세운 영묘사에서 섬진강 기원설화로, 이것이 다시 서해와 남해를 관통하는 갯벌의 도깨비 고사로 이어진다고 보기 때문이다. 여기서의 개구리와 두꺼비는 어떻게 다를까? 『삼국사기』 기록은 개구리를 두꺼비로 기록한다.

여름 5월에 두꺼비가 궁궐 서쪽의 옥문지玉門池에 많이 모였다. 왕이 이를 듣고 좌우에게 말하기를 "두꺼비는 성난 눈을 가지고 있으니 이는 병사의 모습이다. 내가 일찍이 들으니 서남쪽 변경에 이름이 옥문곡玉門谷이라는 땅이 있다고 하니 혹시 이웃 나라의 군사가 그 안에 숨어 들어온 것은 아닐까?"라고 하였다. 이에 장군 알천閼川과 필탄弼呑에게 명하여 군사를 이끌고 가서 찾아보게 하였다. 과연 백제의 장군 우소于召가 독산성獨山城을 습격하려고 무장한 군사 5백 명을 이끌고 와서 그곳에 숨어 있었다. 알천이 갑자기 쳐서 그들을 모두 죽였다.[91]

개구리와 두꺼비의 혼용은 크게 중요하지 않아 보인다. 모두 물의 정령 혹은 음양론의 음陰을 기술하는 방식이기 때문이다. 현상을 풀어 보면 보다 중요한 것은 선덕여왕이 본 병사의 모습이다. 백제병사의 묘사가 성난 군사의 모습인데 그것이 두꺼비와 같고 개구리와 같았다는 것 아닌가. 실제 개구리와 두꺼비를 비교해보거나 전승해오는 이야기 혹은 파생된 이미지들로 봤을 때 『삼국유사』의 개구리보다는 삼국사기의 두꺼비가 성난 군사의 모습에 가까워 보인다.

여름 4월에 두꺼비 수만 마리가 나무 꼭대기에 모였다. 서울(백제의 수도 사비)의 저자 사람들이 까닭도 없이 놀래 달아나니 누가 잡으러 오는 것 같았다. 그러다가 쓰러져 죽은 자가 1백여 명이나 되고 재물을 잃어버린 자는 셀 수도 없었다.[92]

▲ 나주목사 정설이 1573년 지은 섬진강 나루 수월정의 두꺼비모양 화강석 기단

　　백제의 의자왕 시선으로 본 두꺼비다. 선덕여왕과 마찬가지로 성난 눈을 가진 병사의 의인화다. 여기서의 두꺼비 형상은 누구인가? 바로 신라의 군사다. 신라에서는 백제의 군사를 두꺼비의 성난 눈에 비교했고 백제에서는 신라의 군사를 두꺼비의 성난 모습에 비교했다. 두꺼비들 수만 마리가 나무 꼭대기에 모였는데, 마치 누가 잡으러 오는 것 같았으며 그 결과 쓰러져 죽은 자 재물을 잃은 자가 셀 수도 없었다고 기록하고 있다. 백제의 멸망을 보고하는 기사이기도 하다.

　　신라 선덕여왕과 백제 의자왕의 두꺼비가 주는 여운이 깊다. 백제의 두꺼비들은 옥문지라는 음문에 들어가 울었고 신라의 두꺼비들은 모두 나무에 올라가 울었다. 못이 주는 아우라가 넓다. 큰 못을 하룻밤 만에 메우고 다리를 놓아 영묘사를 지은 이들은 귀신의 무리로 호명된 비형랑, 목랑, 두두리들이었음을 기억해두자. 이들을 지금껏 도깨비의 화신化神인 도깨비의 시원으로 얘기해왔기 때문이다.

불도깨비에서 물도깨비로

이제 비로소 우리는 지귀를 포함한 불도깨비 이야기로부터 기적을 행한 두꺼비의 이야기를 할 수 있게 되었다. 두꺼비의 형상을 분석하는 일은 나중으로 미루더라도, 영묘사 못의 이야기가 강과 늪과 갯벌로 확장된 맥락을 연결할 수 있게 되었기 때문이다. 어느 시기 지귀를 소재 삼았던 불도깨비는 물과 달과 갯바람의 정령들이 되었다. 혹은 물과 달과 갯바람의 정령들이 『삼국유사』에서 불도깨비로 묘사되었을지도 모른다. 신라의 두꺼비들이 올라가 울었던 나무의 아우라 또한 그 깊이를 측량할 길 없다. 나무는 마을숲과 강변습지와 연안습지의 풍경들이 되었다. 이들 모두 오래된 나무의 정령이었고 숲에 사는 요정들이었으며 갯벌에 사는 물 아래 도깨비들이었다. 이들이 온 곳을 사람들은 비형랑에서 찾았다. 나무와 숲과 땅의 자궁, 늪과 갯벌에서 울던 개구리 혹은 두꺼비들에 대해서는 아무도 말하지 않았다.

이제 주목해야 할 것들이 있다. 두드리 절굿공이나 나무방망이의 고향, 그 오래된 나무의 정령에 주목하고 그 배경이었던 두꺼비들의 울음에 귀 기울이는 일 말이다. 왜 민담 전승 도깨비들이 몽당 빗자루나 부지깽이 등의 쓰던 물건이었는가에 대한 일련의 해답일 수도 있다. 두꺼비의 강, 섬진강과 한반도 전반을 관통하는 갯벌과 연안의 늪과 숲을 다시 주목하는 이유이기도 하다.

나는 2002년 월드컵을 계기로 의도치 않게 소환된 붉은악마 즉 치우천왕기로부터 다시 천년의 통과의례 같은 어떤 불가피한 의례들을 통해 끊임없이 변화해온 도깨비들을 상상할 수 있었다. 그것은 비형랑으로부터 이어진 나무의 정령에서 나아가 어쩌면 두꺼비들로부터 이어진 물의 정령으로 전개된 세기사적 의례였을 수 있다. 불도깨비에서 물도깨비로의 전화轉化를 주목하는 이유기 여기에 있다.

이 공간과 저 공간의 교집합, 전이지대의 존재들

『삼국유사』의 지귀설화에서 확인할 수 있듯이, 역사를 거슬러 올라갈수록 도깨비의 주 활동무대는 숲속이나 물가, 습지 등 주로 음침하고 구석진 곳임이 드러난다. 인간과 귀신의 중간지 혹은 중간자적 역할을 수행하기 때문일 것이다.

도깨비의 거처가 숲, 물가, 습지, 혹은 갯벌의 바다 등으로 특화되었던 것은 도깨비의 존재적 특성을 드러내는 매우 의미심장한 일이다. 이 공간과 저 공간의 교집합적 공간으로 특화된 전이지대의 주인공이라는 점, 여자도깨비의 맥락을 재구성해봐야 한다는 점을 들어 비로소 두꺼비에 대한 이야기를 나눌 수 있게 되었기 때문이다.

돌발적이고 획기적인 모습으로 도깨비의 이미지를 바꾸는 것이 아니라 본래적 의미를 추적한다는 뜻이다. 치우나 야차, 나찰 등의 괴기적인 이미지를 상상하는 이들이라면 도깨비가 퇴화되었다고 말할 것이고, 드라마 〈도깨비〉 이후의 세대라면 더욱 크리에이티브한 도깨비들이 출현하는 것이라고 말할 수 있다. 쏟아져 나오는 어린이 도깨비 책에 출몰하는 모습들을 확인할수록 이 생각은 더 명료해진다. 본래 없던 도깨비의 형상이기에 자유로운 상상이 가능했고, 어떤 한 시대 어떤 이미지로 고정되었을지라도 그것은 불변하는 것이 아닌 까닭이다. 도깨비는 끊임없이 변화해왔고 변화해가는 존재다. 하지만 여전히 남는 질문이 있다. 왜 갯벌의 어장고사를 말하면서 불도깨비를 이야기하는가. 물과 불의 교섭이라고나 할까. 왜 뜬금없는 섬진강을 이야기하고 두꺼비를 이야기하는가에 대한 해명이라고 할까. 이제 비로소 도깨비라는 기호 속에 감춰진 기의를 추적해 본다.

3. 갯벌로 온 불의 정령

불도깨비와 도깨비고사

도깨비고사는 주로 갯벌지역에서 행해진다는 점을 확인하였다. 일종의 아이러니다. 예컨대 제사를 받을 수 있으면 정격正格의 신이고 제사를 받을 수 없으면 부정격不正格의 신이라는 전제에서 신성神性에 대한 상대적 개념으로 도깨비가 설정되었기 때문이다. 이 시선으로 보면 도깨비는 제사를 받을 수 없는 중간자적인 애매모호한 존재 아닌가. 하지만 제주도를 포함한 서해안과 남해안의 갯벌문화권에서 도깨비만큼 중요한 신격이 없으니 이것이 아이러니 아니면 뭐란 말인가. 멸치나 갈치를 한 꺼번에 몰아다 주기도 하고, 양질의 소금을 생산해주기도 하며 풍어를 가져다주는 존재로 그려지는 까닭이 무엇일까. 그래서 풍어와 항해 안전을 위해 고사를 지내는데 그 대상이 용왕도 아니고 해신도 아닌 도깨비다. 도깨비고사니 도깨비굿이니 하는 이름들이 그래서 나왔다.

아이러니 한 것은 바다든 강이든 갯벌지역에서 도깨비불이 중요한 키워드로 존재한다는 것이다. 예컨대 전북 김제 죽동마을 도깨비터에서는 철륭신에게 고사를 지낸다. 정월 초사흘 밤에 산에 올라가 도깨비불을 보고 한 해의 고기잡이 풍흉을 점친다. 전북 위도에서는 이를 산망山望이라 한다. 도깨비불이 나타나는 해역에 덤장이나 어장을 설치해야 풍어를 이룰 수 있다고 믿는다.

갯벌이든 마을숲이든 도깨비에게 가장 많이 나타나는 기능이 불이다. 불도깨비 혹은 도깨비불 구술담이 많은 이유이기도 하다. 이 불을 심지어는 청동기시대의 치우까지 소급해 해석하는 학자들도 있다. 이에 동의하지 않더라도 현재까지 전승되는 도깨비담이나 도깨비 의례에서 빈도수가 가장 높다는 현실은 부정하기 어렵다.

제주도를 포함한 일부 갯벌지역에서의 도깨비 신앙은 양가적이다. 풍어와 항해를 기원하는 안전의 신이기도 하지만, 한편으로는 역질을 가지고 오는 존재, 즉 퇴치의 신으로도 인식하기 때문이다. 제주도의 영감놀이가 바로 역질 퇴치굿이다. 여자에게 도깨비가 지폈다고 여기고 영감놀이를 해서 퇴치하는 형식을 취한다. 이 영감놀이가 언제부터 전해왔는지는 불분명하지만 도깨비를 영감으로 부르던 전통과 도깨비 신격의 위상들이 관련되어 있을 것이다.

영감본풀이와 도깨비 영감

강정식이 보고한 『한국민속신앙사전』에 의하면 영감은 도체비(일반적으로는 도채비로 쓴다)다. 도체비는 제주도의 방언이다. 도체비는 놀기 좋아하고 술과 고기를 좋아하며 여자를 좋아한다. 사람에게 범접하여 병을 일으키기도 하지만 풍어를 가져오고 해상 안전을 지켜주는 선왕船王이기도 하다. 선왕은 다른 지역에서는 서낭, 뱃서낭, 선황이라고도 한다.

또한 도체비는 풀무의 신이기도 하다. 그래서 풀무를 생업으로 삼던 마을에서는 마을신격인 당신堂神으로 모시기도 했다. 풀무는 불을 피울 때 바람을 일으키는 도구다. 마찬가지로 불과 관련되어 있음을 알 수 있다.

제주의 도깨비굿은 1971년 제주도 무형문화재 제2호로 지정되었다. 현용준이 보고한 『한국세시풍속사전』에 의하면 도깨비를 '참봉'이라는 경칭으로 부른다. 그 중 영감이라고 부르는 것이 일반적이다. 제주도 무속 중 영감본풀이가 그것이다. 현용준이 간추려 보고한 영감본풀이는 아래와 같다.

서울 남산 먹자 고을에서 허정승의 아들 7형제가 태어났는데, 큰아들은 백두산 일대를 차지하고, 둘째 아들은 태백산 일대를 차지하고, 셋째 아들은 계룡산 일대를 차지하고, 넷째 아들은 무등산 일대를 차지하고, 다섯째 아들은 지리산 일대를 차지하고, 여섯째 아들은 유달산 일대를 차지하고, 일곱째 아들은 제주 한라산 일대를 차지하여 영감신이 되었다.
제주의 영감신은 정의에 가면 영감 선앙신으로 놀고, 대정에 가면 도령 선앙신으로 놀고, 위미숲에 가면 각시 선앙신으로 놀고, 선흘 숲에 가면 황세왓 돌허리 아기씨 선앙신으로 논다. 썰물 때는 강변에서 놀고 밀물에는 주중에서 놀고, 산으로 가면 아흔아홉 골머리, 열실, 백록담, 물장오리, 태역장오리를 좋아해서 놀고, 삼천 어부의 어장을 좋아해서 놀고, 해녀와 홀어머니를 좋아하여 같이 살자 하며 따라붙는다. 낮엔 연불煙火, 밤엔 등불을 들어 노는데, 갓양태만 붙은 헌 갓에, 옷깃만 붙은 도포에, 총만 붙은 미투리 차림에, 한 뼘 못되는 곰방대를 물고 다니는 우스운 모습이다. 안개 낀 날과 비 오는 날을 좋아하며, 순식간에 천리만리를 뛰어다닌다. 먹는 것은 수수떡, 수수밥을 좋아하고, 흰 돼지와 검은 돼지 같은 네 발 짐승의 머리와 갈비와 열두 뼈를 좋아하고, 시원한 간이나 더운 피도 좋아하고, 고기와 술을 동이로 받아먹는 신이다.

도깨비 일반에 나타나는 전형적인 특성

영감 본풀이의 영감은 도깨비불을 인격화시킨 신격이다. 신의 성격과 습성을 적나라하게 설명하고 있다. 이를 통해 보면 도깨비는 영감으로 호명되는 남성격만 있는 것이 아니라 각시서낭, 돌허리아기씨 서낭 등 여성격 또한 존재함을 알 수 있다. 서낭을 내세우는 것으로 보아 선박의 신이고 만선을 기하는 풍어의 신이기에 가장 두드러진 기능이 풍신豊神 혹은 부신富神임을 알 수 있다. 이것은 전국의 도깨비 일반에 나타나는 가장 전형적인 성격이기도 하다. 이외 마을을 대표하는 당신堂神으로도 나타나고 전염병 등을 퇴치해주는 역신疫神으로도 나타난다. 무엇보다 불을 상징하거나 불 자체라고 할 수 있는 불신火神이다. 이런 의롭고 이로운 신격이 왜 음식을 좋아하는 호식한, 과부를 좋아하는 호색한 등으로 고정되거나 전파되었을까?

도깨비가 된 몽당 빗자루와 부지깽이

다시 장면 하나를 예로 든다. 도깨비와 씨름을 했다. 도깨비의 키는 장대보다 더 높았다. 밤새 씨름을 하다가 마침 꾀가 생각났다. 도깨비는 왼다리가 약하다고 하더라. 냅다 왼다리를 발로 찼다. 그랬더니 실제로 도깨비의 키가 쑥쑥 줄어들기 시작했다. 사람 키 정도로 작아졌을 때 안짱다리를 걸어 자빠트렸다. 이겼다. 마침 나무숲에 있는 큰 소나무가 눈에 띄었다. 도깨비를 나무에 묶고 옆에 있는 칡 줄로 칭칭 동여매두었다. 마을로 돌아왔다. 아침이 되니 어젯밤 씨름하던 도깨비가 궁금했다. 동구 밖을 지나 씨름하던 마을숲가로 가보았다. 그런데 이게 웬 일인가? 키 큰 소나무에 칡 줄로 칭칭 묶여있는 거 빗자루 아닌가. 그것도 다 닳아져서 버린 몽당 빗자루 말이다. 이른바 빗자루 도깨비 이야기로, 도깨비 이야기 수집할 때마다 빠지지 않고 듣는 감초격의 이야기다.

몽당 빗자루 외에 부지깽이 등이 주로 나타난다. 집안에서 사용하던 물품들이 주류다. 함정이 있다. 어르신이 실제 도깨비와 씨름을 하신건가요? 대답이 돌아온다. 고개를 설레설레, 아니, 할아버지들한테 들은 얘기지. 몽당 빗자루나 부지깽이가 주류인 것은 또 무슨 까닭이죠? 옆에서 할머니들이 대꾸해주신다. 쓰다가 버린 물건들이 도깨비가 된다고요. 그렇다면 가까이서 쓰던 물건들이 도깨비가 되는 것일까. 아니 어쩌면 빗자루는 그보다 훨씬 심오하거나 넓은 애니미즘의 의미를 간직하고 있는지도 모른다. 우리는 빗자루의 정령을 확인하기 위해 러시아의 한 설화를 참고할 필요가 있다.

불사신 카시체이 또는 코시체이라고 하는 마법사가 공주를 유괴하여 자신의 황금성에 가두어 놓았다. 그런데 어느 날 그녀가 혼자서 우울하게 성의 정원을 거닐고 있을 때 한 왕자가 그녀 앞에 나타났다. 공주는 왕자와 함께 도망칠 수 있다는 기대로 마법사에게 가서 거짓과 아양으로 구슬리며 이렇게 말했다. "사랑하는 친구여, 부디 말해주세요. 당신은 죽지 않습니까?" "물론이지" 마법사가 대답했다. "그러면 당신의 죽음은 어디에 있나요? 집 안에 있나요?" 공주가 물었다. "물론 그렇다." 그가 말했다. "그

것은 문지방 아래 빗자루 속에 있지." 그러자 공주는 빗자루를 가져다가 불에 던져버렸다. 그러나 빗자루가 다 타버려도 불사신 코시체이는 여전히 살아 있었다. 그는 머리카락 한 올 그을리지 않았다.[93]

　　프레이저가 보고한 이 설화에서 빗자루에 영혼을 숨겨놓은 불사신 이야기가 나온다. 사실은 그의 죽음이 빗자루가 아니라 넓은 바다 위에 있음을 알려준다. 바다에 섬이 있는데 섬에는 푸른 참나무가 한 그루 자라고 있다. 참나무 밑에 쇠궤짝이 있고 궤짝 속에 작은 바구니가 있고 바구니 속에 산토끼가 있고 산토끼 속에 오리가 있고 오리 속에 알이 있다. 그 알을 찾아서 깨트려야 불사신 코시체이의 영혼이 죽는다.

　　또 다른 판본에서는 마법사가 자기 죽음이 빗자루 속에 있다고 말하며 공주를 속이는데 공주는 빗자루에 금칠을 한다. 결국에는 마법사의 죽음이 머물러 있는 금칠한 빗자루 때문에 치명적인 죽음의 비밀을 털어놓게 되어 마법사를 죽일 수 있게 되었다는 이야기다.

　　앞서 예로 든 콰키우틀 인디언의 여자도깨비 이야기처럼 영혼을 밖에 빼놓고 활동하는 관념들을 묘사한 대목인데 나는 여기서도 영혼이 깃든 빗자루가 우리의 도깨비뿐만이 아닌 세계적인 광범위한 분포를 보이고 있음을 확인하고 싶었다. 이런 이야기는 세계적으로 유명해진 해리포터가 빗자루를 타고 마법적인 이동을 하는 수준으로 확대 재생산되기도 한다. 언젠가 우리 빗자루 도깨비도 숲속에서 씨름만 하는 것이 아니라 해리포터처럼 공중을 날아다니거나 우주를 유영하는 날이 오지 않을까?

218

정격의 신과 평범한 지위의 신격

　　　　　도깨비들의 주요 서식처를 두루두루 확인한 것은 도깨비불이 사실은 물과 깊은 관련이 있고 어쩌면 물을 고향으로 삼고 있다는 점에서였다. 그것도 아무도 주목하지 않고 오히려 기피하는 인근의 웅덩이와 마을 개천, 나아가 모든 내륙의 것들을 담아내고 수용하는 갯벌지역이다.

　깊은 산 속에서 도깨비가 출현했다는 얘기를 들어보지 못한 이유가 있다. 깊은 산속에서는 누가 사나? 그곳에는 정격正格의 신성을 갖춘 신격이 산다. 산신 따위가 대표적이다. 이들 신격들은 이미 인간으로부터 높고 깊은 신성을 부여받았기 때문에 함부로 대할 수도 없고 대면하기도 어렵다. 도깨비가 하등의 벼슬아치 직위를 가졌거나 종국에는 영감, 서방 등으로 인간과 동등한 위상을 갖고 언제 어디서나 그것도 깊고 높은 숲이 아닌 매우 범접하기 쉽고 일상적인 마을숲 따위에서 대면할 수 있다는 점과 대조적이다.

　깊은 바다에 나가도 마찬가지다. 정격의 신성을 갖춘 신, 예컨대 용왕 따위가 살기 때문이다. 용왕은 산신만큼 그 영험이 높고 깊은 신격이다. 사람들이 함부로 대할 수도 없고 쉽게 기원을 할 수도 없다. 가까운 갯벌 어장, 연안의 늪지에서 매우 일상적으로 마치 가까운 친구에게 부탁하듯이, "어이 우리 어장 좀 살펴주소!"라고 하는 관계와는 매우 대조적이다.

　이를 확대하면 외부로부터 들어 온 정격의 신들이 보인다. 인도에서 중국을 거쳐 우리나라로 들어온 부처님이나 서양에서 들어온 예수님, 혹은 동아시아 전반으로 확장된 공자님 등은 이른바 정격의 신들이다. 이에 비하면 도깨비는 부정격의 신이기에 존재감도 없고 높게 숭상되지도 않는다. 그래서 높은 산이나 깊은 물에 서식하지 않는다.

▲ 곡성 섬진강변에 있는 도깨비마을과 숲

이 맥락을 깨달은 조자용 같은 이들이 한국적인 것, 민족적인 것, 외적인 것에 의해 버림받은 우리 것 등의 컨셉으로 도깨비 샘플링 작업들을 했고 갖가지 형상들을 재구성하게 되었던 것이다. 바로 이름도 빛도 없이 이 땅에 존재했지만 주인으로서의 위치를 획득하지 못했던 우리네 민중들의 위치와 같다는 깨달음이라고나 할까. 도깨비들의 거처를 기암괴석의 높은 산이나 천길 수중의 깊은 바다를 선택하지 않고 인근 숲과 나무, 아무 쓸모 없는 웅덩이 등으로 설정했던 사유방식이 대개 이런 관점들 속에서 형성되었다. 치우에 대한 급속한 관심이나 추적도 이런 맥락에서 이해해야 비로소 실체를 볼 수 있다.

도깨비들의 서식처는 바로 이러한 사람들이 사는 매우 친연성 있는 공간이다. 사람들의 거처 즉 마을 가까운 나무숲이나 연안의 갯벌과 늪에서 주로 사는 이유는 그들의 권위가 마을사람과 하등 다를 바가 없고 사람들과 일상적으로 만날 수 있기 때문이다. 조수간만의 유동이 현저한 연안 개펄에서 주로 서식하는 이유는 도깨비들이 용왕처럼 영험하여 먼 바다까지 나가는 신격이 아니기 때문이다. 깊은 숲으로 들어가지도 못한다. 도깨비가 사는 공간을 인간과 신의 교집합 혹은 교섭지로 해석하는 이유가 여기에 있다. 이른바 점이지대漸移地帶 혹은 전이지대轉移地帶다. 지리적으로 보면 서로 다른 특성을 가진 두 지역 사이에서 중간적인 현상을 나타내는 지역 예컨대 산록지역 따위다. 서식처를 닮았기 때문일 것이다. 도깨비의 성격이 영락없는 중간자 어쩌면 회색분자 아니던가.

도깨비는 전이공간이자 여백

그림으로 치면 도깨비는 마치 여백과 같은 역할을 하는 존재다. 글로 치면 마치 행간과 같은 역할을 하는 존재다. 사람들이 사는 마을과 교섭하는 공간이므로 원한의 표상인 귀신이나 깊은 숲속의 산신보다 친화적이다. 정격의 신성을 획득하지 못했으므로 어딘가 모자라고 어색하다. 사람을 놀리기도 하고 우스꽝스럽기도 하며 자잘한 욕망들을 해소해주기도 한다. 방망이 하나로 재화를 만들어내기도 하고 금전 보따리를 주고도 금방 잊어버리기도 한다. 격식을 갖춘 신격이라면 이리 허술할 수 없다. 도깨비의 출현이 잦은 우실(마을숲) 등의 숲이나 마을주변의 늪지, 갯벌 등은 생태적으로도 교섭공간이자 점이지대다. 갯벌이나 늪의 기능이 그렇고 거주공간과 산림공간의 교집합인 마을숲의 기능이 그러하다.

도깨비가 쌓은 저수지, 섬진강 어살에서 비형랑까지

'도깨비보(도깨비 저수지)' 얘기가 있다. 이 이야기는 보통 도깨비에게 팥죽을 주고 쌓은 보(저수지) 설화로 분포한다. 김종대가 『한국민속문학사전』에 보고한 바를 인용한다. 도깨비를 만나 팥죽이나 혹은 콩을 줄 테니 보洑를 막아달라고 부탁한다. 보는 논에 물을 대기 위한 수리시설의 하나로 둑을 쌓아 흐르는 냇물을 막고 그 물을 담아두는 곳을 말한다. 도깨비들이 하룻밤 새에 보를 막아주자, 이를 고맙게 여긴 사람이 팥죽을 쑤어주었다. 도깨비들이 팥죽을 나누어먹다가 한 도깨비가 먹을 양이 부족했다. 이에 화가 난 도깨비가 자기가 쌓은 보의 일부 돌을 빼버린다. 하지만 아무리 홍수가 나도 이 보는 무너지지 않고 다만 돌이 빠진 곳으로 물이 졸졸 흘러내릴 뿐이었다. 일반적으로 이 이야기는 저수지를 쌓아주는 이야기로 분포하는데, 보 대신 강물이나 개울에 어살을 쌓아두는 이야기로도 등장한다.

어살을 쌓는 이야기에도 마찬가지로 한 도깨비가 메밀묵이나 팥죽을 먹지 못하는 일이 발생하여 자기가 쌓은 어살을 무너뜨리지만 전체는 무너지지 않는다는 내용이다. 일부 지역에서는 팥죽을 쑤어 도깨비를 내쫓기도 하는데 이는 붉은색이 악한 기운을 쫓아낸다는 관념과 관련지어 해석한다. 대개는 팥죽이나 메밀묵을 도깨비들에게 대접하는 것으로 나타난다. 이 이야기는 다시 마천목 장군과 섬진강 어살도깨비 이야기로 소급된다.

고려 공민왕 때 문신이었던 마천목에게 섬진강에서 고기를 잡을 수 있도록 도깨비들이 어살漁箭을 하룻저녁에 쌓아주었다는 내용이다. 이 버전의 원형격인 『삼국유사』의 비형랑조로 소급될 수 있음은 불문가지다.

하룻저녁에 연못을 막아 세웠다는 영묘사 이야기, 선덕여왕이 듣고 백제의 침입을 점쳤다는 개구리 혹은 두꺼비 울음소리로 거슬러 올라가지 않을 수 없는 동격의 이야기들이다.

잃어버린 본향 레퓨지움

　　　　　내가 도깨비설화를 통해 다가가고자 하는 공간은 레퓨지아 refugia다. 빙하기와 같은 대륙 전체의 기후 변화기에, 다른 곳에서는 멸종된 것이 살아 있는 지역을 말한다. 영국 본머스대 연구팀에 의하면, 현생인류가 아프리카를 떠날 때 빙하기가 닥쳐 다양한 고대 인류들이 '레퓨지아'라는 곳으로 모였다고 한다. 유발 하라리는 보이지 않고 존재하지 않는 것을 상상하는 능력 때문에 인류가 지구별의 주인공이 되었다고 말하지만, 이 과학적 분석은 빙하기의 레퓨지아 때문에 인류가 지구별의 주인공이 될 수 있었다고 말하는 중이다. 유기체가 소규모 제한된 집단으로 생존하는 지역 또는 거주지라는 말이다.

레퓨지움refugium은 광범위하게 분포했던 레퓨지아의 복수형이다. 이들 지역에서 생존을 지속가능하게 했던 요인은 기후적, 지형적, 생태적, 역사적, 그리고 문화적 특성들이다.

레퓨지refuge는 피신처, 은신처, 난민들의 도피시설 등을 가리키는 말로 쓰인다. 바꾸어 말하면 레퓨지아가 아니면 인류는 멸종되었다는 뜻이다. 성경에 나오는 노아의 방주가 레퓨지아이고, 내가 회향回鄕이라 명명하고 복원 운동에 가담하고 있는 전통마을 운동이 겨냥하는 곳이기도 하다.

수구초심首丘初心이라 했다. 여우도 죽을 때 머리를 향한다는 동굴의 의미가 곧 본향本鄕으로서의 마을에 있다고 생각하고 이 마을 복원 작업의 하나로 사실은 도깨비를 소환하고 있는 중이다. 세계 전반에 분포되어 있는 홍수설화의 발원지다. 홍수로 세상 모든 것들이 물에 휩쓸려 죽고 마지막 남은 음양의 남녀가 새 세상을 창조했다는 창세설화의 표본이다.

내가 말하는 본향本鄕은 나의 시조가 태어난 본토의 의미를 넘어서는 마음의 고향이다. 그것을 레퓨지움 본향이라 명명할 수 있다. 세파에 시달리고 죽을 것만 같은 역경들을 무수히도 견뎌내며 살아왔던 우리들이 잃어버린 곳, 피난처처럼, 어머니의 품처럼, 인류 시원의 동굴처럼 영육의 안식을 얻을 수 있는 곳, 그곳이 바로 본향 마을이다. 이 마을이 살아야 사람이 살고 나라가 살며 지구별이 산다. 그곳에 도깨비가 살았으나 어느 시기 쫓겨난 신세가 되어 버렸다. 외부로부터 들어온 정격의 신들에 의해 쫓겨나고 이제는 발전이라는 기세에 눌리고 쫓겨 거처할 곳을 잃어버렸다. 내가 하찮은 도깨비를 주목하는 이유가 여기에 있다. 불도깨비와 물도깨비의 전화轉化를 주목하는 이유 또한 여기에 있다.

08

도깨비와
두깨비 다시 읽기

1. 도깨비의 강, 섬진강의 아우라

두꺼비는 달의 정령

난해하고 복잡한 과정을 거쳐 우리는 이제 도깨비의 강 섬진강의 내력을 말할 수 있게 되었다. 고구려 구분벽화 이야기부터 시작해 본다. 고구려 고분벽화 중 집안 4호도에 보면 하반신이 뱀처럼 생긴 남신과 여신이 나온다. 남신은 해의 정령 삼족오를 이고 있다. 여신은 달의 정령인 두꺼비 섬여蟾를 머리에 이고 있다. 이 그림은 『산해경』과 『회남자』등의 기록으로 거슬러 올라가 중국 추석의 기원으로 알려진 항아 얘기로 귀결된다.

『회남자』의 기록이다. 항아의 남편 예羿는 활 잘 쏘는 사람이었다. 서왕모에게 불사약을 청했다. 서왕모에게 얻은 탁자 위의 불사약을 항아가 훔쳐 먹고 하늘로 올라간다. 하늘에서 받아주지 않으므로 달에 머무른다. 달에서 남편을 기다리다가 남편에 대한 미안함과 슬픔으로 몸이 쪼그라들어 울퉁불퉁한 두꺼비가 된다. 항아가 두꺼비가 되어 달에서 살게 된 내력이다. 항아姮娥는 상아嫦娥를 말한다. 요임금 때 10개의 태양이 떴는데 9개의 태양을 활로 쏴 떨어뜨려 세상을 바로잡은 이가 예라는 전설도 있다.

두꺼비와 더불어 토끼, 계수나무, 원과 초승달 등은 달의 상징으로 음양철학의 음陰으로 그려진다. 이를 그린 것이 월상문月象文이다. 두꺼비와 함께 토끼가 그려지는 것은 옥토끼가 태음太陰을 상징하기 때문이다. 가임과 출산, 다산과 풍요를 함의한다. 여러 가지 설화들이 이를 뒷받침한다. 한유의 『모영전毛穎傳』에 인용된 설화에서는 중산中山의 토끼가 신선술을 얻어 항아와 함께 두꺼비를 타고 달로 갔다고도 한다. 불교관련 설화도 있

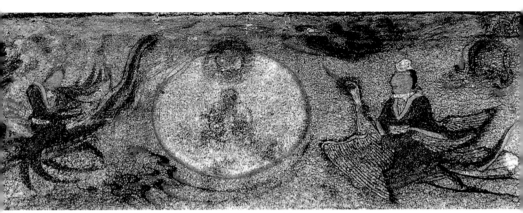
▲ 고구려 고분벽화 중 집안 4호 무덤의 달 속의 두꺼비

다. 바라문으로 변한 제석천이 먹을 것을 구하러 숲으로 내려왔다. 다른 동물들은 제석천을 대접하는데 드릴 것이 없는 토끼는 자신의 몸을 불에 던져 먹이로 내놓는다. 감동한 제석천이 그 마음을 잊지 않기 위해 달에 토끼 모습을 새기게 되었다. 토끼의 형상은 7세기 이후 등장한다. 버전들도 많고 동아시아는 물론 인도까지 퍼져 있는 광포설화다.

민화民畵에는 계수나무 아래서 토끼가 방아를 찧고 그 옆에 두꺼비가 엎드려 있는 풍경들이 많다. 탄생과 영혼 불멸, 음양의 합일, 풍요 등의 함의는 월상문의 다양한 용례이기도 하고 두꺼비 이야기의 기능이기도 하다.

두꺼비 개구리와 같은 양서류는 물과 관련성이 깊다. 비가 오면 물가에 마련된 엄마 무덤이 빗물에 씻겨 떠내려갈 것을 걱정하여 개골개골 운다는 '청개구리 이야기'는 비와 개구리 울음과의 유기적인 연계성을 시사한다. 이를 말해주듯 두꺼비와 개구리는 오래 전부터 비를 부르는 동물로 인식되었다. 땅처럼 등이 울퉁불퉁한 두꺼비는 그 몸도 땅 색과 흡사하여 땅과

구별하기가 쉽지 않고, 추운 겨울 땅 속에서 긴 겨울잠을 자기 때문에 땅과 긴밀한 연관성을 갖는다. 또한 겨울잠에서 깬 두꺼비는 봄에 많은 알을 부화하기 때문에 다산多産의 동물로 여겨졌다. 이처럼 두꺼비가 물, 땅, 다산을 상징하고 있음을 고려할 때 '두꺼비≒물≒땅≒多産'의 등식이 성립된다. 이러한 등식 관계는 동부여의 금와金蛙설화에서 엿볼 수 있다. 금와金蛙의 '김金'은 왕권을 나타내고 '와蛙'는 두꺼비와 함께 양서류에 포함되는 개구리를 지칭한다. 금와설화에서 금와가 커다란 돌이 놓여 있던 곳에서 발견된 것은 금와가 우묵하게 들어간 땅으로부터 태어났음을 의미한다. 한편 우묵하게 들어간 땅은 생명의 원천인 물이 담긴 웅덩이나 생명을 잉태할 수 있는 자궁을 상징한다. 따라서 개구리·땅·물·생명·탄생과의 관련성을 살필 수 있고, 금와설화가 풍요와 다산을 중요시하는 농경문화와 연계되어 있음을 알 수 있다.[94]

달의 별칭, 달을 비유적으로 말할 때, 항아姮娥 즉 상아嫦娥라 한다. 달에 있는 이 전설 속의 선녀는 한중일 삼국이 공유하는 캐릭터다. 『삼국유사』에 전하는 월명사의 도솔가에도 "바람은 지전을 날려 죽은 누이동생의 노자 삼게 하고, 피리는 밝은 달을 흔들어 항아가 그 자리에 머물게 했네, 도솔천이 하늘에 이어져 있어 멀다 말하지 말라. 만덕화 그 한 곡조로 즐겨 맞았다네"라고 노래했다. 피리를 불러 밝은 달을 흔드는 풍경이나 항아가 달 속에 앉아 있는 모습은 두꺼비설화와 오버랩 되어 달의 이미지를 더 풍요롭게 해준다.

항아가 사는 달의 궁전을 광한전, 광한부, 광한궁 등으로 부른다. 광한궁은 달 속에 있는 궁전이니 월궁전이다. 전북 남원에 있는 광한루의 이름이 나온 이유도 춘향이와 이도령이 오작교에서 한 번씩 만난다는 풍설도 모두 달과 밤, 강과 물에 관련되어 있다. 달 속의 두꺼비를 달과 샤먼의 정령으로 인식하는 반면 해 속의 삼족오를 태양과 샤먼의 정령으로 인식했다는 설은 이미 보편적인 이야기다. 여기에 두꺼비처녀와 도깨비어살 설화가 포진되어 있는 섬진 곧 두꺼비강이 있으니 이를 달의 강Moon river이라 부르지 않으면 더 이상의 어떤 이름으로 이 맥락을 포섭하겠는가. 실제 섬진강의 섬蟾이라는 글자는 두꺼비를 말하기도 하지만, 달 또는 달빛이라는 뜻도 가지고 있다.

유해희섬, 떡두꺼비 금두꺼비

귀한 자식을 낳았을 때 "떡두꺼비 같다"고 한다. 떡두꺼비는 무엇일까? 국어사전에서는 '크고 튼실하게 생긴 두꺼비' 혹은 '복스럽고 탐스럽게 생긴 갓 태어난 사내아이를 이르는 말'로 풀이해 두었다. 북한에서는 떡을 칠 때 쓰는 두껍고 넓은 나무판 즉 안반을 떡두꺼비라고 한다. 모두 복스럽고 탐스러우며 넓은 면적을 가진 대상에 대한 설명이다. 왜 사내아이일까? 남아선호사상 관념이 반영된 관점이라고 생각된다. 떡두꺼비는 복두꺼비의 다른 말이다. 달의 풍요와 가임可妊의 태음력이 복의 의미로 전화되고 두꺼비 자체가 복의 화신이 되었던 것이다. 그래서 두꺼비는 복두꺼비이며 금두꺼비이고 재물의 화신이며 떡두꺼비같은 집안의 대들보로 비유되었던 것이다.

이런 설화와 기능을 기반으로 언제부터인지 세발 금두꺼비 그림을 그려 집안에 걸어두는 풍습이 생기게 되었다. 중국을 중심으로 확대된 길상화 중의 하나다. 가장 대표적으로 민화 중에 나타나는 유해희섬劉海戲蟾은 요나라

진사가 되었다가 각지를 유랑하고 신선이 되었다는 유해가 두꺼비와 장난을 친다는 뜻이다. 두꺼비는 신선을 인도하는 8선 가운데 하마선인 유해를 세상 어디나 데려다 줄 수 있는 동물로 그려진다. 쇠돈이 달린 긴 끈으로 두꺼비를 달아 올리는 그림이 여기서 유래된 것이다. 결국 민화 속의 세발달린 두꺼비 하마가 월식 때 달을 삼킨다고 하고, 동전처럼 둥근 물건을 물어 금전상이 이이, 돈, 복을 상징하는 동물로 이미지화되었던 것이다.

두꺼비 설화에 대해서 주목한 연구들이 많다. 대개는 두꺼비가 가진 기능들을 분석한 논의들이다. 최근 연구들 중에서 두꺼비의 의미를 서사적 기능, 상징적 의미로 나누는 접근도 있다.

이승연의 「한국설화에 나타난 두꺼비의 형상과 의미」에 의하면, 서사적 기능으로는 승리자의 기능, 징벌자의 기능, 부를 가져오는 기능, 가족으로서의 기능, 영웅으로서의 기능이 있고 상징적 의미로는 유형별로 지혜, 보은, 정의의 동물 의미가 있고 종교와 문헌기록물, 신화에 나타나는 재물지킴이, 부, 예언, 달, 업신 등의 상징을 가지고 있다. 민담 도깨비의 성격과 같거나 적어도 매우 유사한 성격임을 알 수 있다.

도철문과 귀면와에서 보여주는 권선징악 혹은 축귀의 의미로 강렬하게 그려진 이미지보다는 후덕한 도깨비방망이를 가진 도깨비 이미지가 두꺼비의 의미들과 겹쳐진다.

섬진강이 두꺼비강이 된 이유

그렇다면 섬진강은 왜 섬진蟾津 즉 두꺼비나루가 되었을까?

옛날 어느 고을에 한 가난한 소녀가 부엌에 나타난 두꺼비에게 밥과 먹을것을 주어 보살폈다. 잘 먹은 두꺼비는 크게 자랐다. 그 마을에는 해마다

▲ 광양 섬진마을 강변에 설치된 두꺼비 처녀상

처녀를 지네에게 바치는 풍습이 있었는데 이 소녀가 제물로 결정되었다. 지역에 따라 당집이나 굴속 혹은 지네터에 잡혀가는 것으로 그려진다. 두꺼비가 따라와 같이 있게 되었다. 밤중에 지네가 나타나 두꺼비와 싸웠다. 이튿날 아침 사람들이 가보니 두꺼비는 지네와 함께 죽고 소녀만 살게 되었다. 지네장터설화의 개괄적 내용이다. 은혜를 갚기 위해 지네에게 잡아먹힐 뻔한 소녀를 대신하여 두꺼비가 죽는다는 내용이다. 동물보은담 중의 하나로 '오공장터 설화' 혹은 '두꺼비 보은담'이라고 한다. 우리나라뿐 아니라 중국과 일본에도 공통적으로 분포하는 광포설화. 충북 청주의 지네장터에 근거한 유래담이나 경기도 개성 서북쪽 지네산 등을 들 수 있다.

　섬진강에 전하는 두꺼비 설화는 포맷이 좀 다르다. 섬진강 두치진 나루터에 마음 착한 아가씨가 늙은 어머니를 모시고 살았다. 장마가 진 어느 날

부엌으로 뛰어든 두꺼비가 가여워 보살펴 주었다. 겨울이 와 모든 두꺼비가 겨울잠을 자러가도 이 두꺼비는 부엌 아궁이 옆을 떠나지 않았다. 삼 년 후 두꺼비는 큰 솥뚜껑만큼 커졌다. 어느 날 밤 섬진강 상류에 폭우가 쏟아져 물이 불어나 아가씨가 익사할 지경에 이르렀다. 그러나 다행히 아가씨는 두꺼비를 타고 강기슭으로 올라갈 수 있었다. 하지만 물살과 사투를 벌였던 두꺼비는 강기슭에 도착하자마자 죽어 버렸다. 그래서 두꺼비蟾 나루津라는 뜻으로 섬진강이라 부르게 되었다. 섬진강이라는 이름이 생긴 내력이다. 두꺼비가 달의 화신이라는 점에서 그 의미를 돌아볼 수 있다.

한편 19세기 민화 문자도 중 '치恥'자와 함께 등장하는 월상문月象文은 두꺼비와 토끼를 키워드 삼는 달에 대한 표현이다. 조선 후기 유행한 민화 효제문자도 가운데 치恥자에 반드시 방아 찧는 달토끼가 등장한다. 충신의 대명사 백이와 숙제의 고사에 따른 것이라고 해석한다. 백이와 숙제는 은 나라의 제후 고죽국의 두 왕자였다. 아버지가 동생에게 왕위를 물려줄 의사가 있다는 것을 확인하고는, 수양산에 들어가 고사리를 캐먹으며 살다가 굶어죽었다. 두 사람이 죽은 뒤 해마다 정절의 상징인 매화와 달이 되었고 이후 매화꽃이 피고 달빛이 비추었다. 이를 수양매월首陽梅月 이제청절夷齊淸節이라 한다. 글자 치恥는 백이와 숙제의 이 고사를 상징하는 것이다. 민화연구가 정병모에 의하면 치자 그림에는 두 가지 버전이 있다. 백이숙제의 청절비가 있는 버전과 옥토끼가 불사약을 찧고 있는 달과 사당을 배치한 버전이다. 토끼가 방아 찧는 달의 세계는 유교문자도 가운데 맨 끝 자인 치恥자에서 단골처럼 볼 수 있다. 섬진강의 옛 이름이 왜 두치(두드리의 두豆, 백이숙제와 달의 치恥)였는가를 추적할 수 있는 소재라는 점을 넘어 섬진강

▶ 문자도 중 '취恥'자, 월상문, 동산방화랑 소장

232

이 가지는 은둔과 정결의 달에 대한 정취들을 엿볼 수 있다. 거두절미하고 섬진강이 달의 강이라는 뜻이다. 뿐만 아니라 섬진강은 도깨비살을 중심으로 어살설화가 분포하는 도깨비강이기도 하다. 두꺼비와 도깨비가 절묘하게 직조된 배경과 이름을 가지고 있는 것이다. 『삼국유사』 두두리豆豆里 이적의 전형성을 섬진강이 포섭하고 있는 셈이다.

2. 다시 묻는 도깨비 어원

도깨비와 두깨비의 족보

이제 우리는 먼 길을 돌아 도깨비의 어원을 다시 묻는 지점에 서있게 되었다. 어원語原, 語源이란 무엇인가? 어떤 단어의 근원적인 형태 즉 어떤 말이 생겨난 근원을 말하는 것 아니겠는가? 어원 논쟁이 말장난에 그치지 않고 도깨비의 씨줄날줄을 아우르는 총체적 맥락 속에서 규명된다면, 그것을 이 글에서 어느 정도 확보할 수 있다면, 기왕의 어원론에 의미심장한 어원 한 개를 더 추가할 수 있다고 생각한다.

우리 동요 '두껍아 두껍아'에서 "두껍아 두껍아 헌집 줄게 새집 다오"라고 노래한다. 두꺼비가 새집을 가져다주는 존재라는 뜻을 담고 있는 노랫말이다. 두꺼비가 새집을 지어준다는 관념은 앞서 살펴본 것처럼 재화와 관련되어 있다. 도깨비가 가진 후덕한 품성과 재화를 상징하는 기능과 친연성이 있음을 알 수 있다. 섬진강이 두꺼비강이고 섬진이라는 이름이 생기기 이전의 강 이름이 두치豆恥였다는 점에서도 비형랑 즉 두두리와도 친연성이 있다. 그렇다면 수많은 도깨비 민담들 중에서 이미지를 따로 형상화시키지 않았던 것은 두꺼비의 형상이 이미 존재하고 있었던 때문은 아닐까? 돋가비(도까비) 둔거비(두꺼비)의 친연성에 대해서도 새로운 추적이 필요하다. 두두리가 맥락적으로 도깨비와 친연성을 갖고 있지만 '돗구+아비'로 풀이하는 방식이 은유가 아닌 소리 변이의 맥락 즉 발음과 관련해서 설명하는 방식이라는 점에서 기왕의 도깨비 어원론은 여러 가지로 재검토되어야 한다.

두꺼비는 무엇인가? 더터비, 두텁, 둔거비라고 했다. 한자로는 섬여蟾蜍, 축추龗龗, 추시龗鼃, 섬제詹諸, 나하마癩蝦蟆 등으로 불렸다. 여기서의 섬蟾이 섬진강 이름의 어원이며 두꺼비 섬이 달 혹은 달빛이라는 뜻도 있음을 살펴봤다. 거슬러 올라가면 두두리와 상관되는 섬진강의 옛 이름 두치豆恥로 연결된다.

고어사전에 의하면 두꺼비는 '둑거비' 혹은 '둔거비'다. '옴둔거비'라고 한다. 몸길이가 8~12.5cm로 우리나라 개구리 가운데 가장 크다.

『삼국사기』 신라본기 애장왕 10년 6월에 벽사碧寺의 두꺼비가 뱀을 잡아먹었다. 그해 왕의 숙부 언승彦昇과 아우 이찬 제옹悌邕이 군사를 이끌고 대궐로 들어와 왕을 죽이고 정권을 잡았다. 두꺼비와 뱀이 각각의 인물들을 은유한 상징물임을 알 수 있다.

앞서 간단히 소개했지만 비형랑 설화의 탄생지 영묘사가 창제된 후, 개구리가 3~4일 동안 계속해서 운다는 소식을 듣고 선덕여왕은 백제의 복병이 근처의 여근곡女根谷에 숨어들었음을 알아차렸다고 했다. 친신라 반백제적 관점에서 회자된 설화다. 역으로 백제 의자왕 20년 4월에 두꺼비 수만 마리가 나무 위에 모였는데 그 해 백제가 망하고 말았다. 두꺼비가 영물이라는 뜻이다. 국가의 변란을 미리 알고 울었다는 것 아닌가.

선덕여왕의 개구리와 의자왕의 두꺼비가 어떤 모종의 관계를 갖고 있는지 흥미롭다. 『『삼국유사』』 권3의 「전후소장사리조」에서는 지장법사가 가져온 사리와 가사를 지키는 등, 불보佛寶를 보호하는 신령스런 동물로 기록하고 있다. 두꺼비강인 섬진강 설화에서도 두꺼비들이 울어 왜군의 침입을 알려준다.

돗깝다 듯껍다 돋갑이 둗겁이

두껍이는 '두껍다' 혹은 '도탑다' 등의 두께가 보통의 정도보다 크다는 의미를 가지고 있다. 어둠이나 안개, 그늘 따위가 짙다는 뜻이기도 하다. 마을숲이나 늪, 강가에서 살기 때문에 서식 배경을 바탕삼아 생긴 뜻이라고 생각된다. 방언으로 '두깨비'라 한다. 마찬가지로 두껍다는 뜻이다. 둗겁다(15세기~18세기) 〉 듯겁다(17세기~19세기) 〉 둑겁다(19세기) 〉 두껍다(20세기~현재)로 변화했다. 1447년 『석보상절』에는 '둗겁다'로 나온다.

두껍다의 옛말은 '두텁다'이다. 친하다, 다정하다, 의좋다 등으로 사이가 좋다는 의미다. 서로의 관계에서 사랑이나 인정이 많고 깊다는 뜻으로 도탑다고 한다. 민담 도깨비의 성격과 친연성이 높아 보인다. 후덕한 재신과 복신으로서의 도깨비 성격을 설명하는 말이라고 해도 틀리지 않을 만큼 닮아있다. '도탑다'의 옛말은 '돋갑다'이다. 15세기에는 돋가오, 16세기~17세기에는 돋갑, 도탑, 도타오, 18세기에는 돗갑, 도타오, 19세기에는 도탑, 도타오 등으로 쓰였다. 모두 사이와 관계의 친연성을 나타내는 두텁다의 뜻이다.

도깨비의 다른 말인 '도까비(돗갑이)'는 일차적으로는 외다리라는 뜻의 한자말 독각獨脚이에 있지만 도깝다怖 혹은 '또깝다'에서 왔다. 모두 두려워하다는 뜻이다. 두려워할 포怖자가 그런 뜻을 가지고 있다. 놀라게 하다,

무서운 말이나 행동으로 위협하다 즉 으르다 등의 뜻이다. 비유하자면 도깨비를 한편으로는 두려운 존재로 인식했다는 뜻이라고 할 수 있다.

1447년 『석보상절』에서는 이매망량의 망량魍魎을 '돗가비'라 했다. 도깨비라는 낱말의 가장 오래된 출처라고 할 수 있다. 『역어유해』에서도 '독갑이'라 했고 『계축일기』에서는 '독갑이'라 했다. 모두 도깨비라는 말이다. 그렇다고 당시 망량

▲ 『석보상절』에 도깨비 언급된 부분

을 도깨비라 했으니 망량과 도깨비가 같은 것이라고 해석하는 것은 단선적이다. 도깨비에 대한 견해가 지식층과 민간층이 확연하게 달랐음을 조선왕조실록의 사례를 들어 앞서 설명한 바 있다. 마치 나찰과 야차를 불교층에서 도깨비로 인식하고 있으나 민간에서는 후덕하고 마음씨 좋은 풍어의 재신 혹은 복신으로 생각하는 차이와 같은 것이다. 도깨비를 이매망량으로 생각했던 계층과 어로신으로 생각했던 계층을 동일시하기 어렵다는 얘기다. 우리말 도깨비의 가장 오래된 자료인 『석보상절』의 '돗가비' 설명에서 도깨비의 기능을 명료하게 한다는 점 재삼 체크해둔다. 짐승 등 제물을 바쳐 복을 비는 포지티브적 신격이라는 뜻이다. 다시 말하면 이매망량이나 야차 등 불교적 신격보다 갯벌어장에서 흔히 나타나는 풍어와 재복의 성격이 더 강하며, 이 기능이 두꺼비에 대한 민속신앙과 긴밀하게 연결된다는 뜻이다. 특히 갯벌어로 신앙을 포함하여 섬진강을 관통하는 도깨비어살 이야기가 『삼국유사』의 비형랑 무리들과 연결되고 민화 문자도 치

恥의 맥락이 섬진강의 옛 이름 두치강과 연결되는 이 맥락을 어찌 허투루 흘려버릴 수 있겠는가 말이다.

도깨비의 어원과 두깨비의 상관

다시 두꺼비의 어의를 살핀다. 두꺼비는 『월인석보』 시기의 용어로 발음하면 '둗겁', '둣겁'이고 그 성격을 나타내는 두껍다의 표현은 '둣갑', '돋갑'이다. 두텁다와 도탑다의 용례를 더 추적해보면 친연성은 더 높아질 수 있다. 예를 들어 경기도 방언으로 도깨비바늘을 '두깨비-찰'이라 한다. 도깨비처럼 잘 달라붙는다 해서 지어진 풀이름이다. 도깨비의 고어 '돗가비'가 '돗갑이', '돋갑이' 등으로 변화하거나 발음되었음을 전제하면 두꺼비의 고어 '둗겁이'나 '돗갑이' 혹은 '돋갑이'와 발음상 친연성이 매우 높다는 점을 발견할 수 있다. 서해·남해의 수많은 도깨비고사의 기능들을 포함해 도깨비방망이로 대표되는 재신財神과 복신福神으로서의 도깨비 기능과 두꺼비의 재신과 복신으로서의 기능에 대해 다시 주목을 요한다.

물론 독갑獨甲 혹은 독각귀獨脚鬼, '외다리 귓것'이라는 뜻에서 도깨비라는 말이 나왔음은 이론의 여지가 없다. 『신집장경음의수함록』에 의하면, 귀치鬼魅가 도깨비魑魅라는 뜻이라 한다. 오래된 사물이 정령이 되는 것을 매魅라 한다. 목석木石의 괴변은 기夔와 망량魍魎인데, 목석은 산을 뜻하고 기는 외발만 가진 짐승이니 중국 월나라 사람들이 이를 산도깨비라 하였음을 앞서 확인했다. 망량은 산의 요정으로서 사람 소리 배우기를 좋아해 사람을 미혹시킨다고 한다. 주목할 것은 기夔를 산도깨비라 하는데 한쪽발만 가지고 있다고 한 것이다. 한국에서 전래적으로 도깨비를 독각귀獨脚鬼라 호명했던 점과 일치한다.

238

하지만 다시 살필 것이 있다. 귀면와나 문고리 귀면 등의 이미지보다는 한국의 도깨비는 민담류의 설화를 통해서 넓게 인식되고 그 이미지들이 상상되었다는 점이다. 외다리를 전제하는 독각귀와 재복신財福神으로서의 풍요豊饒적 면모를 전제하는 두꺼비 관련 인식을 살펴봤던 이유가 여기에 있다. 따라서 하룻저녁 만에 다리를 쌓은 도깨비의 유래적 기원은 『『삼국유사』』의 비형랑 무리에 두지만 도깨비라는 낱말의 어원은 두꺼비 혹은 독각귀에 두는 것이 합리적이다. 의미상으로도 그렇고 기능상으로도 그렇다. 두꺼비의 뜻 '돋갑'이 도깨비의 발음 '돋갑'과 같다는 점에서 나는 도깨비의 어원이 두꺼비에 있다는 설을 제기한다. 발음의 출처만이 아니다. 도깨비살 이야기가 전반적으로 분포되어 있는 섬진나루 두꺼비강은 하룻밤에 다리를 놓은 『삼국유사』 비형랑조의 두두리설화와 친연성이 매우 높다.

도깨비의 역할과 기능 재검토

논의의 갈무리를 위해 이상의 논의들을 개괄해본다. 조선 선비들의 인식에 의하면 도깨비는 중국의 이매망량에 가깝고 불교적 인식에 의하면 나찰과 야차에 가깝다. 하지만 민간인들이 인식하는 도깨비는 몽당 빗자루, 부지깽이, 디딜방아, 절굿공이, 혼불 등이다.

혼불은 도깨비불이라 하는데 비가 오거나 습기가 많은 날, 늪 등의 습지, 갯벌, 우실 등의 마을숲 등에서 자주 나타난다. 불이기도 하고 불을 다스리는 방어자가 되기도 한다. 치우의 형상을 포함한 귀면와, 문고리 등의 귀면, 용면 등을 도깨비로 인식한 것은 민족의 정체성 찾기와 관련되어 있다. 일제강점기 이후 일본의 오니와 서로 영향을 주고받았음도 살펴보았다. 쇠방망이를 들고 뿔을 단 도깨비는 귀면과 용면의 전거로 불리는 도철문, 불교의 나찰과 야차, 궁중의례의 처용, 민간의례의 벽사 문양 등 응징의 신격, 문지기의 신격들과 혼용되며 강조되었던 것 같다. 그러다 2002년 월드컵 엠블럼의 영향을 받아 치우천왕 조상설, 치우 도깨비설이 급속하게 유포되었던 것이다.

도깨비 기능 중의 가장 대표적인 것이 응징의 기능을 포함한 문지기 기능과 풍어와 재화를 가져다주는 초복 기능임을 여러 상황과 여러 갈래로 나누어 살펴봤다. 본래 도깨비의 형상은 어떤 주제의 대칭물에 따라 자유롭게 상상된 측면이 강하기 때문에 구체적인 형상으로 표현되지 않았음을 이해할 수 있다. 상상하는 사람에 따라 투영하는 물상이나 물건에 따라 천차만별로 나타날 수 있기 때문이다. 귀면 형상의 상상은 본래 불교에서 나찰이나 야차를 도깨비의 개념으로 수용한데서 그 뿌리가 있다는 점도 살폈다. 기와나 대문의 문고리 등에 벽사와 초복의 기능을 하던 문양으로 쓰인 귀면이 치우천왕을 포함한 도철문양에서 수면문양을 거쳐 변화한 문양 중 하나임도 알 수 있었다.

정격正格의 신성성을 가지고 있는 신이 하늘의 신이라면 이에 대칭되는 성격을 가진 비정격의 신성을 가지고 있는 것 도깨비다. 그래서 땅·늪·숲·강의 신이고 두꺼비와의 생태적인 여건, 발음상의 친연성 특히 『삼국유사』의 두꺼비에 대한 여러 기록들을 통해 관련성을 갖는다는 점을 확인할 수 있었다.

복을 부르는 도깨비, 두꺼비에 대한 복선

오늘날 도깨비의 초복招福 기능은 대체로 도깨비방망이로 나타나고, 문지기의 기능은 귀면 형상으로 나타난다. 하지만 언제부터인

240

지 도깨비에 투사한 마음들이 전도된 것 아닌가 하는 생각을 강하게 하게 되었다. 도깨비방망이에 끝없는 금은보화를 투사시켰던 것도 아니고 월드컵에 소환되었던 치우천왕기처럼 내셔널하고 일사분란한 일종의 이데올로기를 담보했던 것도 아니었다. 오히려 음식과 어로 등 주변부적인 소소한 것들에 대한 욕망들이 투사되었던 것이 도깨비의 실체였음을 주목하기 때문이었을 것이다. 이를 양가적 혹은 양의적이라는 표현을 써가며 그 중첩된 의미들을 읽어냈던 것 아닌. 그렇다면 이런 두 가지의 기능 외에 어떤 맥락을 좇아야 도깨비의 변화무쌍한 실체에 더 근접할 수 있을까? 그것은 도깨비라는 용어의 어의 혹은 어원을 다시 추적해보는 일로부터 시작해야 한다.

도깨비들은 대체로 장난 많은 심술쟁이로 그려졌다. 온순하고 유머 있는 캐릭터이기도 하다. 때때로 난폭하거나 무서운 존재로 등장하기도 하지만 전반적인 이미지는 후덕하거나 부자의 이미지다. 상과 벌을 내리는 심판자의 역할도 한다. 섬진강 도깨비살 마천목 장군 이야기에서처럼 떼로 몰려와 춤추거나 노래 부르기를 좋아한다. 지나가는 사람에게 씨름하자고 시비를 건다. 똑똑하지만 스스로 꾀에 넘어가기도 한다. 비상한 힘과 재주를 지니고 있어서 자기와 친한 사람은 부자로 만들어주기도 한다. 소금장수와 도깨비 이야기가 대표적이다. 음식 대접이 소홀하거나 마음에 들지 않는 사람이 있으면 기묘한 방식으로 사람을 홀리거나 짓궂은 장난을 치기도 한다. 메밀묵이나 떡을 좋아하는 것도 소 한 마리가 아닌 소뼈를 좋아하는 것도 더불어 사는 마을사람들에 대한 도깨비들의 배려였을지도 모른다. 서해와 남해의 일부 마을 당산제나 당제에서 소 한 마리를 잡아 바치는 것을 보면 그 성격을 짐작할 수 있다. 모두 정격이 아닌 주변부적인 콘텐츠들이다. 그렇지만 때때로 잘못을 꾸짖거나 감추어주거나 화를 내기도 하며 집에 불을 질러 화를 던지기도 한다.

다시 비형랑의 도깨비 다리로

　　　　『삼국유사』와 『동국여지승람』에서 말하는 도화녀와 비형랑 설화를 유신히 살펴보면 비형랑의 출생보다는 그가 행한 이적에 초섬이 있음을 알 수 있다. 죽은 진지왕의 혼령이 도화녀를 찾아와 7일 동안 함께 머물다 떠났는데 비형랑이 출생했다는 것 아닌가. 유부녀인 도화녀가 생전 진지왕의 구애를 거절했다는 정보는 크게 중요해보이지 않는다. 신라 세력 간의 다툼으로 해석하는 이들도 있었지만 도깨비 추적에서 군이 거론할 필요는 없어 보인다. 비형랑 출생 이후 기사를 다시 주목한다.

진평대왕은 비형랑이 남다르다는 것을 알고 궁중에서 기르고 집사 벼슬을 주었다. 비형이 밤만 되면 서쪽 황천강 언덕 위에서 여러 귀신들을 모아서 놀았다. 왕은 비형랑에게 다리를 놓을 것을 명한다. 비형랑이 무리를 데려와 하룻밤 새 다리를 놓았다. 그 이름을 귀교鬼橋라 불렀다. 도깨비 다리라는 뜻이다. 비형랑은 그가 부리던 귀신무리들 중 길달을 조정에 천거하여 왕의 양자로 삼게 했다. 길달은 흥륜사 남쪽에 성문을 세우고 밤마다 그 문 위에서 잠을 잤기 때문에 사람들이 그 문을 길달문이라 했다. 어느 날 길달이 여우로 변해 도망치자 비형은 귀신무리를 시켜 그를 죽이게 하였다. 이때 사람들이 노래를 짓고 가사를 문에 써 붙여서 잡귀를 물리쳤다.

　일반인들에게도 익히 알려져 있는 비형랑 설화 대강이다. 여기서의 귀

242

鬼를 도깨비로 해석하는 점은 불문가지다. 비형은 도깨비 무리를 부리던 지휘자였고 천거했던 도깨비 무리 길달은 성문을 지키는 문지기였음을 알 수 있다. 도철문양과 치우문양에 가까운 문이나 문고리, 또한 신라 귀면와를 시조 삼는 일본 기와의 문양들이나 혹은 중국의 귀면들을 연결시켜 상상하는 이유이기도 할 것이다. 그러나 무엇보다 중요한 것은 늪지에다 하룻저녁만에 다리를 놓은 이적이라 할 수 있다. 비형랑 즉 두두리를 도깨비의 시원으로 삼는 이유가 이것 아닌가.

하지만 더욱 주목할 기능은 도깨비가 풍요와 다산을 기원하거나 도모하는 매개자라는 점이다. 하룻저녁에 다리를 쌓는다는 원형격의 이야기는 강이나 늪지에 돌그물을 쌓는다는 이본으로 발전한다. 물고기를 잡아 재화를 획득하는 서해와 남해의 도깨비고사들, 강가의 도깨비어살을 주목하는 이유가 여기에 있다.

『삼국유사』의 도깨비 다리에서 섬진강 도깨비돌살까지

경북 청송군에 도깨비 다리로 불리는 석교가 있다. 전체적으로 40도쯤 기울었는데 홍수가 나도 무너지지 않는 다리다. 이유가 걸작이다. 비가 오면 다리가 떠내려가지만 밤새 도깨비들이 나타나서 다리를 원위치로 복구하여 놓기 때문이다. 도깨비 다리라고 부르는 이유다. 바로 『『삼국유사』』 비형랑 무리가 하룻밤 만에 만든 귀교鬼橋의 또 다른 버전임을 알 수 있다.

인천에도 유사한 버전이 있다. 숭의동은 본래 장사래말이라 불리던 동네다. 1906년에는 여의리, 장천리, 독각리였는데 이 중 독각리가 독갑 다리에서 온 말이라는 설이 있다. 긴 널조각 하나로 걸쳐놓은 외나무다리라는 뜻에서 독각교라 불렀다는 것이다. 독각이가 외다리 도깨비란 뜻이므로 설득력 있는 주장이다. 이외 돌을 매매했다는 독(돌)값설, 도깨비산이 있었다는 설 등이 있는데 확실한 정보는 찾을 길이 없다. 무엇보다 핵심적인 버전은 섬진강 마천목 장군 어살이다.

섬진강변 마천목 장군 어릴 때 얘기다. 어머니가 병이 들어 물고기를 원하셨다. 효심이 깊었던 마장군은 강에 물고기를 잡으러 나갔다. 어살을 만들기 위해 푸른 색깔의 돌들을 주워왔다. 그런데 푸른 돌이 도깨비들의 두목이었던 모양이다. 도깨비들이 떼로 몰려와 푸른 돌을 내놓으라 하였다. 두목 도깨비를 돌려주면 무엇이든 하겠다는 게 아닌가. 이때다 싶어 섬진강에 어살을 만들라고 요구하고 그래야만 돌려주겠다고 했다. 도깨비들은 하룻밤에 돌을 쌓아 어살을 만들었다. 많은 물고기를 잡아 어머니에게 드릴 수가 있었다.

마천목馬天牧(1358~1431)은 실존 인물이다. 태종 이방원이 정권을 잡을 때 조력한 공신이다. 본래 장흥에 있다가 섬진강 호곡리 주변으로 이주해 살았다. 이 설화는 섬진강에서 물고기를 잡던 어살 관행을 도깨비 이야기를 통해 전해주는 형식을 취하고 있다. 임실에서 남원으로 곡성, 광양으로 섬진강 전반을 관통하여 도깨비돌살 이야기들이 분포해있다. 어살이 장치되는 지역은 바로 도깨비의 출몰지와 중첩되는 교접지다. 갯벌, 습지, 늪지, 혹은 마을과 가까운 숲 등이 모두 여기에 해당한다.

서해와 남해를 관통하는 갯벌지역은 영감, 참봉에서 생원과 물아래 진서방까지 도깨비들이 집중적으로 분포하는 지역이다. 어장과 그물을 관리

▲ 경북 청송군에 도깨비 다리로 불리는 석교

하는 것으로 나타나지만 그 원형격의 버전은 역시 『삼국유사』의 다리 쌓기 혹은 돌그물 쌓아 고기 잡기 등으로 나타난다. 『삼국유사』 비형랑과 그 무리가 하룻밤 만에 쌓은 도깨비 다리 이야기가 강이나 갯벌지역 어살과 관련하여 하룻밤만의 재화 곧 풍어 기원 관념으로 발전하게 되었음을 다시 확인해둔다.

두꺼비 나루와 영묘사 도깨비의 상관

섬진蟾津 즉 두꺼비나루蟾津를 주목했던 이유들이다. 광양시 섬진마을에는 설화 속의 황금색깔 두꺼비상을 만들어두기도 했다. 본래 두치豆恥였는데, 이름이 변한 것은 임진왜란과 관련되어 있다. 당시 왜적이 쳐들어와 나루터에 도착했던 모양이다. 일대의 두꺼비들이 새까맣게 몰려들어 울부짖기 시작했다. 이 때문에 왜군들이 상륙하지 못하고 후퇴를 했다는 것 아닌가. 혹은 두꺼비들이 일시에 다리를 만들어 우리 군사들을 재빨리 건너게 하고 왜군들이 건너려하자 만들었던 다리를 허물어버렸다고도 한다. 두꺼비가 다리를 일시에 만들어 조선 수군을 도왔다는 버전은 바로 비형랑의 다리 놓기 이야기다. 두꺼비 섬蟾 자를 써서 섬진강으로 부르기 시작한 이유가 여기에 있다. 바꾸어 말하면 섬진강 도깨비는 비형랑 무리 두두리豆豆里의 이본인 셈이다. 앞서 살펴본 『삼국사기』 신라본기(636년 5월)기사 중 선덕여왕과 두꺼비의 울음 일화를 주목해야 한다. 여기서의 두꺼비가 『『삼국유사』』 기이편 〈선덕왕지기삼사〉조에는 '개구리'로 나온다는 점도 확인하였다.

금와왕이 된 개구리와 두꺼비의 상관성 혹은 혼용성을 엿볼 수 있는 대목이기도 하다. 기사의 옥문지 곧 옥문의 연못은 영묘사 연못이기 때문에 비형랑 무리가 하룻저녁 만에 다리를 놓았다는 그 연못이다. 두꺼비의 울음과 두두리 무리의 귀교 즉 도깨비 다리의 친연성을 엿보게 하는 기사다. 예컨대 섬진강 관련 설화처럼 두꺼비가 울어 다리를 놓았을까, 다리를 놓았으므로 두꺼비가 울었을까? 그런가하면 『삼국사기』 고구려본기 유리왕 조에는 검은 개구리와 붉은 개구리가 싸웠다는 기록이 있다. 비형랑의 역사적 실체를 실제 인물 용춘으로 보는 견해에 비추어 말한다면 붉은 개구리와 검은 개구리는 정치적 양 세력 혹은 양 나라간의 싸움을 상징한다고 볼 수 있다.

그렇다면 후대에 전승된 도깨비는 영묘사 옥문 연못의 두꺼비 울음과 어떤 관련이 있을까? 두꺼비강의 도깨비들이 하룻저녁 만에 놓은 돌살 설화, 두꺼비들이 왜적을 물리치기 위해 울며 하룻저녁에 놓은 두꺼비 다리 설화를 다시 주목하게 한다. 이들 모두를 영묘사 연못에 두두리들이 놓았던 귀교의 이본이기 때문이다. 이 도깨비어살 설화가 임실, 남원에서 곡성, 광양까지 섬진강을 관통해 광범위하게 전승되고 있다는 점을 주목했던 이유가 여기에 있다. 두꺼비 나루 섬진蟾津의 본래 이름이었던 두치도 주목의 대상이다. 하고많은 이름 중에 비형랑 두두리의 두료를 연상할 수 있기 때문이다. 신화적 상징성 등을 염두에 둔다면 우연이라고 말하기에는 함의의 행간이 너무 깊다. 그래서다. 두꺼비는 흔히 두깨비라고 한다. 도깨비와 두깨비의 중간 어느 지점에 도깨비의 진실이 서 있다.

3. 남장한 달도깨비, 두꺼비 명상

달의 강, 남장을 한 복도깨비

　　　　　이제 어느 정도 내가 말하고 싶은 바들을 정리했다. 도깨비는 귀신도 아니고 사람도 아니고 그렇다고 짐승도 아닌 중간자적인 존재다. 사람들과 친하게 지내고 사람들의 생활에 대한 호기심이 많다. 뻔히 보이는 거짓말을 할 정도로 순박하다. 거인 도깨비로 등장했다가도 왼발이 약하기 때문에 왼쪽을 걸어차면 점점 작아지는 무섭지 않은 존재다.

　과부를 좋아하고 불도깨비로 나타나 처녀임신을 시키거나 큰솥뚜껑을 작은 솥에 넣는 등 고약한 성질을 부린다. 여자를 좋아하는 호색한, 남성성이 유달리 강조되었던 것은 『삼국유사』 비형랑 이후 목랑 등의 남근숭배나 남근 중심의 이데올로기에 영향 받은 것으로 보인다. 성격이 괴팍하고 장난치기를 좋아하거나 숲에서 돌을 던지기도 하고 집에 불을 지르기도 하는 성격이 여기서 나왔다.

　메밀묵, 메밀떡 등 메밀을 특히 좋아한다. 팥시루떡도 좋아한다. 돼지고기와 술을 좋아한다. 씨름도깨비가 나타나는 곳은 으레 이웃마을이나 오일장에서 돼지고기 몇 근을 들쳐 메고 오는 어느 지점이다. 여기서도 남성성이 강조되어 나타난다. 도깨비감투 이야기에서 주로 음식이나 소소한 물건 등을 훔치는 것은 도깨비가 가진 소박함을 말해주는 것이다. 정격의 신성성을 부여받은 신이 하찮은 메밀묵이나 소박한 음식에 연연할 리가 없다. 사람의 소원을 들어주기도 하고 때때로 주술을 행하기도 한다. 도깨비방망이, 나무 막대기 등을 소재로 사람들을 부자가 되게 해준다. 자신을 김씨, 진씨 등의 성씨를 붙인다든지 참봉에서 생원까지 소소한 직위나 위치를 들어 얘기하는 것은 도깨비 존재의 위상을 말해주는 것이다. 특히 물아래 진서방의 호명이 남근 메타포와 관련되어 있음을 앞서 상세하게 설명했다.

하지만 이런 성격의 도깨비가 출현하기 이전의 도깨비는 어떤 이미지였을까? 다시 달의 강, 섬진나루에 서서 도깨비 설화로 남은 세발 달린 '두깨비' 혹은 그 두깨비가 변이되었을 도깨비를 생각한다. 하룻 저녁에 돌그물을 놓아 고기를 봉양했으니 승리자다. 『삼국유사』부터 이어지는 긴 세월동안 두꺼비의 울음을 동반한 이적을 일으켰으니 전통의 지킴이다. 섬진강은 물론 서해와 남해를 관통하는 갯벌지역에서 소소한 어로활동을 도왔으니 부를 가져오는 자다. 참봉이며 생원이며 김씨며 진씨로 호명되니 친근한 이웃이거나 친척이자 가족이다. 부엌으로 들어온 두꺼비를 살려준 은혜를 갚아 생명을 구해주었으니 예언자이자 보은의 동물, 정의의 사자다. 달의 별궁에서 내려와 달의 강을 이루었으니 월궁의 항아요, 업구렁이와 같은 업신이다. 멀리 가지 않아도 만날 수 있고 중심이 아닌 주변부에서 서식하며 사람들의 소확행(소소하지만 확실한 행복)을 돕는 전이공간의 존재다.

그런데 왜 도깨비는 지금까지 방망이로 대표되는 남근주의적 맥락에서만 이해되고 접근되어온 것일까? 기능만으로 보면 남근과 도깨비방망이로 위장된 것보다 오히려 여성성이 훨씬 드러나 보이는데 말이다. 언제쯤 도깨비가 쓰고 있는 감투를 벗길 수 있을까? 언제쯤 달의 강에 서있는 도깨비의 남장男裝을 벗겨볼 수 있을까?

향토 민요와 경기 선소리에서 낚도 잡가까지

두꺼비는 사실 개구리와 크게 다르지 않다. 설화뿐만 아니라 전해지는 노래 속에서도 그렇다. 개구리 타령을 보자.

> 개고리 개골청 방죽아래 왕개골
> 왕개골을 찾을라믄 양폴을 뚝뚝 걷고 미나리 방죽을 더듬어
> 어헝 어헝 어헝 낭 어헝 어라디야
> 삼대독자 외아들 병이 날까 수심인데
> 개고리는 머하라 잡나 외아들 꾀아진데 데려믹일라고 잡었네

강강술래의 여흥놀이 중 하나다. 나는 강강술래의 남생이 놀이를 '천렵川獵 놀이로 해석한 바 있다. 삼복더위의 피서놀이 중 고래의 유속으로 남아있는 천렵이 역동적인 강강술래와 묶이면서 그 생동감을 더했다는 주장이었다. '남생이 놀이'가 솔가지와 나무젓가락 등의 가사를 통해 간접적인 풍경을 묘사한 것이라면 '개구리 타령'은 보다 직접적이다. 농어촌에서 자란 세대들은 익히 기억할 것이다. 미나리 방죽을 더듬고 마을 늪을 헤집어 개구리를 잡던 채렵의 풍경 말이다. 강강술래에 삽입된 여흥놀이 때문이겠지만 초등학교 교과서(천재교과서 초등4 등)에서도 즐겨 다루고 있다. 남생이놀이와 연행하는 또 다른 버전도 있다.

개골 되야지골 방주굴에 오리발

오리발을 찾을라믄

미나리방죽을 더듬어라

한산한 세북소리 객귀수심을 도드난 듯

간다못간다 낙누하는 처녀야

내말 듣고서 따라 오너리

청산을 고금에 변함이 없어도

흐르는 물은 흘러가고 오지를 않네

　개구리를 마을 처녀에게 비교하여 설득하는 내용을 담고 있다. 이들 가사는 모두 강강술래 등의 놀이에 편입되어 있지만 거슬러 올라가면 연원 깊은 노동요가 있고 심연의 철학이 있다. 노래 중의 외아들과 처녀를 읽는 시선이랄까. 동양 최고의 고전 〈시경〉의 심중으로 거슬러 오르는 강강술래놀이의 개구리 타령에는 보다 근원적인 함의가 있다.

　개구리 타령은 경기 선소리立唱를 비롯해 다양한 버전으로 전승되어 왔다. 예컨대 1928년 녹음된 배설향의 음반 '개고리타령'은 남도잡가다. 손인애는 『한국민속대백과사전』에서 개구리 타령을 이렇게 설명한다.

　"개구리 타령은 본래 사당패소리에서 비롯되었다. 근세 경기 지방에서는 선소리로 계승되었고 남도지방에서는 전문 소리꾼에 의해 민요 또는 잡가로 변화되었다. 이로 인해 남도에서는 음악적 성격이 크게 바뀌었는데 나름대로 예술화가 이루어지면서 판소리의 유명 대목을 따서 부르고 선율도 매우 기교적으로 발전하였다."

▲ 강강술래 개고리 타령 연습하는 모습, 진도군 지산면 길은리 사람들

해석은 이어진다. 조선대학교 이상원의 연구에 의하면, 개구리 타령
은 본래 '청개골이 타령'이며 분량이 짧은 노래와 긴 노래였다. 또한 향토
민요, 통속민요, 경기잡가, 남도잡가의 흐름으로 전환되었다. 향토민요 단
계에서는 개구리 노래라 했다. 모찌기노래나 모내기노래 등 노동요의 일
부로 존재했다. 개구리가 잃어버린 엄마를 그리워하거나 성담론이 내포된
짝 찾기 노래로 바뀌기도 한다. 이런 과정을 거치면서 남도잡가나 강강술
래 여흥놀이로 정착했다.

'삼월 삼짓날'로 시작되는 남도잡가 메들리의 개구리 타령이나 강강술
래 여흥놀이 중의 개구리 타령이 남도 기반의 육자배기토리로 구성되고
오늘날 교과서에 수록되는 데 유랑극단의 예인들 나아가 판소리 창자들이
주도적인 역할을 했다. 주목할 것은 모내기에서부터 놀이까지 확산된 노

래의 컨텍스트 이른바 개구리의 세계다. 교과서에 삽입된 전통문화로서의 개구리가 단순한 노래나 놀이의 차원, 한 시기 천렵에 포획된 풍경들을 훨씬 뛰어넘기 때문이다.

금와왕 개구리와 선덕여왕의 개구리

가장 대표적인 것이 금와왕 신화다. 대강의 줄거리는 이렇다. 동부여를 세운 해부루가 늙도록 아들이 없었다. 제사를 지내려고 가던 중, 마침 타고 가던 말이 곤연鯤淵에 이르러 큰 돌 하나를 보고 자꾸 눈물을 흘렸다. 돌을 치우게 하니 거기에 금빛 개구리 모습을 한 아이가 있었다. 이 아이를 금와金蛙(금빛 개구리)라 하고 태자를 삼았다. 대를 이어 왕이 되었다. 이후 스토리는 우리에게 매우 익숙하다. 왕이 된 금와가 태백산 남쪽 유발수에서 사냥을 하다가 하백의 딸 유화를 만나 방에 가두었더니 창문으로 내리쬐는 햇볕을 받아 알을 낳았는데 여기서 주몽 곧 동명성왕이 나왔고 고구려를 건국한다. 알의 유기, 고난의 극복 등 영웅 신화의 서사는 변화무쌍의 드라마다.

비유해본다. 〈장자〉의 첫 구절부터 등장하는 곤鯤이 몇 천리가 되는지도 모를 큰 물고기이며 이것이 붕鵬이라는 새로 변한다는 사실에 주목한다면 동부여 신화의 곤연이라는 의미를 미루어 짐작할 수 있다. 곤연에서 나온 금개구리이니 달의 정기 혹은 원초적 생명으로서의 상징성이 얼마나 클 것인가.

경남 양산 하북 자장암 자장율사가 법당 뒤 큰 암벽에 구멍을 뚫어 금개구리를 살게 했다는 스토리도 있다. 자장암 개구리는 몸은 청색이고 입은 금색인데 벌, 나비, 거미 등으로 변하며 바위를 자유로이 뛰어 다닌다.

252

동명성왕이 된 금와 개구리와는 결이 좀 다른 이야기들이지만 개구리가 신화 속에 매우 깊숙하게 들어와 있음을 알 수 있게 해준다. 우리나라의 건국신화나 사찰의 연기설화 뿐일까? 개구리 서사는 동아시아 전반, 아니 세계의 신화에 그 뿌리를 두고 있다.

겨울잠과 경칩의 함의, 민화 초충도 스토리텔링

우리 민화의 초충도에서 즐겨 그리는 것 중 하나가 개구리다. 다른 초목 및 야생화와 함께 그려 그 의미를 스토리텔링 해왔다. 예컨대 초충도의 오이는 강하고 부귀한 것들에 대응하는 저항기제로써의 민화다. 아무짝에도 쓸모없이 여겨졌던 풀벌레들을 주목했던 여성들의 심성 혹은 가지지 못한 자들의 심성이 새록새록 묻어난다. 풀벌레 그림은 방대하고 융숭 깊은 이야기들을 행간과 여백에 가득 채워왔다.

개구리는 겨울잠을 잔다. 겨울잠에서 깨어난 개구리는 거듭남과 재생의 상징으로 그려진다. 추운겨울 내내 땅속에서 잠을 자다가 만물이 소생하는 봄을 가져오는 전령사이기 때문이다. 올챙이에서 개구리로 변신하는 형상은 매미의 탈바꿈만큼이나 경이롭다. 올챙이에서 비롯된 다산과 풍요의 특질은 단순한 기표일 뿐이다. 올챙에서 개구리로의 변신, 기다렸다가 일시에 뛰어 오르는 도약, 다산, 여성의 임신한 배, 셀 수도 없는 올챙이 알들, 비의 전령사, 이들 변신의 기의記意를 생각해보면 그야말로 혁명이고 갱생이며 거듭남이고 부활이다. 그러기에 남중국과 동아시아 아니 세계 전체를 관통하는 비와 여성성의 근원으로 그려졌던 것 아닌가. 금와왕 설화는 그 중의 하나일 뿐이다.

복희와 여와, 혹은 아담과 하와를 관통하는 생식의 찬미가 개구리를 둘

▲ 신사임당 초충도, 국립중앙박물관 소장

러싼 노래와 신화와 그림과 그리고 이야기들에 녹아들어 있다. 수많은 개구리들이 음양의 교합 상징으로 묘사되었다. 흙으로 만든 신라의 토우 또한 크게 다르지 않다. 이 흙인형을 만들었던 신라 사람들은 틀림없이 남중국과 동남아시아 혹은 이집트를 거쳐 전 세계를 유영했던 노마디스트들임이 분명하다. 그러지 않고서야 어찌 전 세계 보편으로서의 개구리 신화를 공유할 수 있단 말인가. 아니면 인류 보편의 달의 철학을 공유하였던 것이 틀림없다. 묵화 혹은 민화만 해도, 신사임당을 비롯해 정선의 개구리와 오이 그림을 관통해온 세계관이 있다. 현대 민화작가들 중에서도 이를 즐겨 그리는 이들이 있다. 이들이 한 장의 그림을 통해 말하고자 하는 바도 저 융숭 깊은 신화의 심연에 닿아있을까?

정인수 외 교사들의 한 연구(초등 한국화교육에서 초충도의 도입에 대한 연구)에 의하면, 현대사회가 상실한 자연관을 성찰하는 의미를 내세운다. 인간과 자연이 하나가 되는 초충도의 일원론적 자연관이 학교폭력이 난무하는 오늘날의 학교에 조화와 가치를 심어줄 수 있다는 주장이다. 공감 가는 분석이다. 그들 분석에 보태고 싶은 것들이 있다. 예컨대 개구리 노래와 개구리 신화와 개구리 그림들을 한 통속으로 꿰어 통합적으로 접근하는 교수법, 학습모형 말이다. 이것이야말로 시공을 함께 보고 듣는 종합적인 이해의 태도이지 않을까? 그 두꺼비와 개구리를 섬진강과 도깨비로 연결하여 스토리텔링한다면 금상첨화이지 않겠는가.

복희와 여와, 동남아시아 청동북銅鼓에서 이집트의 개구리 여신까지

　　　　　수교 직후부터 다니기 시작한 중국과 베트남에서 매우 흥미로웠던 점 하나가 있다. 남중국이나 동남아시아 북쪽에서 산견되는 청동북이 그것이다. 주목할 점은 이 북의 표면에 다수의 개구리 모양을 장식한다는 점이다. 중국 신화전문가 김선자 교수는 이렇게 설명한다.

"중국 장족壯族 사람들은 개구리를 비를 관장하는 천둥신의 딸 혹은 아들로 여겼다. 개구리의 울음소리가 천둥신에게 보내는 음성 메지지라는 뜻이다. 논의 개구리를 몽땅 잡아먹어버리는 바람에 몇 년 동안 병충해에 시달리는 사람들의 이야기, 개구리의 울음소리가 시끄럽다고 뜨거운 물을 뿌렸다가 개구리가 몽땅 사라져버리는 바람에 흉년이 들어 고통당하는 사람들 이야기가 등장한다. 그래서일까. 지금도 장족 북부지역에서는 매해 설마다 청개구리(마과이, 拐)축제를 연다."

　　흥미로운 점은 청개구리 장례 풍습을 재현하면서 한 해 동안 풍작이 들고 마을이 평안하기를 기원한다는 점이다. 한 해의 시작인 설날에 왠 장례를, 그것도 개구리의 장례란 말인가? 개구리의 겨울잠 현상에 그 비밀이

숨어 있다. 베트남의 중부 이북이나 동남아시아 또한 이 문화권과 궤를 같이 한다.

이집트의 개구리 여신 헤Heh나 헤케트Heqet도 크게 다르지 않다. 위키백과에 의하면, 헤케트는 고대 이집트에서 개구리 모습으로 묘사되는 생명과 다산의 여신이다. 나일강의 신 크눔의 부인으로 묘사되기도 한다. 고대 헤르모폴리스에서 숭배되던 여덟 신 중 하나이며 여신은 뱀과 융합되고 남신은 개구리와 융합되었다고 설명된다. 의미 독해야 연구자들에 따라 다르겠지만 비와 강, 여성과 생식, 생산과 다산, 시작과 풍요를 상징한다는 점은 다르지 않다.

동양 최고의 신화 복희와 여와를 통해서도 이를 확인할 수 있다. 여와女媧는 복희와 남매로 나타나지만 성경의 아담과 하와와 유사한 캐릭터다. 여와는 여와女娃로 표기하기도 한다. 와娃는 와蛙와 상통한다. 개구리의 화신이라는 뜻이다. 달 속의 여신 항아姮娥의 원음 섬여蟾蜍와 유사하다. 달 속의 두꺼비와 개구리의 출처가 같다는 뜻이다.

나는 여러 차례에 걸쳐 섬진강 이름의 내력 곧 두꺼비를 말해왔다. 사실 여성성 토대로서의 두꺼비는 개구리와 큰 차이가 없다. 곧 여와를 개구리신, 음陰의 신, 달의 신으로 풀어도 무리가 없다. 남성성으로서의 삼족오나 태양, 별 등에 대칭하여 여성성으로서의 개구리 혹은 두꺼비와 달, 물고기 등을 주목할 이유가 여기에 있다. 더군다나 도깨비의 한 어원이 두꺼비라니 얼마나 웅숭깊은 이야기들을 재구성할 수 있을 것인가.

09

유쾌한 반란,
도깨비굿의 심연

1. 반란, 여성 전유의 도깨비굿

도깨비굿 현장

　　　　　벙거지와 바가지를 덮어쓴 도깨비들이 마을의 뒷산으로 올라가기 시작했다. 가장 앞선 자는 월경의 피로 범벅된 속치마를 장대에 내걸었다. 농악대의 청룡기처럼 핏빛의 속곳이 펄럭였다. 깃발 아닌 이 속치마를 따르는 무리들은 손에 호미며 작은 곡괭이들을 들었다. 소리가 날 만 한 물건들도 모두 들었다. 놋양판, 쟁반, 냄비 뚜껑, 나무 막대기, 양철통이, 놋그릇, 바가지, 솥뚜껑, 식기, 주전자, 양지기, 세숫대야 등이 요란한 소리로 골짜기를 울려댔다. 턱까지 차올라 오르는 열기들이 무리들을 좇아 오르다 골짜기 이곳저곳으로 흩어졌다. 명산대천으로 이름난 마을의 뒷산에 올랐다.

　　언제부턴가 이 산에 이름을 대면 알만한 지역 유지가 선친 묘소를 옮겨 도장盜葬을 했다는 소문이 있었다. 도깨비들이 명당 삼을만한 등성이와 봉우리들을 뒤지다 드디어 숨겨둔 묘를 찾아냈다. 묘를 호미며 곡괭이로 파헤치기 시작했다. 인정사정없이 뼈들을 사방으로 뿌려버렸다. 조상들의 뼈가 흩뿌려져도 누구 하나 나와서 제지하는 사람들이 없었다. 모두의 얼굴은 땀범벅이 되었다. 잔솔들 사이를 쏘아보는 날카로운 눈초리들이 갈 곳 몰라 두리번거렸다. 솔가지들마저 쭈뼛 쭈뼛 솟아올라 그러지 않아도 타는 심장들을 찔러대는 듯했다. 이런 광란의 굿판이라니 도대체 해괴한 이 일을 벌인 도깨비들의 정체가 뭐란 말인가?

기우제 도깨비굿, 무엇을 전복하였나

얼굴에는 모두 숯검정을 칠했다. 때 절은 수건으로 가린 얼굴들을 보니 모두 여자들이다. 그렇다. 여성 전유의 반란 제의, 오로지 여성들만이 모여 무덤을 파헤치는 굿판이다. 극심한 가뭄으로 온 땅들이 타들어가고 미처 뿌리내리지 못한 나무들이 메말라 죽어가던 때의 풍경이다. 음택이라 해서 조상의 묘를 중히 여기던 조선시대에 과연 이런 반란의 의례가 가능했을까? 당연히 가능했다. 명당의 주인들은 이 제의를 제지할 수 없었을까? 물론 제지할 수 없었다. 예로부터 명산대천은 아무리 권력 있는 자라도 묘지를 쓸 수 없기 때문이다. 오로지 여성들만으로 구성된 이 제의에 기왕의 체제들을 담당하던 권문세족 혹은 남성들이 참여할 자리는 없었다. 대체로 극심한 가뭄이나 역병의 유행이 심할 때 치러진 의례 중 하나다.

왜 여성들만 모여서 해괴한 의례를 치렀을까? 일반적인 기우제가 비 내림을 염원하는 기원이라면 기우제 도깨비굿은 비 내리지 않는 자연현상과 사회에 대한 일종의 반란제의다. 이 의례의 목적이 기왕의 질서를 뒤엎는다는 데 있다는 뜻이다. 그래서다. 반란 제의는 자연현상에 대한 전복과 남성 중심의 사회에 대한 전복의 의미를 담고 있다. 그렇다면 이 도깨비굿은 가뭄이나 기근의 자연 재해적 위난에만 행해졌나? 그렇지는 않다. 사실 이 의례들은 항간에 거의 알려져 있지 않다. 비교적 잘 알려져 있는 것은 역병을 방지하기 위해 벌였던 도깨비굿 정도다. 이것은 기우제 도깨비굿, 극심한 가뭄에 벌였던 전복顚覆의 의례에 해당된다.

역병의 방지를 위해 벌였던 도깨비굿

역병의 방지를 위해 벌였던 도깨비굿의 대표적 사례가 있다. 전남 진도군 서외리의 도깨비굿과 가사도의 도깨비굿이다. 진도군 조도면 가사도의 도깨비굿 사례는 마을제사의 일환으로 병행되었던 여성들만의 제의라는 점에서 위 사례들과는 또 다른 면을 보여준다. 진도읍에서 행해졌던 도깨비굿과 비교하여 그 일단을 소개한다.

서외리 도깨비굿에서 호명되는 귀신들은, 총알 맞아 죽은 귀신, 작두에 목이 짤려 죽은 귀신, 턱 떨어져 죽은 귀신, 객사 귀신, 야챕이 귀신(키가 큰 귀신), 물에 빠져 죽은 귀신, 덜다리 총각 귀신(장가 못간 귀신), 심(마음) 앓아 죽은 귀신(말라리아 병으로 죽은 귀신), 몽두리 귀신(시집 못간 처녀귀신), 염병 앓아 죽은 귀신, 지랄병 하다 죽은 귀신, 무자 귀신(아기가 없는 귀신) 등이다. 마지막에 '무자귀 귀신'하고 문을 닫아 걸면 도깨비굿이 끝난다. '거리제'의 신격들이 어떤 맥락을 가지고 있는지 짐작해볼 수 있는 귀신 무리들이다. 여제厲祭의 하나로 진행된 의례다.

진도군 서외리 도깨비굿

진도읍 서외리 도깨비굿은 이렇게 진행한다. 각 마을에서 여자들만 모여 행하던 굿의 대표격이다. 음력 정월 보름부터 굿을 시작하여 집집마다 돌면서 굿을 친다. 이어 사제각司祭閣과 여제각厲祭閣에서 제사를 지내고 귀신을 가둔다. 이때의 제관은 생기복덕을 봐서 선택된 이른바 깨끗한 남자다. 여성들의 반란 제의라고 하는데 갑자기 왠 남자가 참여한단 말인가? 이를 알기 위해서는 도깨비굿의 원형질을 담고 있는 제의들로 거슬러 올라가볼 필요가 있다. 가두어 놓은 귀신들을 문 열어 풀어주는 때가 음력 9월 9일 중구날이다. 진도지역에 전승되었던 여제厲祭의 전형적인 형태로 알려져 있지만 사실은 국가에서 주도하던 제의 중의 하나였다.

나경수의 조사에 따르면 진도읍 교동리의 여제厲祭는 거리제에 부수되어 행해지는 의식이었다. 농사가 시작될 때 귀신을 잡아 가두고 농사가 끝날 때 다시 풀어주는 형식이다. 물론 바탕에는 자연종교의 무의식적 논리 체계가 이들의 관념과 의례 속에 들어 있다. 하지만 국가적 강제나 제도가 이를 추동했다는 점을 주목할 필요가 있다. 국가적 의례라면 당연히 남자가 참여하거나 주도권을 가졌다는 뜻인가? 꼭 그렇지만은 않다. 여제厲祭 이전의 무당들이 행하던 국가적 기우제로 거슬러 올라가보면 그 일단을 엿볼 수 있다. 역병의 방지를 위해 벌였던 도깨비굿의 전형적인 모습이다. 가두어 놓은 귀신들을 문 열어 풀어주는 때가 음력 9월 9일 중구날이다.

고려시대 취무기우제

취무기우제聚巫祈雨祭를 사례로 들어본다. 무당들을 모아 제사하던 고려시대 기우제의 모습이다. 고려시대, 가뭄으로 인한 백성들의 고통을 뙤약볕의 악조건에서 무당이 대신하는 의례였다. 국가기관의 넓은 뜰에 다수의 무당을 강제 동원하여 기우祈雨를 강요하는 형식이다.

최종성의 연구에 의하면 국왕이 포괄적으로 수용해야 할 가뭄에 대한 도덕적인 비판과 책망을 무당에게 전가시키는 희생 의례였다. 물론 무당들이 가진 위엄이나 능력의 측면에서 보면 다른 해석들을 할 수도 있겠다. 무당들이 주관하던 기우제는 11세기부터 17세기까지 약 600여 년 지속되어 왔다. 하지만 이에 대한 폐단들이 지속적으로 지적되었고 여러 논의들을 거쳐 새로운 형식들이 도입되기도 한다. 변하지 아니할 관념이나 형식이 어디 있을 것인가.

진도군 가사도의 도깨비굿

이에 비하면 가사도의 도깨비굿은 마을제사와 관련되어 있다. 정월 그믐 자정을 넘겨 동구 앞에 제상을 차린다. 다음날인 2월 초하루부터 가사도의 모든 여성들이 모인다. 물론 남성들을 중심으로 하는 당제를 치른 이후다. 여성들은 첫째 날과 둘째 날 이틀 동안 각각의 집들을 돌아다니며 도깨비굿을 한다. 각종 소리 나는 것들을 들고 마치 메구굿을 하듯 두드린다. 여기서도 중요한 것은 월경해서 피가 묻은 속곳이다. 이것을 선두에 선 사람이 장대에 꼽고 대열을 인도한다. 남자들은 얼씬도 할 수 없다. 이렇게 가가호호 방문하여 액귀를 몰아내고 3일째 되는 날은 "낸다"고 하여 모두 한 곳에 모여 질펀하게 논다. 이 날은 각 집에서 술이나 밥, 과일, 돈 등을 분수에 맞게 내놓고, 이 날은 깨끗한 여자 한 명을 선정해 목욕재계하고 음식을 장만하게 한다. 깨끗한 여자란 당제와 마찬가지로 자식이 없는 여자나 혼자 사는 여자를 말한다. 저녁 무렵까지 한바탕 놀고 나서 마을 어귀에 모여 절을 한다. 이것을 보고 "도깨비 절하고 나간다"라고 한다. 이후 어류포로 나가 나무로 깎아 만든 배에 액(허수아비 등)을 실어 바다로 띄워 보내는 것으로 도깨비굿을 모두 마친다.

무안군 매곡마을 도깨비굿

무안군 무안읍 매곡리는 무안과 함평 일대의 명산이라는 보평산이 있다. 양림마을, 수반마을, 도산마을, 발산마을, 신촌마을이 띠를 이루며 경산 들녘을 에워싸고 있다. 보평산 정상에는 조선시대 때 만들어졌다고 알려진 봉수대가 있다. 보평산과 감방산 사이에 있는 능성에는 용굴샘이 있어 명산 보평산의 풍수 스토리를 완성해준다. 이 물이 마르거나 마르지 않거나를 가지고 한해의 기후와 운수를 점쳤기 때문이다. 누군가 몰래 묘를 쓰는 일이 발생하면 이 샘의 물이 말라버린다. 보평산은 명산이고 용굴샘은 그를 보전하는 상징공간이기 때문에 아무리 큰 권력을 가진 자라도 이 산에 묘를 쓸 수 없다. 하지만 자기 자손들만의 발복發福을 위해 몰래 묘를 쓰는 자들이 있다. 도장盜葬이라 한다. 그럴만한 능력과 사회적 부를 거머쥔 자들이다.

　가뭄이 들거나 역병이 들면 고을의 여자들이 호미와 낫 등을 들고 보평산을 뒤진다. 결국은 몰래 쓴 묘를 발견하고 파헤친다. 유골들을 흩뿌려버린다. 그래도 묘지 임자가 되었건 문중이 되었건 이의를 제기할 수 없다. 일종의 시스템이다. 명산대천은 공동체의 것인데 마을 사람들 몰래 독점하는 것을 용납하지 않았던 것이다. 가뭄이나 기근 특히 역병의 원인을 발복이나 사회적 권력의 독점 때문이라고 진단했음을 알 수 있다.

제주도 도깨비굿

　　　　도깨비불이 인격화된 제주도 영감놀이 또한 도깨비굿의 하나다. 앞서 도깨비불을 다루며 소개했으므로 여기서는 간단하게 언급해둔다. 1971년 제주도 무형문화재 제2호로 지정되었다. 제주도에서는 도깨비를 도채비라고 하는데 무속에서는 도채비라 하지 않고 영감 혹은 참봉, 야차라고 부른다. 야차는 나찰과 함께 불교적 맥락의 도깨비이므로 제주도 영감놀이가 불교의 영향을 받았을 것으로 추정해볼 수 있다. 참봉의 칭호는 제주 이외지역에도 분포하는데 영감은 특히 제주도에 특화되어 있다. 진도나 무안지역의 도깨비굿과는 확연히 다르다. 영감이라는 칭호에서 보듯이 남성격이다. 연행 형태(민속의례 등을 연출하여 행하는 형태)로 보면 여성격도 등장한다. 아주 우스꽝스런 복장으로 나타나기 때문에 영험이라든가 신성성을 소거한 해학적 캐릭터로 그려진다.

갓양태(갓모자의 밑 둘레 바깥으로 둥글넓적하게 된 부분)만 붙은 파립, 깃만 붙은 베도포, 총만 붙은 떨어진 미투리, 한 뼘도 안 되는 곰방대, 한 손에는 연불煙火, 한 손에는 신불神火을 든다. 모양은 익살스럽게 생겼어도 기능은 전국 해안의 도깨비와 다르지 않다. 일시에 부자가 되게도 해주고 어부들에게는 한꺼번에 고기를 몰아다주기도 한다. 응징자나 기피대상으로서의 도깨비가 아니다. 일월조상이 되기도 하고 서낭이나 선신, 대장간신, 당신으로 모셔지기도 하기 때문에 차림새에 비해 위상이 높은 편이다. 이 놀이는 여인의 미모를 탐한 영감신의 범접으로 병을 앓게 된 경우, 어선을 새로 짓고 선신인 선왕을 모셔 앉히려는 경우, 마을에서 당굿을 할 경우 등에 실연된다.

한진오의 설명에 의하면, 영감신은 배를 지켜주는 도깨비신이다. 영감놀이는 영등굿과는 무관하게 독립적으로 치르던 굿인데 칠머리당 영등굿이 국가무형문화재로 지정되면서 추가하게 되었다. 실제 영등굿에서도 배방선을 하기 전에 왕풀이라는 과정을 통해 간단하게 영감신을 대접하는 것으로 그친다. 본풀이와 연계된 세경놀이, 전상놀이, 영감놀이 등이 대표적인 것이니 제주도에서 도깨비의 위상은 다른 지역보다 높다고 봐야 한다. 여성 전유의 도깨비굿에 비해 남성격인 도깨비영감놀이라는 점이 특징이다. 제웅치기를 도채비(도깨비)방쉬라고도 한다.

순창 탑리의 도깨비굿[95]

　　　　　　진도 서외리나 진도 조도 가사도, 무안 매곡마을과 유사하
게 여성들을 중심으로 연행된다. 제의 장소는 마을로 들어오는 동서남북
의 네 곳이다. 철륭(마을 뒷산 송곳바우), 동네산(초장골), 아랫당산(마을 남쪽 입
구), 동네방죽(북쪽)이 그것이다. 당산제와 관련성을 갖고 있는 점에서 진도
조도 가사도의 도깨비굿과 가깝다. 제물은 메밀묵이다. 남성들의 참여는 원
천적으로 금지한다. 다만 방죽에서 제의를 드릴 때는 이 금기를 풀어준다.

　　탑리의 도깨비굿은 진도의 가사도처럼 정월 초에 그 해 돌림병을 막으
려는 의도에서 행해진다. 진도 서외리가 가뭄이나 기근, 역병이 발생했을
때 연행하는 것과는 대조적이다. 농사의 풍년과 행복의 기원 등 주술적인
목적은 크게 다르지 않다. 기원 대상이 도깨비라는 점에서 일반적인 당신
앙과는 다를 뿐이다. 이들을 잘 먹여 보내야 한 해 병이 없이 평안하게 지
낼 수 있다는 믿음은 도깨비 신앙이 가진 특성이기도 하다.

2. 또 다른 반란, 대신맥이와 디딜방아 훔치기

프레이저의 왕 살해 메커니즘

　　　　　　프레이저가 보고한 『황금가지』에서 왕 살해 사례는 우리에
게 많은 것들을 말해준다. 왕은 자연재해든 사회적 위난이든 그것을 해결
할 책임과 의무가 있다. 기근이나 가뭄에 '나랏님'에게 원성을 쏟아내던 백
성들의 원성이 그냥 생긴 것이 아님을 볼 수 있는 대목이다.

　　프레이저는 말한다. 황금가지를 꺾으면 신선한 참나무 숲속을 지키던
사제왕과 집단의 생명이 위험에 처한다. 마치 마을의 당산 숲을 보호하기

위해 여러 가지 영험담을 만들어 사회적 담론으로 유포시키는 것과 일반이다. 가뭄이나 기근은 왕이 금기를 어겨 외부 악령의 나쁜 에너지가 감염되거나 병약해졌기 때문이라는 것이다. 그래서 공동체 구성원들은 자신을 보호하기 위해 그 왕을 곧바로 살해하고 다른 힘 있는 대상을 왕으로 추대한다. 이를 마을로 치환하면 당산숲과 당산나무의 보전 논리와 연결된다. 낫 들고 호미 들고 명산대천 독식한 가진 자들의 이기와 위신을 파헤칠 못 가진 자들의 전유의 반란이다.

> 아리키아 숲의 사제(숲의 왕)는 황금가지가 자라는 나무의 화신이었던 것으로 보인다. 따라서 그 나무가 참나무라면 숲의 왕은 틀림없이 참나무 정령의 화신이었을 것이다. 그러므로 숲의 왕을 살해하기 전에 황금가지를 꺾는 것이 왜 필요했는지 쉽게 이해할 수 있다. 참나무 정령인 숲의 왕의 삶 또는 죽음은 참나무 위에서 자라는 겨우살이 속에 있으므로, 겨우살이가 온전하게 남아있는 한 숲의 왕은 발데르처럼 죽을 수가 없었다. 따라서 숲의 왕을 죽이기 위해서는 겨우살이를 꺾어, 아마도 발데르처럼 그를 향해 던질 필요가 있었을 것이다. 그리고 이 두 가지 유사한 예의 비교에 결말을 짓기 위해서는 단지 숲의 왕이 아리키아 숲에서 해마다 거행하던 하지절 불놀이에서 산채로나 죽은채로 화장당했다고 가정하기만 하면 된다.[96]

이를 프로이드의 오이디푸스 콤플렉스에서 찾기도 한다.[97] 외부대상(왕)에게 생명과 영혼을 맡기는 원시적 자기 보호술과 주술적 사고가 왕 살해 풍속을 그토록 오랜 기간 유지해온 비밀이었다는 것이다. 원초 불안에 대처하는 원시 방어 활동에 주목하는 자아심리학과 클라인은 '원시사고'

가 유아와 경계선 인격의 사고와 유사함을 드러낸다는 것이다. 즉, 왕 살해 행위는 자신이 전적으로 의지하며 경배하던 대상이 갑자기 사라질 경우에 엄습할 '정신의 멸절불안과 유기불안'에 대처하기 위한, 경계선 인격의 방어적 대인관계 행동과 유사하다고 주장한다. 프레이저는 이 의문을 풀면서 먼저 원시 인류가 지녔던 주술적 사고를 이해해야 한다고 봤다.

문명인의 과학적 사고와 대비되는 이 사고는 '자연 만물에 고유한 생명 에너지를 지닌 정령精靈이 깃들어 있다는 정령사상animism을 토대로 한다. 만물의 움직임을 정령의 힘과 연관해 지각했던 원시인류는 동물과 식물은 물론이고 심지어 물, 바위, 대지, 태양, 별, 바다, 강, 숲, 바람 등에도 정령이 깃들어 있다고 믿고, 그들과 공존하며 조화롭게 소통하려 했다는 것이다. 정령 관념의 하나인 도깨비에 대한 인식도 크게 다르지 않다.

예컨대 '다시 천년'의 벽두 광화문광장에 모여 유쾌한 반란, 도깨비불 잔치를 벌였던 일종의 도깨비들이 왕 살해 의례를 벌였다. 박근혜 대통령 탄핵을 이것에 비유할 수 있다. 가뭄과 전염병에 비유되는 시스템의 붕괴와 사회적 혼란을 가져온 자, 혹은 지도자의 잘못으로 판단했기 때문이다. 왕 살해는 이것으로 끝나는 것이 아니다. 도깨비굿판을 벌이는 사람들은 숲을 잘 지키지 못한 왕이라면 언제든지 다시 살해할 준비가 되어 있다. 전 정권을 무너뜨리고 새정권을 세운 이들도 전복의 대상에 포함된다. 호랑이보다 무섭다는 가혹한 정치를 지속하면 그런다는 말이다. 사회적 위난이 오면 여성으로 비유되는 가장 낮은자들의 이름으로 칼 높이 든 자를 살해하러 나선다. 권위의 상징인 음택의 위장묘들을 파헤쳐 명산대천이 공유지임을 선포한다. 아무리 권력 높은 자일지라도 예외는 없다. 프레이저의 보고를 빌리면 우리 공동체를 제대로 지켜내지 못한 왕에게 죄를 물어 살해했던 것이다.

비주류의 전이지대, 평범한 존재들의 혼불

일부 학자들의 주장대로 치우 관련 형상은 동물, 사람, 식물 등을 조합하여 환상적인 장식으로 발전해왔다. 2002년의 월드컵의 경험처럼 내셔널리스트로 만들기도 하고 심지어 조상이라 우기거나 도깨비의 시원이라고도 했다. 형상으로만 보면 괴기스런 예술미의 극치였다. 하지만 그로테스크grotesque만으로 도깨비를 읽어낼 수도, 민족표상으로 세울 수도 없다. 민담류의 도깨비에 한정해 말하자면, 그러한 형상은커녕 오히려 우스꽝스럽고 엉거주춤한 중간자로 나타나기 일쑤였다. 귀신과 사람의 중간자, 명료하지도 않고 구체적이지도 않은 그저 그런 일상을 살아가는 평범한 사람들 같은 존재라고나 할까. 이 엉거주춤한 도깨비들에 마음을 투사한 사람들은 여전히 여성과 어린이를 포함한 가지지 못한 자들이었다.

도깨비가 주로 출현하고 서식하는 갯벌과 숲이 그 전형적인 공간, 곧 전이지대라는 점은 여러 차례 강조해두었다. 억압과 횡포를 탈피하고자 했던 이들, 주류사회에 도전하는 이들이 이른바 도깨비 이야기에 자신들의 처지를 담아낸 자들이었다. 도깨비는 귀신류의 영혼이라기보다는 주로 사람이 사용하던 물체들, 부지깽이니 빗자루니 몽당 막대기니 따위라고들 했다.

그런데 혼불처럼 사람의 혼령과 관련을 짓기도 했다. 아마도 도깨비불이란 호명 속에는 일반적인 도깨비라는 인식보다는 살아있는 자의 혼魂, 그것도 생명의 마지막 순간까지 육신과 함께 하고 있는 어떤 정기精氣라는 마음들이 들어있었던 모양이다. 죽은자 혹은 정기가 없어진 존재들로부터는 도깨비불이 일어나지 않는다는 뜻이리라. 여러 가지 괴담이나 민담 수

준으로 전승해오던 도깨비불 특히 혼불을 생각한다. 죽은자 혹은 없어져 버린 어떤 것일지라도 미세하게 남아있는 정기, 아직 살아있거나 잔존하는 생명력 같은 것 말이다.

디딜방아 훔치기[98]

도깨비굿에 준하는 여성 전유의 반란, 정월 대보름에 행하는 디딜방아 훔치기가 있다. 전라도와 충청도를 중심으로 전승되어 온 민속놀이다. 정월 대보름에 옆 마을에서 훔쳐 온 디딜방아를 마을 입구에 세워두고 부인들 속곳을 거꾸로 입혀 잡귀나 질병을 막고 가뭄을 극복하기 위한 풍속이다. 디딜방아는 방아를 찧은 데만 사용한 것이 아니다. 장티푸스 액막이 주술도구로 사용했기 때문이다. 남도 일부지역에서는 액맥이놀이 혹은 디딜방아 액맥이 놀이 등으로 부른다. 주술적인 의례 중의 하나인 '뱅이'로 사용하는 것이기 때문에 순순히 내주는 경우도 많았다.

정월 대보름 당산제가 끝나면 여성들이 인근 마을로 디딜방아를 훔치러 간다. 디딜방아를 훔치기 위해서는 조심스럽게 접근해야 하고 때에 따라서는 상대편 마을사람들과 큰 싸움이 벌어지기도 한다. 여성들이 훔쳐 온 디딜방아를 동네 앞에 세우고 그 위에 '피보재기'라고 하는 피 묻은 고쟁이나 황토를 바른 고쟁이를 뒤집어 씌워놓는다.

전북 진안에서는 몰래 이웃 마을에서 디딜방아를 훔쳐다가 마을 앞에 세워놓고 여자의 속옷을 거꾸로 입혀놓은 다음 술, 과일, 떡을 제물로 바치고 장티푸스가 멈추기를 기원한다. 훔친 디딜방아는 상여 위에 놓고 그 위에 흰 광목천을 덮어서 마치 죽은 시신을 모시듯 한다.

충청도 일부 지역에서는 디딜방아를 훔쳐오면서 상여소리를 했다. 경북 상주시 은척면에서는 방아를 몰래 훔쳐오면서 '어이 어이'하고 곡소리를 내며 돌아온다. 또 다른 지역에서는 상여소리와 함께 '아이고 아이고'하고 곡을 하거나 '어흥! 어흥!'하며 호랑이 소리를 낸다. 방아는 마을 어귀에 다리가 위로 가도록 걸어두고 장가를 세 번 간 사람의 아내 속곳을 걸어둔다. 유사한 민속의례가 그렇듯이 상여소리나 곡소리는 죽임과 살림의 의미를 탑재한 재생의례 중 하나다. 죽어야 다시 살기 때문이다.

디딜방아는 마치 붉은 것이 묻어 있는 은밀한 여성의 속옷을 입고 거꾸로 서 있는 형태다. 많은 사람들이 오가는 동네 앞에 세워놓는 이유가 있다.

충남 아산시 온양에서는 여자들이 훔쳐 온 방아 가랑이에 개의 피를 바른다. 주위에 왼새끼를 두른 다음 전나무 가지를 꽂아둔다. 전북 장수에서는 여자들이 훔쳐온 방아를 서낭당 옆에 세우는데 남자들은 절대 내다보지 않는다. 남자들이 수행할 때는 여장을 한다. 돌림병의 귀신이 여자인지 남자인지를 따져서 여자면 디딜방아에 잠방이를 씌우고 남자면 짚신이나 수박 혹은 호박을 건다. 모두 여성 남성이 대칭되도록 꾸민 것이다. 여자들이 방아를 훔치러 갈 때는 마치 장례식에 참여하듯 흰 옷에 흰 수건을 둘러 소복을 입듯이 한다. 또 솥뚜껑을 머리에 이고 숨을 죽이면서 가기도 한다.

표인주는 이를 성의 해방감을 통해 풍요로운 생산을 도모하는 의식이며 한편으로는 붉은색이 정화와 축귀적 기능을 수행하기 때문으로 풀이했다. 정월이 지나면 디딜방아는 훔쳐왔던 동네에 돌려주기도 한다. 아니면 동네 앞개울의 다리로 사용하기도 한다.

도깨비굿, 가장 낮은자들의 유쾌한 반란

디딜방아 훔치기를 진도나 무안 등지의 도깨비굿의 일환으로 보는 이유는 여성 전유의 반란제의라는 점 때문이다. 여성의 월경한 속곳이나 황토를 바른 속곳을 사용하는 메커니즘도 동일하다. 또 하나 주목하고 싶은 것은 디딜방아와 절구와의 관련이다. 절굿공이를 도깨비의 원형격으로 해석했던 사례를 참고한다면 도깨비굿의 편성이나 관련성을 톺아볼 수 있겠기 때문이다.

여성 스스로 생식하는 모권 사회의 힘, 그 원시적 힘이 도깨비굿에는 살아 있다. 그렇다면 어째서 유교적 덕목을 높이 산 전통사회에서 도깨비굿 같은 반란의 축제를 용인할 수밖에 없었을까? 마을의 공동 제사인 마을굿에서 달거리 있는 여성은 부정하다고 생각해 기피 대상 1호다. 그런데 정작 마을이 절대적 위기 상황에 봉착하면 달거리 있는 여성이 해결사로 등장한다. 일상생활에서 억눌리던 여성이 정작 가장 중대한 문제를 해결하는 데서는 주역이 되어 역전의 드라마를 연출한다. 도깨비굿은 평소에는 은폐되어 있던 여성의 성적 상징물이 사회 문제를 해결하는 하나의 적극적 통로라는 사실을 드러내고 있다. 모권적 생식의 힘이 다시 등장하는 셈이다.

주강현이 그의 책 『우리 문화의 수수께끼』에서 말한 도깨비굿에 대한 평가다. 신화적으로 모권적 힘을 강조하지만 여기서의 여성은 못 가진자, 약한자, 혹은 파편화된 개인들의 상징으로 바꾸어 읽어도 좋다. 중요한 것은 도깨비같은 세상을 재구성하기 위해 떨쳐 일어난 여성들이 도깨비로 분장하는 주체들이라는 점이다. 도깨비를 악으로 설정한 것이 아니라 악귀같은 기득권자들을 징치하는 이가 도깨비이며 그 주체로 여성들이 분장하고 있음을 체크해두어야 한다.

디딜방아를 훔치는 의례를 하고 도깨비굿을 할 수밖에 없었던 기근이나 가뭄, 역병의 범람 또한 천재지변 혹은 불가피한 사회 붕괴를 복원하거나 재구성하는 메커니즘이기도 하다. 도깨비굿이 이를 적절하게 설명해주고 있다. 여기서의 여성은 가지지 못한자 혹은 약자에 대한 은유다. 핍박받은자, 소외된 자들의 은유다. 상대적 박탈감을 가진 이들의 시선은 언제나 권력층을 향한다. 그들의 잘못된 정치가 극심한 편차와 갈등, 심지어 역병을 몰고 왔다고 관념하기 때문이다.

대속제의 허수아비도 도깨비일까

도깨비는 일종의 대속제 기능을 한다. 대속 제물로 사용하는 허수아비를 사례로 설명할 수 있다. 이때의 허수아비는 제웅이라고 하고 초인草人이라고도 한다. 제웅직성에서 온 말이라는 점 앞서 소개하였지만 좀 더 설명해둔다.

> "짚으로 만든 허수아비를 만들어 길에 버린다. 만든 사람을 상징하는 허수아비의 여러 부위에 지폐는 물론 한글이나 한자로 적은 불운 퇴치 기도문과 돈을 넣는다. 거지들이 와서 이 허수아비를 주워 돈을 가져간다. 돈과 함께 허수아비 만든 이의 1년간 액운도 함께 가져간다고 사람들은 생각한다."

윌리엄 길모어, 알렌 등 초기 선교사들이 기록한 조선의 정월 대보름 풍속 묘사를 참고한다. 니스벳은 『호남 선교 초기 역사』에서 이 장면을 더

272

상세히 설명한다.[99]

모조 인형은 정월 대보름 이외의 때에도 악귀를 피하기 위해 사용되었다. 에너벨 니스벳에 따르면 '가운데 애기'로 불리던 여인은 남편과 시아버지가 역병으로 죽게 되자 30달러에 부잣집 첩으로 팔려가게 되었다. 이후 가운데 애기가 첩으로 간 그 집의 신랑이 병에 걸렸다. 그러자 그 집 식구들은 모조인형을 만들어 산에 가지고 갔다. 귀신의 공격으로 남편이 득병得病하였다고 생각하고 남편 대신 이 모조인을 공격하게 하려는 속셈이었다.

이외에도 아이가 병을 얻으면 허수아비를 만들어 버리는 풍속들이 소개된다. 전남 신안 흑산도 천촌리의 갯제와 용왕제, 부안 위도의 띠뱃놀이의 허수아비는 남근을 크게 만드는 제웅의 대표적인 사례다. 우리나라에는 오래 전부터 정월 대보름에 제웅(허수아비)을 버리는 풍속이 있었다.

사전에서는 제웅을 이렇게 설명한다. 짚으로 만든 사람 모양의 물건. 음력 정월 열 나흘날 저녁에 제웅직성이 든 사람의 옷을 입히고 푼돈도 넣고 이름과 생년을 적어서 길가에 버림으로써 액막이를 하거나, 무당이 앓는 사람을 위하여 산 영장永葬을 지내는데 쓴다. 초우인 혹은 초인이라고도 했다.

제웅직성은 아홉 직성直星의 하나. 나이에 따라 그 운명을 맡고 있는 아홉별 중 흉한 직성이다. 토직성, 수직성, 금직성, 일직성, 화직성, 계도직성, 월직성, 목직성이 있다. 남자는 열 살에, 여자는 열한 살에 처음으로 제웅직성이 들며 차례로 돌아간다. 직성에 맞지 않는다느니 직성이 풀린다느니 하는 언설이 여기에서 나왔다.

대신맥이와 희생제의

도깨비와 목랑 즉 목제남근의 상관을 보며 도깨비에 투사된 남성성에 대해 살펴봤다. 여기서 주목할 것은 대보름에 허수아비를 버리는 풍속인 산 영장永葬이다. 허장虛葬이라고도 한다. 거짓으로 장사 지낸다는 뜻이다.

위도 띠뱃놀이 중에서 바다에 대신맥이로 바치는 남근 허수아비노 주목한다. 대신맥이는 질병을 막기 위해 닭을 제물로 올리는 전라도지역의 굿을 말한다. 대속의 제물 일반을 대신맥이의 개념으로 설명할 수 있다. 예컨대 기독교에서 지은 죄에 대한 벌을 받거나 속죄를 하기 위해 바치는 물건이나 사람을 말한다. 예수가 십자가에 못 박혀 죽음으로써 그 보혈로 인류의 죄를 대신 씻어 구원한 일 등이 그것이다. 이 맥락을 확대하면 희생제의로 이어진다.

희생犧牲은 다른 사람이나 어떤 목적을 위해 자신의 목숨, 재산, 명예, 이익 따위를 바치거나 버리는 일, 또는 그것을 빼앗기는 일을 말한다. 여기서는 천지신명에 제사 지낼 때 제물로 바치는 산짐승 주로 소, 양, 돼지 따위를 바치는 일이라는 뜻이다. 뇌생牢牲, 생뢰牲牢, 전牷, 희생물 등으로 쓴다.

위도 띠뱃놀이에서 남근이 강조된 제웅을 바다로 띄워 보내는 것은 풍어와 항해의 안전을 기원하는 대속제물이다. 대속제의에서의 제웅은 남의 죄를 대신하여 벌을 받거나 속죄하는 기능을 한다. 대보름에 허수아비를 만들어 거짓 장례를 치르는 까닭 또한, 나를 대신해서 나를 죽이는 대신代身맥이라는 점에서 궤를 같이 한다. 그래서다. 자신을 대신해 제웅을 바치거나 버리는 것이 혹시 강고한 남근이 포섭하고 있는 기존 질서에 대한 전복 행위 아닐까? 제웅 자체로는 도깨비와 관련성을 이해하기 힘들겠지만 여성전유의 반란으로 호명되는 도깨비굿에 이르면 생각이 달라질 수 있다. 강한 남근성으로 포박된 도깨비를 버리게 되면 여성성을 회복하고 상생과 상극의 생극원리에 닿는다 도깨비의 서식처들이 보이며 섬진강이 보이고 두꺼비가 보인다.

3. 겁탈당한 레퓨지움

시화댁의 끔직한 죽음

서해 파도에 질척한 갯벌을 담그고 있던 시화댁
전 임신한 여자예요, 불문곡직하고
입부터 틀어막던 사내들이 줄지어 기어올랐네
조갯살 하나 없이 까발려진 음부, 벌렁
나자빠진 시화댁은 처음이자 마지막 유산을 했네
사내들은 헐거워진 자궁에 자갈과 흙을 채워 넣었네
비릿한 소문이 갯마을 밖으로 나돌았지만
시화댁을 매장한 사내들은 유유히 사라졌네

박성우의 시 「갯벌 이야기」 중 일부다. 관련 논평이 더 섬뜩하다.

"「갯벌이야기」에서 사내들이 여성의 자궁에 흙을 채워 넣는 행위는 생산능력을 파괴하는 행위이다. 사내들의 무자비한 행위는 '임신'이라는 숭고한 의미를 철저하게 훼손한다. 이 무지막지한 행위는 '임신한 여자'라는 항변을 무시한 채 현재의 생산능력과 미래에 탄생할 생명까지를 송두리째 말살하는 행위와 다르지 않다. '개발'이라는 이름으로 행해지는 무자비하고 도발적인 행위들이 앞으로 양산할 무수한 생명 산실의 터전을 훼손하는 악행과 다르지 않다. 그 결과 시화댁의 '헐거워진 자궁'은 사내들의 횡포에 의해 더 이상의 생산능력을 상실한 거세된 자궁으로 전락한다. 결국, 폭력 앞에 생산의 성지이던 자궁은 폐쇄되고, 시화댁은 여성으로서의 정체성을 상실당하는 것이다.

특히, 이 과정에서 일방적이고 강압적으로 이루어지는 폭행은 오늘날 개발의 이름으로 폭넓게 진행되는 우리의 현실과 크게 다르지 않다. 끔찍한 폭행이 시화댁의 의지와는 무관하게 '입부터 틀어막던 사내'들에 의해 일방적으로 이루어지듯이, 개발 역시 남은 자들에게 지울 수 없는 상처를 주기 때문이다. '유유히 사라진' 사내들처럼 막대한 수익을 챙긴 개발자들과 달리 갯벌에 남겨진 것은 더 이상의 치유와 생산능력을 상실한 피폐함이며 갯벌과 더불어 살던 이들의 공허한 외침뿐이다."[100]

마을숲과 늪, 갯벌의 생태환경, 우리 마음의 중간지대를 왜 살려야 하는지, 왜 내가 전이지대의 도깨비를 주목하는지를 명료하게 보여주는 시다. 시의 주인공 시화댁이 늪과 마을숲과 갯벌에 살았던 도깨비들의 처지라고나 할까. 섬뜩한 겁탈의 징후를 감지한 도깨비들은 모두 고향을 떠나버렸다. 앞서 말한 레퓨지움이 사라져버렸다고나 할까. 근대기 이후 도시와 아파트 혹은 개발 지역 공간들이 비교적 명확해지는 반면, 숲과 늪의 전이지대들이 사라지고 있음을 아픈 마음으로 바라본다. 시화호의 시화댁은 이런 개발에 능욕당한 갯벌의 단말마 비명에 다름 아니다.

어디 공간뿐이랴. 사람들의 마음속에서도 점차 전이지대를 잃어가고 있다. 자잘한 욕망들을 투사해 각양의 형태로 창조했던 도깨비들을 몰아내버렸기 때문이다. 마치 마을숲을 없애고 갯벌을 없애버린 것처럼 말이다. 힘들고 괴롭고 외로울 때 황당하지만 그저 익살스럽게, 엉뚱하지만 나를 이해해주는 도깨비를, 내 마음을 투사할 도깨비들을 더 이상 만날 수 없다. 인간과 자연의 상호작용에 주목하는 것이 환경사관이다. 기상, 천문 등 여러 가지 자연현상에 대해 주목하고 대응하는 자세를 취한다.

자연환경이 농업과 어업, 사람들의 생태와 질병에 직접적인 영향을 미친다는 점 아무리 강조해도 지나치지 않다. 이제는 갯벌을 막아 경작지를 만들고 산을 허물어 공장을 짓는 일들이 인간과 자연의 유기적 관계에 어떤 악영향을 끼쳤는가를 질문하는 시대가 되었다.

코로나19로 톡톡히 겪어내고 있지 않은가? 역병의 창궐과 피해, 나아가 기근과 가뭄 등 자연재해보다 중요한 것이 사실은 심리적 문제들임을 알아채야 한다. 여성전유로 은유된 도깨비굿이 오늘 우리에게 주는 경고를 새겨들을 이유가 여기에 있다.

도깨비 같은 세상이라는 언설

2016년 악한 기운들이 극을 향해 치달았던 시국은 어떤 기득권자 개인들에 의해 국가 시스템이 동원되는 마치 도깨비판 같은 상황이었다. 여기저기서 '이것이 나라냐'고 외쳤다. 이 상황에 불을 지른 것이 세월호에 대한 성찰이었다. 국민의 안전과 생명, 자유에의 의지를 수호해야 할 국가가 어떤 기득권자들에 의해 일시 정지되거나 이상한 방향으로 국면을 재구성하는 풍경, 이것은 마치 악귀와 도깨비들이 판을 치는 시뮬라크르Simulacrum의 세계에 비유된다. 물론 지금도 변함없이 국면을 재구성하는 풍경은 이어진다.

원본 없는 실재를 파생실재, 보드리야르는 이것을 시뮬라크르라고 했다. 더 이상 실재와 교환되지 않는 가상의 세계를 만들어 낸 것이 시뮬라시옹이다. 도깨비의 세계가 시뮬라크르 즉 원본 없는 실재일까? 그렇지 않다.

도깨비는 마을숲과 호수, 늪과 갯벌이라는 분명한 전이지대의 고향을 가지고 있음을 살펴보았다. 사람들의 욕망을 수용해 이미지들을 창출하고 그 욕망이 지시하는 바에 따라 성격과 기능을 달리해왔을 뿐이다. 도깨비는 신의 복제물이 아니라 인간의 복제물이라는 점에서 원본 없는 허상의 세계 시뮬라크르와는 성격을 달리한다. 도깨비 같은 세상이라는 언설은 실재가 존재하지 않는 허상의 세계를 말할 텐데, 듣는 도깨비 기분 나쁠 것이다.

시방 이 소리가 뭔 소린 중 아냐? 옛날부터 우리 동네서 도깨비 귀신 쫓아낸 소리다. 소작 농간하던 마름귀신, 징용 잡아가고 생과부 맨들던 징용귀신, 공출 뜯어가고 배 곯리던 공출귀신, 생사람 쏴 죽이던 총잡이귀신, 촌가시네 홀려가던 양공주귀신, 장세 폴아 묵은 장세귀신, 이런 귀신, 도깨비다 몰라낸 소리여!

『우리 문화의 수수께끼』에서 송기숙의 소설 〈어머니의 깃발〉 한 대목을 뽑아낸 주강현의 시선이 탁월하다.[101] 송기숙은 "문학의 사회적 기능은 도깨비가 도깨비인 줄 모르고 살아가는 것을 그것은 도깨비의 삶이라고 깨우쳐주고 서로가 도깨비가 아닌 사람으로 살아가는 것일 게다(초판 작가의

278

말)"라고 말한다.

이 전집 2권의 제목이 '도깨비 잔치'이듯 작품들은 하나같이 도깨비와 정상인의 삶이 전도된 사회, 본질적인 가치와 부정적인 가치가 현상과 본질처럼 뒤바뀐 도깨비 같은 사회를 향한 다채로운 문학적 대응이다.[102]

임규찬이 송기숙 중단편집 『도깨비 잔치』 해설 「도깨비 세상에 송기숙」이라는 작품에서 말한 내용이다. 어찌 그것이 문학작품에만 해당되겠는가. 도깨비굿을 지금 여기에 소환하는 이유이기도 하다. 도깨비와 정상인의 삶이 전도된 사회가 어제 오늘이었을까?

극한 역병이 돌면 사회적 심리는 지도자에게로 향한다. 사람들은 공동체가 공유해야 할 이익을 권력 있는 자들이 전유해서 역병이 일어났다고 생각했기 때문이다. 앞서 설명한 바와 같이 명산대천에 시도한 도장盜葬을 전복시키는 일 따위가 그것이다. 명산에는 아무리 권력 있는 자여도 자기 후손 혹은 자기 그룹의 발복 만을 위한 묘지를 써서는 안 된다는 불문율이 있다. 이를 제도화 해둔 것이 풍수사상에 포괄적으로 편입되어 있다. 도깨비굿을 새삼 주목하는 이유다.

이 마을을 하나의 사회, 하나의 국가로 치환해보면 보이는 것들이 있다. 역병의 창궐과 피해보다 중요한 것이 오히려 심리적 문제들이라는 뜻이다.

경신대기근과 코로나19

이 국면을 설명하기 위해 우리 역사 중 가장 참혹했다고 알려진 경신대기근庚辛大飢饉부터 이야기로 대단원을 마무리해가기로 한다. 경신대기근은 1670년 경술庚戌년부터 1671년 신해辛亥년에 일어난 기근으로 두 간지의 앞 글자를 따서 붙인 이름이다. 조선 18대 현종 때 일이다. 역병이 돌고 흉년이 들어 굶어죽는 정도를 훨씬 뛰어넘는 참상이 발생한다. 코로나19사태를 두려운 마음으로 대할 수밖에 없는 역사적 경험이라고나 할까. 조선왕조실록 중 『현종실록』의 기록들이 끔찍하다.

"기근이 이미 극에 달하여 살해하고 약탈하는 변이 없는 곳이 없습니다만 무덤 도둑에 있어서는 전에 듣지 못하던 일입니다. 보성군의 교노校奴 일명과 사노 최일과 남원부의 어영군 김원민과 사노私奴 철석 등이 남의 고장(무덤)을 파 옷을 벗겨서 버젓이 팔다가 시신의 친척에게 발각되었는데 추위에 다급하였기 때문이라 하며 군말 없이 자복하였습니다."

입을 것이 부족하여 무덤을 파고 죽은 자의 옷을 벗겨 팔았다는 것 아닌가. 전쟁기에 죽은자들의 이불을 걷어내 빨아서 다시 사용했다는 구술보다 참혹한 풍경이다. 이 참상은 급기야 잔혹스런 풍경을 향해 달린다. 제주 목사 노정이 기근에 대해 치계한다.

"본도에 굶주려 죽은 백성의 수가 무려 2천2백60여 인이나 되고 남은 자도 이미 귀신 꼴이 되었습니다. 닭과 개를 거의 다 잡아먹었기 때문에 경내에 닭과 개의 소리가 들리지 않고 이어서 마소를 잡아 경각에 달린 목숨을 부지하고 있으니, 사람끼리 잡아먹는 변이 조석에 닥쳤습니다."

『현종실록』 19권 4월 3일의 참혹한 보고서다. 어디 제주뿐이겠는가. 전국의 모든 지역에서 기후재앙 · 가뭄 · 홍수 · 지진 · 태풍 · 역병이 확산되고 전국은 죽은자의 시체로 덮이기 시작했다. 심지어 자신의 아이를 삶아먹었다는 보고가 올라올 정도로 천륜과 인륜이 처참하게 무너지는 상황에 직면하게 된다. 당시 조선 인구의 10%에 달하는 200만 명이 죽어나갔다.

그냥 기근이 아니라 대기근이라는 이름을 붙인 이유일 것이다. 지금의 기후 위기는 이때에 비하면 새 발의 피라고나 할까. 이는 지구별 전체가 겪은 소빙하기의 기후변화와 관련되어 있다. 소빙기小氷期, Little Ice Age란 무엇인가? 영어사전에는 역사시대에 산악빙하가 신장한 시기라고 설명한다. 16세기 말에서 시작되어 1560년, 1750년, 1850년쯤에 빙하가 최대가 되었다. 1580년대를 전후한 시기는 소빙기의 제2차 한랭기가 시작되던 시점이다. 14세기 혹은 15세기부터 19세기 중후반까지 이어지는 소빙기 안에서도 온난과 한랭한 기후의 주기적 변동이 있었다. 가장 전형적인 소빙기를 나타내는 17세기 소빙기는 그 중에서 제2차 한랭기에 속한다. 중국에서는 제2차 한랭기의 시작을 1600년 혹은 1620년으로 보고 있지만, 실제 1577년 이후부터 극심한 한랭현상을 볼 수 있다. 1570년대 후반부터 17세기 소빙기가 시작되었음을 알 수 있다.

강강술래 놀이 중의 하나로 등장하는 청어가 급속하게 사라진 이유도 이 소빙기가 밀접하게 관련되어 있다. 조선의 초가집, 기와집 등 한옥의 온돌 확산에 따른 구조적 변경도 이 시기에 일어난다. 하지만 기근과 역병, 기후재앙 등이 소빙기와 경신기근에만 국한되는 것이 아니다. 이 땅에 인류가 살아온 이래 크고 작은 재앙들이 끊이지 않고 지구별을 강타했기 때문이다. 내가 여기서 문제 삼은 것은 굶주리고 메말라서, 혹은 천재지변이나 역병으로 죽은 이들의 몰골을 귀매나 이매망량에 비교하거나 도깨비에 비교한다는 점이다. 경신대기근을 사례 삼긴 했지만 인류 시원의 고대로 거슬러 오른다고 이런 관념이 크게 다르진 않다.

소금비와 처녀풍

다산 시문집의 내용이다. 기사년(1809, 순조 9) 가을이었다. 장현경의 아내가 고금도로 유배 온지 9년여 큰딸 22세, 작은 딸 14세, 사내애 10여 세였다. 장현경은 누구인가? 정조가 갑자기 승하하고 상례가 아직 끝나지 않은 시기, 인동(지금의 구미 · 선산 · 칠곡)부사였던 이갑회가 기생을 불러 부친의 생신잔치를 열었다. 장씨를 초대했다. 장현경의 아버지는 국상 중 예의에 어긋난다며 거절하고 징계하려 했다. 다급해진 이갑회가 정조 독살설과 관련하여 모함을 했다. 서로 치받는 사이, 장씨 일가는 역모죄를 뒤집어쓰게 되었다. 일가에 대한 처벌이 이루어지자 도망가거나 벼랑에 떨어져 죽고 또 유배되었다. 장현경의 처와 자식들이 1800년 8월에 고금도로 유배되었다. 하루는 진영의 군졸 하나가 술에 취하여 돌아가다가 울타리 구멍으로 큰딸을 엿보고 유혹했다. 꼬임에 넘어가지 않았다. 그 뒤로 계속하여 유혹하기를 그치지 않더니 꾸짖어 말했다. "네가 비록 거절한다 해도 끝내는 나의 처가 될 것이다." 큰딸은 비분한 나머지 항구로 나가 조수를 바라보다가 푸른 바다에 몸을 던졌다. 그 어머니가 재빨리 그녀를 뒤쫓았으나 미치지 못했다. 7월 28일의 일이었다. 그때 작은 딸이 따라 죽으려 하자 어머니가, "너는 돌아가 관가에 알려 원수를 갚고, 또 네 동생을 길러야 한다."하였다. 이에 멈추고 뒤따르지 않았다. 하지만 어머니는 푸른 바다에 몸을 던졌다. 마치 전설과도 같은 통절의 사건을 다산은 매우 담담하게 기록해두었다. 가혹한 세금 때문에 자신의 성기를 잘라버렸던 사건을 다룬 시 「애절양哀絶陽」에 버금가는 기록이다. 문제는 그 다음에 일어났다. 이듬해 경오년 남쪽에서 태풍이 불어오더니 소금비鹽雨를 뿌렸다. 이내 해변의 곡식과 초목이 모두 말라죽게 되었다. 그 다음해도 또 큰 바람이 불어 소금비를 뿌렸다. 흉년 기근이 시작되었다. 사람들은 이 비를 실어오는 바람을 처녀바람處女風이라 불렀다. 장씨의 큰딸이 그렇게 비통하게 죽어 소금비 뿌리는 태풍이 되었다고 생각했던 것이다.

다산의 기록을 좀 더 살펴본다.

이듬해 경오년(1810년 순조 10) 7월 28일 큰 바람이 남쪽에서 일어나 모래를 날리고 돌을 굴렸다. 바다에 이르자 파도가 은산銀山이나 설악雪岳처럼 일었다. 물거품이 공중에 날아 소금비가 되어 산꼭대기까지 이르렀다. 해변의 곡식과 초목이 모두 소금에 젖어 말라죽어서 농사가 크게 흉년이 들었다. 나는 다산茶山에 있으면서 염우부鹽雨賦를 지어 그 일을 기록하였다. 또 이듬해 그날도 바람의 재앙이 지난해와 같았다. 바닷가 백성들은 그 바람을 처녀풍處女風이라고 하였다.

『태종실록』 태종7년 6월 29일 기사에는 전국적인 면모가 보고되었다. 풍해도(황해도의 옛 이름)의 풍주 · 장연 · 은율 등지에 이틀 동안이나 큰 바람이 불었다. 밭곡식이 모두 쓰러졌다. 이로 인해 해주 · 황주 · 봉주 · 경기 연안 · 서북면의 선주 · 삭주 등지에 황충蝗蟲이 일었다. 곧 풀무치가 무리를 지어 모든 잎들을 갉아먹어버린 것이다. 기사에서는 염해를 직접 거론하지 않았지만 황해권역이라는 점에서 소금비의 피해와 일맥상통한다. 의심할 여지가 없다. 장씨의 딸과 부인이 죽어서 소금비가 되었다고 생각한 사람들의 마음 말이다.

처녀가 원한을 품고 죽으면 오뉴월에도 서리가 내린다는 말이 있다. 도처에 전설과 장소로 설정해 둔 처녀귀신 이야기, 그 함의를 가장 잘 표현한 속담 아닌가싶다. 우연이었을지도 모를 자연발생적 소금비를 이들이 굳이 처녀바람이라고 호명하게 된 까닭 말이다. 다산은 시문집의 기사를 다음과 같이 맺고 있다.

"동생이 돌아가서 보장堡將에게 알렸다. 보장은 현에 그 말을 싱신하였다. 현감 이건식은 검시檢屍한 뒤에 관찰사에게 보고하였다. 이윽고 수일 후 해남수군사 권탁이 장계를 올려 신지도 수장과 지방관인 강진현감을 아울러 파출(파면)할 것을 청했다. 이는 고례에 따른 것이다. 파출 당하게 된 건식이 곧 아전과 의논했다. 천냥을 비장에게 뇌물로 주었다. 이윽고 관찰사는 검안을 현청에 되돌려줬다. 장계는 수영으로 되돌려 보냈다. 관은 무사하게 되었다. 군졸의 죄도 불문에 부쳐졌다."

비통한 죽음을 알렸던 동생의 고발은 무위로 끝나고 말았다. 이유는 검은 거래에 있었다. 사람들은 생각했을 것이다. 상부의 뇌물 카르텔이 소금비를 몰고 왔구나. 그렇다면 이 비 몰고 오는 바람은 처녀바람 아닌가. 장현경의 딸이 죽어 몰고 오는 바람 말이다. 이렇듯 사람들은 기근이나 흉년 등의 자연재해를 사회적 관계로 해석해오곤 했다. 지역에 따라서는 이에 대한 응징과 대응이 여성반란 제의라 호명하는 도깨비굿 등으로 표출되기도 했다. 프레이저가 보고한 '왕 살해'도 이 맥락에서 크게 벗어나지 않는다. 최재천은 바이러스가 3~5년마다 창궐한다고 진단한다. 그렇다면 우리는 어떻게 살아남아 하는가?

정확하게 옛날로 돌아가기는 힘들지 않겠어요? 이제 '새로운 옛날'로 돌아가야 되겠죠. 새로운 가치관, 새로운 세계관을 찾지 않을까요? 어느 영화 때문에 유행한 말인 것 같은데요. "뭣이 중헌디?" 이런 말이 있죠. 이처럼 우리 삶에서 정말 무엇이 중요한지를 새롭게 찾아가는 사람들이 많아질 겁니다(중략). 생태학자들은 그동안 자연환경을 훼손하지 않고 보전하는 것이 궁극적으로 더 이익이라고 줄기차게 부르짖었습니다. 환경경제학, 생태경제학이라는 분야까지 만들어서 기후변화와 생물 다양성 고갈이 불러올 경제 손실을 돈으로 환산해서 전달했지만 하무 소용이 없었죠. 그런데 이렇게 갑자기 등장한 눈에 보이지도 않는 바이러스(코로나19) 때문에 우리를 둘러 싼 상황이 급변하고 있습니다(중략). 그렇죠. 진짜 자연을 건드리지 않는 게 더 좋다는 계산을 이제 드디어 사람들이 할지 모른다, 그런 희망이 생긴 겁니다. 몇 년마다 이런 재앙에 휘둘릴 수는 없어요. 생태적 전환만이 살 길이에요.[103]

위 언설에 주어와 목적어 혹은 수식어를 도깨비로만 바꾸면 내가 하고 싶은 이야기는 다 한 셈이다. 정확하게 도깨비 천지이던 갯벌과 마을숲과 웅덩이와 강변으로 돌아가기는 힘들다. 새로운 옛날로 돌아가야만 한다. 새로운 가치관이란 무엇일까? 남근 중심의 도깨비 해석에서 탈각하여 그 배경과 모태를 문제삼는 도깨비의 여성성을 회복해야만 한다.

휴대폰을 손에 들고 생활하는 포노사피엔스가 상시 검색하고 네트워크하는 가상의 세계, 그곳의 도깨비들을 불러내 환경인문학, 생태도깨비학의 단계로 진입해가야 한다. 아무짝에도 쓸모없다고 여겼던 어떤 갯벌과 마을숲과 둠벙 따위가 실제는 기암괴석의 산신보다 만파창

해의 용왕보다 더 긴요하고 중요하다는 사실을 깨달아야만 한다. 그것만이 재앙에 휘둘리지 않고 생태적으로 살 수 있는 도깨비 굿판, 전복과 변화의 길이다.

도깨비는 단지 트릭스터일 뿐인가

현대 한국인에게 도깨비는 자아를 무의식의 심층으로 인도하는 살아 있는 매개물이 아닌 듯하다. 도깨비류의 콤플렉스상과 트릭스터상들은 수없이 꿈에 나타나지만 사람들은 그것에 도깨비의 이름을 붙이지 않는다. 도깨비의 상은 영상매체에서 전자기계로 만들어진 삭막하고 냉혹한 로봇 귀신의 상으로 대치되고 있다. 예컨대 축구응원단 '붉은악마'의 경우를 들 수 있다. 또한 도깨비는 때론 '창조적 정신병질자' 같은 살아있는 인격으로 나타나 위선적인 점잖은 신사숙녀의 그림자 측면을 건드린다. 인간과 신과 짐승의 혼합체로서의 도깨비는 부활되고 재건될 가치가 있다. 왜냐하면 도깨비는 현대산업사회에서 분열위기에 처한 정신적 대극사이에 다리를 놓을 수 있는, 문화적으로 적합한 매개자로서의 상징이 될 수 있기 때문이다.[104]

도깨비를 트릭스터에 비유하는 연구자들도 있으나, 괴물로서의 트릭스터와는 상이한 측면들이 많다. 그럼에도 불구하고 배척되거나 소외되어 온 지대의 캐릭터라는 점에서는 괴물, 몬스터 등의 트릭스터와 궤를 같이한다. 보통의 인간이 만들어 놓은 정형의 세계에 인식의 확장과 전환, 새로운 변화의 돌파구를 만들어 온 존재들이기 때문이다.

장루이 뢰투라의 『영화의 환상성』에서 경계라는 개념을 이렇게 설명한다. 경계의 의미는 사이의 개념이다. 사이는 지금, 여기도 아닌 전과 후의 사이, 이 공간과 저 공간 사이의 어떤 것을 의미한다. 육체도 본질도 없는 이 사이의 공간은 이율배반과 역설 등을 내포한 유령과도 같은 공간이다.

도깨비가 출몰하는 경계를 어떻게 해석해야 할까? 삶과 죽음, 가상과 현실, 정상과 비정상 등의 무수한 대립항의 경계 사이에 위치한 모호한 변경의 지대를 타자가 출몰하는 지역이자 공간 말이다. 이 지대에 서식하는 타자들, 주변부의 존재들을 다양한 형태의 잠재적 트릭스터로 읽을 수 있다. 이들은 신과 자연계의 두 대립항의 경계에 위치하여 둘을 중개하는 동시에 훼방을 놓기도 하는 존재들로 괴물 트릭스터가 대상이다. 트릭스터나 괴물 모두 경계의 중간지대에서 위치한 그 모호성 또는 중의성을 이용하여 인간 내면에 모두 잠재되어 있으나 터부시하는 추하고 악한 인간의 본 모습을 보여줌으로서 이러한 모습 또한 우리의 일부임을 환기시켜 준다.[105]

하지만 도깨비는 신의 사자이거나 모방자가 아니다. 오히려 인간의 사자이거나 모방자이다. 신의 뜻을 인간에게 전하는 캐릭터가 아니고 인간의 뜻을 반사하거나 투영하는 중간자적 존재일 뿐이다. 따라서 유수한 신격들처럼 신성시되는 것도 아니고 그다지 외설적이거나 선정적이지도 않다. 그저 소박한 욕망들을 담아낼 뿐이다.

익히 살펴봤듯이 도깨비는 양가성 혹은 양면성이 있다. 하나는 괴물로서의 성격, 도깨비풀처럼 시도 때도 없이 달라붙기 때문에 떼어버려야 할 존재로 나타나기도 한다. 하지만 주목할 점은 도깨비가 나타나도 귀신이나 드라큘라처럼 사람을 해하거나 잡아먹는 것도 아니요, 심각한 원혼이 되어 목숨을 앗아가는 것도 아니다. 고작 해봐야 집에 불을 지르거나 숲에서 돌을 던지고 씨름을 걸어올 뿐이다. 도깨비 민담에서 괴이한 귀면 형상이 돌출하지도 않았지만 불교적 나찰이나 야차, 문어귀의 귀면들이 사람을 심각하게 해하였다는 이야기들은 전하지 않는다. 우리 도깨비의 성격을 명확하게 보여주는 반증이다. 또 다른 기능은 도깨비방망이처럼 재화를 선사해주는 재복의 성격이다. 소소하고 일상적이지만 일시에 작은 욕망들을 충족해주는 전이지대의 트릭스터다. 나는 이 글을 통하여 후자의 기능을 두꺼비 이야기의 속성에서 찾았고 그것이 도깨비라는 말의 어원으로 보고자 했다.

Epilogue

도깨비의
회향(回鄕)을 기다리며

사라진 도깨비들

전통적인 맥락에서 보면 설화로 전승되던 도깨비들은 거의 자취를 감춘 듯하다. 그 많던 빗자루 도깨비나 어촌 도깨비고사의 도깨비도 제대로 역할을 못하는 듯하고, 여성 전유의 반란굿이라는 도깨비굿판의 도깨비들도 시연 혹은 재현 외에는 더 이상 접하기 어렵다. 치우천왕을 도깨비로 인식하기 시작한 일련의 서사도 수면 아래로 가라앉은 듯하다.

하지만 디지털 게임이나 드라마, 영화, 만화, 출판 콘텐츠들 속에서 도깨비들이 죽지 않고 끊임없이 소환되고 있음을 확인한다. 분명한 것은 민담의 도깨비이건 이미지를 강조하는 캐릭터이건 간에, 시대를 거듭하며 끊임없이 변화를 거듭해가고 있는 중이라는 사실이다.

드라마 〈도깨비〉에서 볼 수 있듯이 도깨비라는 용어 혹은 개념마저도 기존의 관념과는 거의 완벽하게 탈바꿈된 것으로 보인다. 오히려 귀신의 이미지에 어울리는 형식을 취하고 있다고도 볼 수 있다.

나의 추적은 이런 변화에 대한 지대한 관심으로부터 촉발된 것이다. 이 변화가 왜 일어났으며 그것을 또한 어떻게 받아들여야 하는지를 포괄하는 작업의 일환이다. 도깨비의 생태적 배경을 두꺼비와 관련하여 방대한 자료를 통해 주장한 이유는 도깨비의 소환이 사실은 생태환경의 복원과 밀

290

접한 관련을 맺기 때문이다. 특히 코로나19로 인한 시대적 분기점을 맞은 우리에게 이런 맥락의 사유는 충분히 의미 있다고 판단하였다. 우리는 어쩌면 기후위기의 통과의례 기시를 건너고 있는지도 모른다.

통과의례와 도깨비 놀이

　　　　　통과의례는 무엇인가? 출생, 성년, 결혼, 사망 따위와 같이 사람의 일생 동안 새로운 상태로 넘어갈 때 겪어야 할 의식을 통틀어 이르는 말이다. 반젠넵이 이론화하기 이전부터, 사실은 역사 이래 기능해온 메커니즘이기도 하다. 출생에서 사망에 이르는, 혹은 그 이전과 그 이후를 포획하는 시간의 분절 의례들이 여기에 속한다. 주목할 것은 삶과 죽음의 분리와 전이에서처럼 준엄하거나 장대하거나 뭔가 중압적인 그런 의례가 아니라 보다 가볍고 보다 명료하며 보다 재미있는 방식으로 전개되어온 것이 도깨비와 관련 의례라는 점이다. 크고 높은 신격들이 관리하는 신성한 의례와는 결이 다르다.

　　요한 하위징하는 이를 놀이로 설명한다. 심지어 전쟁과 종교와 그 어떤 것보다 이 놀이성이 인간의 본질이라고 말한다. 그렇다면 도깨비 놀이야말로 인간의 본질적인 놀이 아닌가? 놀이하는 인간 '호모루덴스'라는 개념이 여기서 나왔다.

의례적 놀이는 본질적으로 고등 형태의 어린아이 놀이 혹은 동물의 놀이 와 별반 다르지 않다. 어린아이의 놀이나 동물의 놀이가 우주적 감정을 표 현하기 위한 몸부림에서 나온 것이라고 말할 수는 없다. 어린아이의 놀이 는 가장 순수하고 본질적인 형태의 놀이인 것이다. 놀이의 형태와 기능은 그 자체로 독립된 실체였고 목적도 없고 합리성도 없었다. 자신(놀이하는 원 시 사회의 사람)이 사물의 신성한 질서 속으로 들어간다는 느낌, 바로 그것이 놀이에서 최초의, 최고의, 지고한 표현을 얻은 것이다. 놀이가 신성한 행 위라는 의미는 그 후에 서서히 놀이하기에 스며들었다.[106]

진정한 놀이와 의례의 구분은 명료하지 않다. 어떤 후대에 의례적 의미 들이 가미되면서 오늘날의 각종 경기에서부터 전쟁에 이르기까지 이른바 놀 이 혹은 놀이성의 개념들이 재구성되었을 뿐이다. 어린아이에서부터 어른에 이르기까지, 심지어 도깨비제사나 도깨비굿 등의 의례에 이르기까지 시종일 관 유쾌하고 흥미롭다. 격식을 따져 묻지도 않고 형식을 강요하지도 않는다. 장엄한 스펙터클을 장치화 하지도 않고 국가를 내면화하지도 않는다.

전복의 도깨비굿, 여성성의 회복

도깨비굿은 어떠한가? 도깨비굿은 사회 시스템을 지키고 있는 칼자루를 높이 들고 있는 어떤 왕을 여성의 이름으로 혹은 가장 낮은 자의 이름으로 징치하고 살해하는 의례라고 할 수 있다.

바흐친은 카니발리즘을 설명하면서 이렇게 주장한다. 권위적이며 모순적인 기존의 질서가 폭발적으로 터지는 축제, 이것은 항상 낡은 권위에 대한 비판과 해체를 통해 기존의 질서를 전복하려는 양상으로 전개된다.

본문에서 살펴보았지만 귀태의 경우는 어떠한가? 조선 여성에게 강요된 정절 관념과 순결에 대한 강박이었고 성폭행과 음행 누명에 대한 원귀 서사를 대량생산함으로써 처녀귀신이라는 기피 담론을 정당화시켜주는 섹슈얼리티에 지나지 않았다. 수많은 괴담 속의 여귀설화는 어떠했는가? 공동체 전체의 변화를 요구하는 담론의 기능은커녕 우리 사회의 불안과 공포를 자극적인 방식으로 유포시킴으로써 억압 기제를 오히려 강화시켜오지 않았는가. 하얀 소복을 입고 입가에는 피를 흘리는 순결한 처녀상 혹은 여고생의 기괴한 이미지들만을 드러내 불안감과 공포심을 자극해오지 않았는가 말이다. 시각적인 부분을 드러내 파편화시키고 극단화시키는 이유는 물론 기왕의 체제나 담론에 대한 복종과 굴복 혹은 흡수에 있다. 이것을 반역하고 전복하는 것이 도깨비굿의 내면이자 속성이었다.

나는 이 여성성을 『삼국유사』와 섬진강을 매개 삼는 두꺼비와 달, 그리고 갯벌과 마을숲의 여성성에서 찾고자 했다. 탄소 발자국을 너무 많이 낸 우리가 황금가지로 대변되는 숲을 제대로 지키지 못했다는 반성에서 일어난 생각들이다.

상대적이고 대칭적인 개념물

도깨비는 정형화된 대상물이 아니다. 정격의 신을 설명하기 위한 상대적 개념물이다. 존재하는 현상의 상대물이다. 대상물의 이미지나 조건, 형편에 따라 천 가지 만 가지로 둔갑하는 변화무쌍한 존재다. 홀로 존재하는 물상이 아니라 상대적으로 무엇인가의 대칭적 거리에 머무르며 존재의 당위를 인정받는다. 귀신이 장소나 일정한 호적을 가지고 있는 존재물인 것과는 다른 양상이다. 주역의 대대待對적 맥락으로 풀어 말하면 존재하지 않으면서 존재하는 캐릭터다. 없으면서 있거나 있으면서도 실체를 가늠할 수 없는 철학적 대상물이다. 도깨비만큼 다층적이고 복합적인 의미망을 가진 캐릭터가 많지 않다. 오히려 귀신처럼 명료한 대상물보다 더 철학적일 수 있다. 애매모호하고 흐리멍덩한 도깨비 이야기의 서사가 그렇고 각양각색으로 상상된 형상들이 그렇다. 서양의 논법으로 말하면 변증법 같은 존재다. 모순되고 대립되는 원리들을 가지고 무엇인가를 설명하려든다. 그래서 있음과 없음의 교직물이다. 이승과 저승의 교집합적 중간자다. 도깨비는 이 교집합적 공간에서 발생하거나 출몰하는 중간자이다. 이들이 서식하고 인간과 교류하는 공간이 전이지대다.

　문제는 그 많던 도깨비들이 현재 우리들의 삶에서 사라져버렸다는 점이다. 필경 우리의 어떤 무엇이 그들을 쫓아냈을 것이다. 마을 공동체가 무너지고 자연환경이 훼손되었다. 개인주의가 난무한다. 후덕한 남성성의 이미지로 이데올로기화된 도깨비를 말하는 것이 아니다. 방망이 따위를 들고 와 한 보따리 금전을 쏟아낼 로또복권 같은 도깨비를 말하는 것이 아니다. 물고기들의 집단 이동이나 생태적 변화와 관련되었을 도깨비불은 제주도의 영감으로 의인화되었다. 수많은 갯벌의 어장을 지켜주던 도깨비들은 참봉이나 김서방으로 의인화되었다. 이들은 평범한 우리 주변의 인물들로 의인화되거나 반대로 갯벌어장을 하던 평범한 사람이 도깨비불로 전화되었다. 이 변화를 가능하게 한 장소가 마을숲과 호수, 늪지와 갯벌이다. 남성보다는 여성이고 가진 자보다는 못 가진 자이며 불보다는 물이고 높은 자보다는 낮은 자이다.

행간과 여백의 회복을 기다리며

일군의 학생들에게 도깨비 생각 지도를 그리게 하고, 아시아의 도깨비들을 설명한 후, 마음속의 도깨비를 그려보게 했다. 각양의 도깨비들이 그려졌다. 모두 자기 마음을 투사한, 못다 뱉어낸 이야기들임을 알 수 있었다. 뿔 달리고 눈을 부라린 해괴망측한 도깨비는 더 이상 아이들에게 남아 있지 않았다. 한국의 다른 청소년들에게 도깨비를 상상해보라고 하면 어떤 형상을 떠올릴까? 아마도 드라마 도깨비 속의 주인공들이나 숲속의 요정 같은 형상일 것이다. 왜일까? 청소년들이 욕망하는 바가 변했기 때문이다. 기왕의 도깨비들이 가지는 두 가지 큰 기능, 문지기 기능과 초복招福 기능은 그 명운을 다한 듯하다. 마치 조선왕조실록에서 도깨비山鬼로 언급되는 귀매나 이매망량이 이후까지 도깨비라는 이름으로 전승되지 못했던 이유와 같은 것이다.

우리는 구체적인 무엇을 강요받는 시대를 살고 있다. 보다 선명해야 하고, 논리적이어야 하며 합리적이어야 한다. 공부를 잘해야 하고 얼굴도 예뻐야 하고 하는 짓도 우수해야 한다. 하지만 도깨비는 선명하기보다는 흐리멍덩하고 논리적이기보다는 우유부단하며 합리적이기보다는 불합리한 존재다. 아니, 존재하지 않는 듯 존재하는 그런 존재다. 확실한 공간에서 출몰하는 존재가 아니라, 여기도 저기도 아닌 어중간한 공간에서 출몰한다. 마을과 숲 사이가 그렇고 바다와 육지 사이 갯벌이 그렇고 땅과 강 사이의 습지가 그렇다. 이것도 저것도 아닌 중간자적 존재다. 애매모호한 존재다. 엉뚱한 존재다.

숨 쉴 수 없이 다그치고 몰아치는 현대인들의 삶 속에서 도깨비의 존재는 무엇을 의미할까? 나는 그것을 여백이라고 생각한다. 바다와 강 사이의 갯벌 혹은 습지, 아무도 주목하지 않고 아무 기능도 없어 보이는 그 여백 말이다. 여기서도 저기서도 들어가지 못하는 비무장지대 같은 곳이다. 하지만 거기에 보다 큰 기능들이 살아 숨 쉬고 있다. 좀 더 고상한 말로 표현하면 마음의 여유다.

완벽하지도 않고 똑똑하지도 못한 도깨비는 우리 마음을 무장해제 시켜준다. 일등이지 않아도 꼴찌이지 않아도 회색분자여도 괜찮다. 생태적 공간 본원의 마을로 돌아올 도깨비를 기다린다.

미주

001 강성철 「도깨비 이미지의 시각적 정체성에 관한 연구, -조선왕조실록과 민담자료를 중심으로-」, 『일러스트레이션 포럼』8~15, 한국일러스트레이션학회, 2007, 9~30쪽.

002 사천왕에 딸린 여덟 귀신. 건달바(乾闥婆), 비사사(毘舍闍), 구반다(鳩槃荼), 아귀, 제용중, 부단나(富單那), 야차(夜叉), 나찰(羅刹)을 말한다.

003 불법을 지키는 여덟 신장(神將). 천(天), 용(龍), 야차(夜叉), 건달바(乾闥婆), 아수라(阿修羅), 가루라(迦樓羅), 긴나라(緊那羅), 마후라가(摩睺羅迦)이다.

004 박미경, 『도깨비를 통해 본 한국의 시각문화, 한국의 도깨비』, 고려대학교 출판문화원, 2020, 72쪽.

005 이규태, 『한국인의 성과 미신』, 기린원, 1985, 352쪽.

006 무라야마 지준, 노성환 옮김, 『조선의 귀신』, 민음사, 1990, 87~114쪽.

007 최재붕, 「문명의 전환」, 『코로나 사피엔스』, 인플루엔셜, 2020, 76쪽.

008 김난주, 「한일 여성 원귀담의 비교 고찰-여성 원귀의 생성원리와 섹슈얼리티」, 『한국학논집』71, 한국학연구원, 2018, 261~288쪽.

009 진수현, 「여귀의 변이양상 고찰-설화와 도시괴담의 비교를 통하여」, 『동아시아고대학』39, 동아시아고대학회, 2015, 221~245쪽.

010 이건욱, 「러시아 귀신 루쌀까(РУСАЛКА)연구」, 『한국무속학』7, 한국무속학회, 2003, 197~217쪽.

011 이규태, 『한국인의 성과 미신』, 기린원, 1985, 74~75쪽.

012 서정범, 『도깨비 본색, 뿔 난 한국인』, 사계절, 2010.

013 박미경, 『도깨비를 통해 본 한국의 시각문화, 한국의 도깨비』, 고려대학교 출판문화원, 2020, 32~33쪽.

014 제임스 조지 프레이저 지음, 이용대 옮김, 『황금가지』, 한겨레출판, 2003, 859~860쪽.

015 『사기·오제본기』 권1.

016 『路史』.

017 빈미정, 「黃帝神話傳說에 대한 文獻的考察」, 『중국문학』제44집, 한국중국어문학회.

018 서영대, 「전통시대 한국의 치우 인식」, 『고조선단국학』제35호.

019 이현경, 「상여에 장식된 용수판 얼굴 도상의 연원과 조형 방식」.

020 수은으로 이루어진 황화 광물, 육방 정계에 속하며 진한 붉은색을 띠고 다이아몬드 광택이 난다. 흔히 덩어리 모양으로 점판함, 혈암, 석회암 속에서 나며 수은의 원료, 붉은색 안료, 약재로 쓴다.

021 조자용, 『도깨비문화』, 경인문화사, 2019, 47쪽.

022 조자용, 『도깨비문화』, 경인문화사, 2019, 89쪽.

023 김수민, 「鎭墓獸의 전개와 漢代, 그 상징성에 대한 고찰」.

024 임수영, 「조선시대 사자상의 도상적 변화~사자와 해치의 관계성」, 경주대학교 박사 학위논문, 2017, 153~154쪽.

025 하루에 만리를 가고 각 지방의 말이 다 통한다는 상상의 동물이다. 말과 닮았는데 두 귀 사이 또는 코 위에 뿔이 하나 있다. 일반적으로 기린(騏麟, 하루에 천리를 달린다 는 말)을 나타낸다.

026 덕망이 있는 임금이 다스리는 시대에 나타난다고 하는 상상의 신령스러운 짐승, 사 자의 모양을 하고 여덟 개의 눈을 가졌으며 말을 하는 신령스런 동물이다. 일반적으 로 사자를 다른 말로 부르는 이름이기도 하다.

027 악몽을 먹는다는 신령스런 동물이다. 곰같이 생겼고 코는 코끼리 눈은 물소, 꼬리는 소, 발은 호랑이와 비슷하다고 한다. 일반적으로는 맥과의 포유를 통틀어 이르는 말이 다. 몸의 길이는 2~2.5미터, 어깨의 높이는 1미터 정도이고 몸은 굵으며 꼬리는 짧다. 코는 입술과 연결되어 있으며 뾰족하다. 앞다리에 네 개, 뒷다리에 세 개의 발굽이 있 다. 초목의 열매를 먹으며 밀림의 물가에 사는데 말레이지방, 중남미에 분포한다.

028 조자용, 『도깨비문화』, 경인문화사, 2019, 69쪽.

029 김수민, 「鎭墓獸의 전개와 漢代, 그 상징성에 대한 고찰」, 『역사민속학』36, 한국역 사민속학회, 2011, 251~278쪽.

030 김수민, 「鎭墓獸의 전개와 漢代, 그 상징성에 대한 고찰」, 『역사민속학』36, 한국역 사민속학회, 2011, 251~278쪽.

031 김수민, 「鎭墓獸의 전개와 漢代, 그 상징성에 대한 고찰」, 『역사민속학』36, 한국역 사민속학회, 2011, 251~278쪽.

032 김종미 「중국문헌에 나타나는 치우의 이중형상」, 『중국어문학지』25, 중국어문학회, 2007, 205~231쪽.

033 김도영, 「백제 대장식구의 전개와 특질」, 『백제문화』57, 백제문화연구소, 2017,

43~80.

034 노승대, 『사찰에는 도깨비도 살고 삼신할미도 산다』, 불광출판사, 2019, 249쪽.

035 이현경, 「상여에 장식된 용수판 얼굴 도상의 연원과 조형방식」, 『민속학연구』37, 국립민속박물관, 2015, 5~42쪽.

036 이현경, 「상여에 장식된 용수판 얼굴 도상의 연원과 조형방식」, 『민속학연구』37, 국립민속박물관, 2015, 5~42쪽.

037 조자용, 「귀면미술의 역사성」, 『세대』11권(통권 117호), 세대사, 1973, 281~283쪽.

038 최경국, 「일본 오니의 도상학-기면와에서 에마키까지」, 『일본학연구』16권, 2005, 206쪽.

039 김종대, 「一事一言: 도깨비 찾기」, 『조선일보』 199년 5월 3일 19면.

040 박미경, 『도깨비를 통해 본 한국의 시각문화, 한국의 도깨비』, 고려대학교 출판문화원, 2020, 18쪽.

041 박미경, 『도깨비를 통해 본 한국의 시각문화, 한국의 도깨비』, 고려대학교 출판문화원, 2020, 34쪽.

042 박미경, 『도깨비를 통해 본 한국의 시각문화, 한국의 도깨비』, 고려대학교 출판문화원, 2020, 23~24쪽.

043 이찬구, 「단군신화의 새로운 해석-무량사 화상석의 단군과 치우를 중심으로」, 『신종교연구』 제30집, 2014, 183~231.

044 박미경, 『도깨비를 통해 본 한국의 시각문화, 한국의 도깨비』, 고려대학교 출판문화원, 2020, 67~68쪽.

045 김인희, 「녹유귀면와를 통해 본 치우의 '한국인 조상설' 검토」.

046 김인희, 「고고유물을 통해 본 선진(先秦) 이전 치우의 기원과 형상」.

047 박은용, 「목랑고-도깨비의 어원고」, 『한국전통문화연구』2집, 대구가톨릭대 인문과학연구소, 1986, 53~64쪽.

048 강은해, 「한국 도깨비담의 형성 변화와 구조에 관한 연구」, 『서강대학교 박사학위논문』, 1985.

049 노승대, 『사찰에는 도깨비도 살고 삼신할미도 산다』, 불광출판사, 2019, 251~255쪽.

050 박기용, 「불교설화에 나타난 도깨비의 기원에 대하여」.

051 박기용, 「고려대장경 불교설화의 도깨비 연구-인도와 중국 불경의 도깨비 관련성을 중심으로」, 『한국어와 문학』57, 우리말글학회, 2013, 191~221.

052 박기용, 「고려대장경 불교설화의 도깨비 연구-인도와 중국 불경의 도깨비 관련성을 중심으로」, 『한국어와 문학』57, 우리말글학회, 2013, 191~221.

053 제임스 조지 프레이저 지음, 이용대 옮김, 『황금가지』, 한겨레출판, 2003, 149쪽.

054 박기용, 「재당경 간행 이후 불교 도깨비의 수용 양상」, 『한국어와 문학』60, 우리말글학회, 2014, 217~247.

055 〈동국여지승람〉 고적조.

056 강은해, 「도화녀 비형랑 설화에 나타난 두두리 신앙의 지역화와 진지왕계 복권신화적 기능」.

057 『고려사』 「열전」 이의민조.

058 『고려사』 권54 「志」 권8.

059 제임스 조지 프레이저 지음, 이용대 옮김, 『황금가지』, 한겨레출판, 2003, 147쪽.

060 박기용, 「불교설화로 본 도깨비 어원 연구」, 『우리말글』67, 2015, 139~165.

061 박은용, 「목랑고-도깨비의 어원고」.

062 권재선, 「한국어의 도깨비(鬼)와 일본어의 오니(oni)의 어원과 그 설화의 비교」.

063 김정란, 「도깨비 설화와 연금술」, 『비교문학』48, 학구비교문학회, 2009, 207~240쪽.

064 김정숙, 「조선시대 비일상적 상상력-요괴 및 지옥 형상의 來源과 변모」, 『한문학논문집』35, 근역한문학회, 2012, 95~118쪽.

065 박미경, 『도깨비를 통해 본 한국의 시각문화, 한국의 도깨비』, 고려대학교 출판문화원, 2020.

066 조자용, 『도깨비문화』, 경인문화사, 2019.

067 谭佳, 「当代 中国神怪研究概述及其反思」, 『한중일 도깨비 세미나 자료집』, 2019.

068 박미경, 『도깨비를 통해 본 한국의 시각문화, 한국의 도깨비』, 고려대학교 출판문화원, 2020.

069 박전열, 「현대 일본사회의 요괴 붐」, 『일본비평』10-1, 일본연구소, 68~99쪽.

070 박전열, 「현대 일본사회의 요괴 붐」, 『일본비평』10-1, 일본연구소, 68~99쪽.

071 박미경, 『도깨비를 통해 본 한국의 시각문화, 한국의 도깨비』, 고려출판문화원, 2020, 80쪽.

072 박미경, 「2000년대 이후 아동출판에 나타난 도깨비의 시각 표상」, 『한국도깨비 이미지로 접근하다 세미나』, 곡성군, 2020. 29~30쪽.

073 김복순, 「주보설화에 나타난 보물의 서사적 기능과 담론의 의미론적 구조분석」, 『어문론집』78, 중앙어문학회, 2019, 215~244쪽.

074 이부영, 「도깨비의 심리학적 측면과 상징성-C.G. Jung의 분석심리학적 입장에서」, 『한국학논집』30, 계명대학교, 2003, 전반적인 내용 참고.

075 김종대, 「서해안과 남해안지방 도깨비신앙의 전승양상과 그 변화」, 『한국민속학』56, 한국민속학회, 2012, 41~65쪽.

076 박종오, 「자염(煮鹽) 생산 관련 의례 고찰-'섯구덩이'방식을 대상으로」, 『남도민속연

구』16, 남도민속학회, 2008, 165~190쪽.

077   박종오, 「죽방렴(竹防廉) 관련 의례에 나타난 어로관념」, 『남도민속연구』22, 남도민
      속학회, 2011, 111~133쪽.

078   나경수, 「한국민속대백과사전」.

079   강성복·박종익, 「섬진강 유역의 어살 연구-남원, 곡성 살뿌리 도깨비살을 중심으
      로-」, 『한국민속학』64, 한국민속학회, 2016, 7~44쪽.

080   김경희, 「방정환 '귀신동화'의 형성과 의미 연구」, 『국문학연구』제32호, 국문학회,
      2015. 245~275쪽.

081   강은해, 「대장장이 신화와 야장(冶匠)체험-한,중,일 대장장이 신화를 중심으로-」,
      『한중인문학연구』12, 한중인문학회, 2004, 168~211쪽.

082   홍나래, 「조선시대 귀태(鬼胎) 소재 설화의 문화사회적 의의와 한계」, 『한국고전여성
      문학연구』28, 한국고전여성문학회, 2014, 229~262쪽.

083   홍나래, 「조선시대 귀태(鬼胎) 소재 설화의 문화사회적 의의와 한계」, 『한국고전여성
      문학연구』28, 한국고전여성문학회, 2014, 229~262쪽.

084   표인주, 「민속에 나타난 불(火)의 물리적 경험과 기호적 의미」, 『비교민속학』, 비교민
      속학회, 2016, 139~168쪽.

085   남광우, 『교학고어사전』, 1987.

086   강은해, 「대장장이 신화와 치장 체험」.

087   『삼국유사』 「義解」 〈二惠同塵〉.

088   제임스 조지 프레이저 지음, 이용대 옮김, 『황금가지』, 한겨레출판, 2003, 838쪽.

089   엄기영, 「지귀 설화의 형성 배경과 역사적 의미」.

090   『삼국유사』권1, 제1 기이(第一紀異), 선덕왕 지기삼사(善德王 知幾三事).

091   『삼국사기』권제5, 新羅本紀 第五 선덕왕(善德王).

092   『삼국사기』권제28, 百濟本紀 第六 의자왕(義慈王).

093   제임스 조지 프레이저 지음, 이용대 옮김, 『황금가지』, 한겨레출판, 2003, 852~859쪽.

094   김주미, 「한국 고대 月象文의 성립 배경」, 『단군학연구』34, 단군학회, 5~36쪽.

095   김종대, 「도깨비신앙의 유형과 전승양상」, 『민속학연구』4.

096   제임스 조지 프레이저 지음, 이용대 옮김, 『황금가지』, 한겨레출판, 2003, 889쪽.

097   이창재, 「왕 살해 풍속의 의미와 원시 사고의 특성에 대한 정신분석학적 해석」, 『비
      교민속학』53, 2014, 231~261쪽.

098   표인주가 보고한 「한국민속대백과사전」과 이한길이 보고한 『한국민속대백과사전』.

099   윤은석, 「초기 내한 선교사들의 한국무속 이해」, 서울신학 현대기독교역사연구소.

100   장창영, 「한국 현대시에 나타난 갯벌의 생태지형학」, 『한국언어문학』 제88집, 한국

언어문학회, 2014, 347쪽.

101 주강현, 『우리문화의 수수께끼-도깨비없이 태어난 세대를 위하여』, 서해문집, 2018.

102 조은숙, 『송기숙 중단편집, 도깨비 잔치』, 창비, 2018.

103 최재천, 「생태와 인간」, 『코로나 사피엔스』, 인플루엔셜, 2020, 20~43쪽.

104 이부영, 「도깨비의 심리학적 측면과 상징성-C.G. Jung의 분석심리학적 입장에서」, 『한국학논집』30, 계명대학교, 2003, 선반직인 내용 참고.

105 김범수, 「잠재적 트릭스터: 경계 주변의 존재들」, 『예술과 미디어』16-1, 예술과미디어학회, 2017, 51~74쪽.

106 요한 하위징아, 이종인 옮김, 『놀이하는 인간, 호모루덴스』, 연암서가, 2007, 59쪽.